世界历史从头读到尾

罗杰 作品

中国出版集团

现代出版社

图书在版编目(ＣＩＰ)数据

世界历史从头读到尾 / 罗杰著. —北京：现代出版社，2014.7
ISBN 978-7-5143-2904-9

Ⅰ. ①世… Ⅱ. ①罗… Ⅲ. ①世界史－通俗读物 Ⅳ. ①K109

中国版本图书馆CIP数据核字（2014）第121242号

世界历史从头读到尾

作　者	罗　杰
责任编辑	张　霆
出版发行	现代出版社
通讯地址	北京市安定门外安华里504号
邮政编码	100011
电　话	010-64267325　64245264（传真）
网　址	www.1980xd.com
电子邮箱	xiandai@cnpitc.com.cn
印　刷	三河市南阳印刷有限公司
开　本	710mm×1000mm　1/16
印　张	19
版　次	2014年7月第1版　2016年11月第2次印刷
书　号	ISBN 978-7-5143-2904-9
定　价	33.00元

目 录 | *Contents*

1. 文明源头：超乎想象的古埃及文明

美国历史学家房龙说，人类的历史，就是一部饥饿的生物寻觅充饥之物的历史。何处有充足的食物，何处就是人类的家园。将房龙的话延伸一下，也可以说，世界历史就是一部人类文明的发展史。

人们一般认为，在世界古代史上，有四大文明：即古巴比伦文明、古埃及文明、古中国文明和古印度文明。实际上，除了这四大文明之外，还有古希腊文明，古罗马文明，玛雅文明，等等。

如果把阅读世界史，比作一次漫长的旅行，那么起点就在古埃及。原因很简单：这里是西洋文化最早的发源地。

埃及这地方，地势非常独特。它的位置在非洲东部撒哈拉沙漠东端的尼罗河上，终年无雨，农民的水利全靠尼罗河灌溉。然而，尼罗河上游的雨量异常丰富，所以尼罗河口一带的地方，每年总要泛滥一次。泛滥之时，水面比平常高出 25 尺到 30 尺。水退以后，两岸的农田留下一层新鲜肥沃的薄泥。

古埃及人摸清了这一规律，于是，他们在涨水时，积蓄河水，以备水退时用来灌溉农田。

当然，并不是所有可以耕作的土地，都在河谷之内。不过，古埃及人居然发明了一个由精巧的人工沟渠，和采用杠杆原理制成的吊水设备所构成的复杂系统，将尼罗河水从河平面引到河坝的最高处。不仅如此，他们还有一个更为错综复杂的，用于灌溉的犁沟系统，将汲引来的水，分布到每块田地。

这简直省时又省力。要知道，那时候的史前人，每天要耗费 16 个多小时，来为自己以及部落中的成员们寻觅食物。而古埃及的农民和城市中的土著居民，已经可以在填饱肚子之外，有足够的休闲时间了。

大量的休闲时间，让古埃及人有闲情逸致去思考。这些思考，与食物、睡眠、孩子毫不相关。他们深思的是一些长期困扰自己的怪异事情。譬如：天上的星星从何而来？谁制造了震耳欲聋的响雷？尼罗河为什么会泛滥？

一些热心的人，试图给大家解答这些问题。这些热心的人，被称为"祭司"。

祭司在古埃及很有号召力，颇像今天的学术明星。他们博学多才，是古埃及人的思想守卫者，威望很高。

古埃及人崇拜祭司，敬仰祭司，并交给祭司一项十分神圣的任务——保存文字记录。

古埃及文字（远古的亚洲符）

古埃及最早的文字，和古中国、古巴比伦的文字一样，都是象形文字——用简陋的图画来代表一个物品，一件事情，或者一个故事。

后来，古埃及人在公元前 3000 年时，发明了 24 个字母。这是世界上最古老的字母，也是现代西洋各国文字的始祖。而且，埃及人很早就知道，把水、树胶和烟煤三种物质，混合成一种墨水，并用芦秆削成尖笔，用来写字。他们还知道把一种芦草裂成薄片，粘成一张薄薄的白纸。这是世界上最古老的文具。

有了文字和文具，才能记载一切过去的事情。这种记载的出现，就是历史时代的开始。

记录历史，自然就要一个时间概念。古埃及人很早就感觉到计算时间的必要。最初，他们和古代其他各国的人一样，用新月来做计时的标准。但是，阴历的月份，有时是一个月 29 天，有时是一个月 30 天，长短不齐；而且，不能把一年的时间平分。于是，在公元前 4241 年废除了阴历，改用阳历。每年平分为 12 个月，每月都一律定为 30 日。每年年终另加上 5 日。每年共 365 日。这就是现在世界各国阳历的起源。

从时间线索记录的古埃及历史来看，公元前 3000 年到公元前 2500 年的埃及，是埃及史上金字塔时代。这个时代的埃及，像一个内容丰富的博物馆，留下许多古物让后世的人们欣赏。

在当时古埃及人的心目中，人死后，会进入另一个世界。这个世界和生时的世界差不多。所以，他们总要把尸体好好地裹起来，放在可以永远不坏的地方。这种裹好的尸体，叫作木乃伊。

现在保存下来的木乃伊，大多是帝王贵族的遗体，因为只有他们才有建筑牢固陵墓和裹尸的财力。

财力丰厚的帝王贵族，往往在生前就为自己谋划死后的事情。他们在世时，就派人将自己所用的物件全部放在墓中，而且在墓壁上画了许多生时所用的奴仆、工人、牛羊等的图像。有的陵墓中，还藏有家具和首饰。你看，古埃及人的陵墓，本身就像一个小规模的古物陈列所。

木乃伊和埃及人的陵墓，一直带有浓厚的神秘色彩。被称为"木乃伊"的尸体，被一种极长的、特制的亚麻布缠绕起来，放在特制的棺材中。棺材则被一件件家具和乐器围绕起来。旁边还有厨师、理发师和面包师的小型塑像——这大概是想让死者可以享受到美食，而不必黑灯瞎火地四处寻觅。

最初，埃及人的陵墓被开凿在西部山脉的岩石中。但是，随着埃及人不断地向北方迁徙，他们在无奈之下，只得将他们的墓地转移到沙漠之中。不过，沙漠中到处都是如同野兽般的强盗。他们大肆盗窃陵墓的事迹，完全可以写成一本古埃及版的《盗墓笔记》。

盗墓贼打开棺木后，将陪葬的珠宝洗劫一空。对古埃及来说，舍财倒是其次，最让他们不能容忍的是，盗墓贼使木乃伊不得安宁，这一邪恶行为，侵扰和亵渎了神灵。诅咒这种行为，肯定是不管用的，于是古埃及人在坟墓的最顶端建造一个小石堆，给盗墓增加了难度。

古埃及也分富人和穷人。富人总爱炫富和攀比，于是他们把小石堆建得比穷人的要高。这种攀比，蔚然成风，大家都开始对小石堆的高度进行攀比，所以这个坟墓上的小石堆越垒越大。最终，被希腊人称之为"齐奥普斯"的胡夫法老，创下了最高记录。他的墓地被称为"胡夫金字塔"。这座金字塔足有五百英尺高，也就是 152.4 米。且重 600 万吨，占地约 13 英亩。几乎是基督教世界中，最大的建筑物——圣彼得大教堂所占面积的 3 倍。

从美尼斯王朝以后，国王和贵族的陵墓开始用石料建筑，规模很大，而且历久不坏。有超过 10 万名工人为运输建墓所需的石头，穿梭于尼罗河两岸。他们分很多道工序将石头搬运过苍凉的沙漠，最终托举到正确的位置。直到今天，我们仍然无法解释，他们是如何做到这一点的。

给法老建墓的建筑师和设计师，更是出色，他们设计和建造的通往法老墓穴的通道十分狭窄，却能承受住来自各个方向的重压，至今也没有变形。

金字塔有很多秘密，也留下许多耐人寻味的东西。比如在金字塔中神殿的壁上，绘刻着公元前 21 世纪时的航海商船。这是世界上最古老的商船图像。

另外，壁上还刻有当时贵族的日常生活风景。图中高长的人，就是墓中的主人，他是一个贵族，站在自家的土地中，检阅一帮正在劳作的农人，他们在播种，牛在耕田。这是世界上最古老的农田风景画。

令人奇怪的是，金字塔里的石刻上，有羊群，有牛群，却始终不见有马的雕刻。因为在当时的古埃及，还没有马这种动物传入。

有的壁上，还刻有工匠工作的图像。铜匠造铜器，玉器匠造玉器，金匠造首饰，陶器匠造陶器，玻璃匠造玻璃，玻璃和美丽的琉璃瓦用来装饰宫殿。彩色玻璃瓶，则是当时古埃及输出产品中的一种重要特产。

从这些图像可以看出，古埃及的手工业已是相当发达。在众多匠人中，织麻布的女匠人很值得一提，后人曾发掘出当时给国王裹尸的麻布，非常细致，几乎和现代的丝织品完全一样，非得用显微镜才能分辨出来。

看起来，古埃及的商业、农业、手工业，雕刻美术都不错。其文明的程度，超乎我们的想象。按理说，古埃及王国会一直繁荣、兴旺下去。然而，历史并不是这样。如同我们常说的一句话：历史发展是不以人的意志为转移的。接着，我们说说古埃及帝国的兴亡历程。

【档案 NO.1】

古埃及象形文字：约在公元 3300 年前，古埃及人就开始使用象形文字。这种象形文字由表意符号、表音符号和限定符号三部分构成。表意符号用图形表示词语的意义，特点是图形和词义有密切的关系，例如：表示水就画几条波形线，画一个五角星表示"星"的概念；表音符号则是把词语的发音表示出来，取得音值。例如：猫头鹰的图形符号用作音符时，读【M】音；限定符号则是在表音符号外加上一个新的纯属表意的图形符号，置于词尾，以表示这个词属于哪个事物的范畴。

【档案NO.2】

狮身人面像：胡夫死后不久，他的儿子哈夫拉也建造了一座金字塔，比胡夫金字塔低三米，有着更完整壮观的附属建筑，尤其是在塔的旁边屹立着一座有哈夫拉国王头像而配着狮身的石雕，这就是闻名于世的"狮身人面像"。整个狮身人面像除狮爪是用石块砌成以外，其

哈夫拉金字塔狮身人面像

余是在一块天然大岩石上凿成，是古埃及另一奇观。18世纪末，拿破仑远征埃及时，下令用大炮轰击狮身人面像，以便找到一个入内的进口，结果狮身人面像的鼻子被炮轰掉，脸部变得丑陋不堪。

2. 古埃及帝国兴亡录

透过古埃及的文明发展进程，不难看出，古埃及人具有"团队协作"的精神。一开始，他们就懂得相互依靠，去修筑沟渠，维护堤坝。在这些活动中，人们学会了如何与邻居相处，如何互利互惠，皆大欢喜。

这种联合的关系，很容易发展成一个有组织的国家。

最早的古埃及人

这时候，一个强大有力，头脑非凡的人出现了，他合情合理地成为了团体中的领袖。

作为领袖，不仅要带领大伙劳作，还要带领团体成员共同抵御外敌。当时，西亚邻邦十分嫉妒埃及人——埃及人的伙食很好，睡得也香，还有大把时间休闲娱乐。这一切都依赖于尼罗河两岸丰饶肥沃的大片土地。西亚邻邦眼红了，入侵，打算将这块地盘占为己有。

埃及人的首领成为抵御外敌战争的领袖，他当之无愧地成为了这片土地的国王，统治着从地中海到西部山脉之间的所有土地。

然而，勤恳劳作的农民们，对被称为"法老"的国王统治多大的地盘，并不在意。他们只要能吃饱穿暖，不缴纳苛捐杂税，就很满足了，就十分乐意接受法老的统治。

不过，当侵略者入侵，并且抢夺他们财物的时候，情况就大不一样了。

古埃及王国在经过了两千多年的独立生活之后，一支名为喜克索斯人的野蛮部落，入侵了古埃及。这支部落是阿拉伯的牧羊部落，不光打仗厉害，且善于学习。他们学习埃及人的文字，国王也承袭埃及的王衔，并建筑神庙，树立雕像。但是，他们没有完全融入埃及的先进文化，他们有自己的信仰。

喜克索斯人信仰赛特神。埃及人信仰阿蒙神。塞特是沙漠神、风暴神。阿蒙是太阳神。这个文化差异让喜克索斯人非常不爽，他们开始欺负埃及人，下令禁止埃及人信奉阿蒙神，改为信奉塞特神。

占人家的地盘不说，还诋毁别人的信仰，这是精神上的蹂躏。这个时期，文献里记载了这么一件事：底比斯是埃及人的都城，池塘里有河马鸣叫，叫声很远，传到700里外阿瓦里斯王宫，吵得喜克索斯国王失眠。于是，喜克索斯国王下令，不许底比斯池塘的河马鸣叫。

喜克索斯人就是如此蔑视埃及人。埃及人无法忍受，奋起反抗。

在反抗战争中，埃及人学习喜克索斯人的军事技术，武器装备有鳞片铠甲、复合式的弓和新型的匕首、剑、弯刀等。这些玩意儿，都是喜克索斯人带进埃及的。

反抗斗争的中心，是埃及的首都底比斯。埃及新法老，第十七王朝国王卡美斯召集大臣，讨论对喜克索斯人开战的问题。大臣们很怯弱，大多主张消极防御，南北共处。卡美斯是个铁血的汉子，他坚决主战，这一决策受到埃及广大军民的支持。

民心所向，埃及人面对外族人侵略，表现出空前的团结，一致抗战，打得喜克索斯人节节败退。

公元前1508年，卡美斯的继承人阿赫摩斯一世，率领埃及军队攻克了喜克索斯人的都城阿瓦里斯，取得这场反抗外族战争的重大胜利。喜克索斯人败了，被全部驱逐出埃及。但阿赫摩斯一世没有就此放过喜克索斯人。

宜将胜勇追穷寇，阿赫摩斯一世命令埃及军队乘胜追击，一直打到巴勒斯坦南部，围攻了3年，终于占领了喜克索斯人的要塞沙鲁深。

阿赫摩斯一世功勋卓著，这位新法老重新统一了埃及。他的出现，让古埃及进入到下一个新的时期，史称：新王国时期。

新王国时期，是古埃及的鼎盛期。什么叫鼎盛期？就是军事、政治、经济、文化等各方面，都处于最鼎盛的时候。法老手中掌握了装备精良的军队，这支军队有重装步兵、轻装步兵、以及战车兵。

在打败了喜克索斯人后，法老向外扩张，频繁发动侵略战争。埃及帝国的版图不断扩大，北界延伸到叙利亚的卡赫美什，南界延伸到尼罗河第四瀑布。

埃及帝国一度辉煌，到了公元前1312年的时候，埃及帝国碰到了一个强硬的对手——西亚地区的霸主赫梯王国。

为了争夺叙利亚和巴勒斯坦地区的控制权，双方开战，这一打就是数十年。埃及帝国的国力，越打越衰弱，家底越打越薄。最后，双方都打疲了，订立和约，结成同盟。可埃及帝国的元气再也没能恢复，从此由盛转衰，一蹶不振。

到了公元前525年，波斯国王冈比西斯征服了古埃及。公元前4世纪，波斯又被亚历山大大帝征服，古埃及成了马其顿的一个行省，随之，亚历山大大帝的一位将军自立为古埃及国王，并建立了"托勒密王朝"。

到了公元前39年，罗马人开始对古埃及虎视眈眈。古埃及的最后一位女王，克娄巴特拉粉墨登场。光听这女王的名字，你或许比较陌生，但提起"埃及艳后"，你一定相当熟悉。这位埃及艳后，竭尽全力挽救埃及王国。

对于罗马的将军来说，埃及艳后的美貌和魅力，比埃及的千军万马还要危险。她曾两次靠美色和智慧，让罗马占领者拜倒在自己的石榴裙下。这让人想起那句话：男人征服世界，最终是为了征服女人。

不过，也有例外，公元前30年的时候，恺撒的侄子和他的法定继承人——奥古斯都大帝也来了，这位大帝不但没对魅力十足的埃及艳后心生爱慕，反而把艳后的军队打得溃不成军，一点也不怜香惜玉。

更过分的是，这哥们儿还打算把埃及艳后当作自己凯旋的胜利品，游街示众。克娄巴特拉得知这一消息后，不堪受辱，服毒自杀。自此，埃及沦落为罗马的一个行省。

回顾古埃及衰落后的情形，可以说是"铁打的古埃及，流水的新主人"。波斯人、罗马人，以及中古时期的阿拉伯人，近世的土耳其人，接踵而至，轮番来做埃及的主人翁。

到了现代，埃及又变成了英国的保护国。所以，现代的埃及，早已不是古埃及的面目了。不过，王国虽灭，文明不亡，埃及的文化后来影响到亚洲西部和欧洲东南部，传播很广。西洋的工业、雕刻、绘画、建筑，以及政府组织的种种进步，都是从古埃及的文明中汲取营养，继而繁荣光大。

接下来，来看看古埃及鼎盛时代和衰亡后，亚洲西部文明发展的情形。

【档案 NO.3】

帝王谷——法老的另一种陵墓。尽管古埃及建造了许多高大而坚固的陵墓，但盗墓者依然猖獗，帝王的遗骨身首异处，支离破碎。于是，他们在险要的崖谷，陡峭的峰岭中寻找自己的安葬之所。在那里，挖掘墓穴，安放木乃伊，同时也营造许多假墓穴来迷惑盗墓者。帝王谷，其实是卢克索附近的一个幽深山谷，人迹罕至，许多埃及法老的陵墓都汇聚在那里。另外，还有一处王妃谷，有 64 个陵墓，大多比较简陋粗糙，富丽华美的很少。

【档案 NO.4】

埃及与赫梯和约：是历史上流传至今最早的一份和平条约。在埃及的卡尔那克神庙，以及其他神庙的墙上都刻有该条约。条款规定：相互保证按条约确定的疆界的不可侵犯；在遭到第三国侵犯或发生人民起义的时候，相互提供军事援助；并把来自对方的逃亡者交还给原主。两国永远不再相互敌视，永远和睦相处。实际上，无论是埃及法老，还是赫梯国王，都是为内外形势所迫而不得不如此。

3. 古代东方的骄傲：两河流域文明

上古时代世界的文化中心共有四个，埃及、巴比伦、中国和印度。亚洲很了不起，占到 3 个。

说起亚洲西部，人们会想到"两河流域文明"。所谓两河，即底格里斯河与幼发拉底河。两河流域，古希腊语叫作"美索不达米亚"，意思是"两河之间的土地"。

在北非，尼罗河谷能让人们轻松获得食物，所以它吸引了许多人涌来。"两河之间的土地"也因为同样的原因，受到人们的欢迎。这是一方充满希望的土地，无论是来自于北方山区的土著居民，还是从南方沙漠流浪而来的部落，都试图宣称：这个地区是不容他人染指而属于自己的私有财产。

山民和沙漠游牧民族之间，无休止地争吵和斗争，导致了战争的频繁爆发。在这种情况下，只有最强悍和最勇敢的人才能够生存下来。正因为如此，美索不达米亚成为了一个强大的民族家园，这个民族创造出了在各方面与古埃及文明比肩的灿烂文明。

苏美尔楔形文字

公元前 40 世纪的时候，生活在北方山区的一些山民，迁移到了两河流域的平原内陆地带。他们被称作"苏美尔人"。

苏美尔人迁移到此地后，逐渐变为务农的民族。他们种植大麦和小麦，驯养牛羊，用牛耕田，驾骡拉车。用有轮子的车作为运输的利器。这是人类史上的第一次。因为需要交易和记账，他们用芦秆为笔，泥砖为纸，写成一种象形文字。由于笔画是楔形的，所以称为"楔形文字"。

公元前 1500 年左右，楔形文字已成为当时国家交往通用的文字体系，连埃及和两河流域各国外交往来的书信、条约时也都使用楔形文字。

后来，西亚各国文字的形成，都以楔形文字为基础。

苏美尔人文科很好，理科也棒。太阴历和两种计算方法的发明，就足以说明这一点。

太阴历，简单地说，就是以一昼夜为一天，以月亮的阴晴圆缺、周而复始为一月，还把一年分为 12 个月，其中 6 个月每月为 29 天，共 354 天，并设闰月来补足。

苏美尔文明的发达程度，令人惊叹。然而，不幸的是，在文明高速发展的同时，战乱也开始了。到了公元前 2750 年的时候，苏美尔人的城市被南方闪族人所征服。

"闪族"，和我们现在在街头看到的"快闪一族"不是一个概念。他们来自阿拉伯沙漠，是一个以游牧为生的民族。他们中的一部分人，后来迁移到巴勒斯坦地区，成为犹太人和迦南人的祖先，还有一部分人迁移到叙利亚，成为了后来的腓尼基人。

闪族人有诸多部落，比如腓尼基人部落、阿卡德人部落、亚摩利人部落，等等。亚摩利人征服了苏美尔人后，建立起第一个重要的闪族王国，就是我们所熟知的巴比伦王国。

王国建立后，闪族人改变了从前游牧的习惯，吸纳了苏美尔人的文化，并传承发扬。

公元前 2100 年前后，是巴比伦文化的极盛时代。当时，巴比伦国的国王，叫汉穆拉比。这个人在世界历史上之所以出名，除了会打仗，更重要的原因，是因为他编纂了一部法典，刻在一根至今尚存的石柱上。称为《汉穆拉比法典》。

《汉穆拉比法典》很长，分序言、正文和结语三部分，跟长篇小说似的。

序言和结语，概括了汉穆拉比的文治武功和立法宗旨。正文有 283 条。可谓包罗万象：诉讼手续、盗窃处理、租佃、雇佣、商业高利贷、债务、婚姻、遗产继承、奴隶地位，等等。

通过这部法典，可以看到当时的社会状况。其内容之全面，法制之明确，在古代立法史上甚为罕见。

当然，这部《汉穆拉比法典》的宗旨是保护奴隶主，同时剥削奴隶和平民的。比如其中有规定：奴隶是奴隶主的私有财产，可以被任意出卖、转让和抵押。而逃亡的奴隶一旦被捕获，必须交还原主，盗卖奴隶或藏匿奴隶者处以死刑。

在巴比伦社会中，除了奴隶主和奴隶，还有自由民。法典处理自由民内部的关系，往往是"以牙抵牙，以眼还眼"的方式。比如，两个自由民打架，一个人被打瞎了一只眼睛，另一个人就要被打瞎一只眼睛作为赔偿；如果你打断了别人的腿，你自己的腿也要依法被打断；你打掉了别人牙齿，自己的牙齿也要依法被打掉，打掉几颗就赔偿几颗。用中国话说，这就是有仇必报。

为了巩固奴隶主的统治，《法典》还规定了一些更严厉的条款：逃避兵役的人一律处死；破坏桥梁水利的人将受到严厉处罚。店主不把在酒店密谋的人抓起来，也要被处死。

除此之外，法典对土地买卖、出租、抵押和继承等也做出了规定。除王室和部分神庙土地分给依附的平民耕种，而不能交易外，其余土地都可以通过买卖而属于私人所有。这说明，国家完全承认土地私有的合法性。

依靠这部法典，汉穆拉比时代的巴比伦，成为古代东方统治最严厉的奴隶制国家。

而这部法典的颁布，也标志着两河流域进入司法制度的新时期。可以这样说，《汉穆拉比法典》是"法典中的鼻祖"，后来亚述法典、赫梯法典，乃至古希腊、罗马立法，都以这部法典作为参考。

遗憾的是，汉穆拉比死后，巴比伦王国就日渐衰败了，山中的野蛮民族接连侵入巴比伦平原，他们带来了一种极为重要的动物——马。很快，他们就把巴比伦王国分裂了。之后的一千多年，巴比伦文化陷入停顿之中。

再后来，闪族人部落中的亚述人，从沙漠入侵，他们不仅占有了两河流域的全部地方，还占据叙利亚、巴勒斯坦以及埃及的北部地区，建立了强大亚述帝国。

这个帝国的一大特色，就是军事强悍。实行募兵制，建立常备军，这支军队分为战车兵、骑兵、重装步兵、轻装步兵、攻城兵、辎重兵、工兵。其中，工兵是世界军事史上的首创。军队装备由国家供应，配备有铁制盔甲、武器和战马，还备有攻城的冲城器和投石机。

亚述帝国的军队以残暴著称，所到之处，毁城灭族，烧杀抢掠，横征暴敛。被征服地区的居民被随意屠杀，斩首剥皮。这种抢光烧光、斩尽杀绝的野蛮政策，其实根本不利于亚述帝国的统治。

到了亚述帝国后期，两河流域中出现了又一个人种——迦勒底人。

其实，迦勒底人很早就在巴比伦地区定居下来，势力日益强大。此时，在今天伊朗高原的西部，又兴起了一个米底王国。公元前 626 年，迦勒底人与米底人联合进攻亚述帝国，4 年后，亚述都城陷落，亚述帝国随之灭亡。

迦勒底帝国建立后，都城仍设在巴比伦。因此，迦勒底帝国也被称作新巴比伦王国。

这个王国最伟大的帝王叫尼布甲尼撒二世，他在位四十年，是后巴比伦王国最隆盛的时代。他建造了一个规模宏大的王宫，高耸入云，被称为"空中花园"。

关于"空中花园"，还有一段流传甚广的传说：尼布甲尼撒二世娶了米底公主，婚后，王妃受不了巴比伦的烈日和风沙，生了思乡病。尼布甲尼撒二世宠爱王妃，便命人按照王后家乡的景物建造一个花园式的宫殿。里面绿树成荫，鲜花绽放。由于花园比宫墙还要高，给人感觉像是整个御花园悬挂在空中，因此被称为"空中花园"。这个花园深得王妃的欢心，她的病也逐渐好了。

这座花园是建在无数高大的巨型圆柱上，支撑花园的石柱高达 75 英尺，灌溉花草的水从幼发拉底河中抽出来，经过圆柱往上输送。花园的地面上土层深厚，不但可以植草种花，还可以种大树。

很快，这座"空中花园"成为远近闻名的美景，来巴比伦城经商、旅游的人们，从远处就可以看到。

公元前 2 世纪，希腊学者在品评世界各地著名建筑和雕塑品时，把"空中花园"列为"世界七大奇观"之一。从此以后，"空中花园"更是闻名遐迩。

从"空中花园"的建造可以看出，后巴比伦王国曾是多么繁荣和强大，建筑和雕刻在这个王国的文明发展中耀眼夺目。然而，这个王国也像"空中花园"

一样，美丽却不持久。尼布甲尼撒二世去世后，后巴比伦王国开始衰落。最终被后来崛起的波斯帝国吞并。

【档案 NO.5】

楔形文字：苏美尔楔形文字有意符和音符。经过巴比伦人、亚述人的使用和改造，成为一种半音节文字。在字母发展史上有所贡献。楔形符号共有 500 种左右，其中有许多具有多重含义，这就使得楔形文字体系比后来的字母文字体系更难以掌握。尽管如此，在两千年间，楔形文字一直是美索不达米亚唯一的文字体系。

【档案 NO.6】

空中花园遗址：19 世纪末，德国考古学家发掘出巴比伦城的遗址。发掘南宫苑时，在东北角挖掘出一个不寻常的、半地下的、近似长方形的建筑物，面积约 1260 平方米。这个建筑物由两排小屋组成，每个小屋平均只有 6.6 平方米。两排小屋由一走廊分开，对称布局，周围被高而宽厚的围墙所环绕。西边那排的一间小屋中发现了一口开了三个水槽的水井，一个是正方形的，两个是椭圆形的。根据考古学家的分析，这些小屋可能是原来的水房，那些水槽则是用来安装压水机的。因此，考古学家认为这个地方很可能就是传说中的"空中花园"的遗址。

4. 哈拉巴文化：来源衰落都是谜

回顾两河流域文明的发展历史，阿拉伯沙漠中的闪族，不断向北方迁移，变成定居的民族。而住在北方，与他们遥遥相对的，还有另外一个以游牧为生的民族，他们往来于里海和多瑙河之间的草原上。

这个民族就是后来波斯人、希腊人、罗马人、斯拉夫人和日耳曼人的祖先。简单地说，他们就是现代欧洲人的祖先。

这群祖先迁移的时代很早，一部分人东迁到印度，一部分人西迁到不列颠。所以总称为"印度欧洲民族"，他们的语言同属雅利安系，所以通常又被称为"雅利安族"。

公元前3000年左右，住在里海以东的雅利安族人，其中一部分迁移到印度河流域，变为定居的农民。他们就是现在印度人始祖。后来，人口繁殖，又逐渐向东方发展，占领了恒河流域，在恒河流域周围建立了许多小国。

就地理范围而言，古印度不仅指今天的印度，还包括巴基斯坦、孟加拉、不丹、尼泊尔等在内的整个南亚次大陆。

在中国西汉时期，古印度被称为"身毒"，东汉时，改称"天竺"。听到"身毒"，你会感觉有点古怪，听到"天竺"会想起一些神话故事，比如唐僧取经什么的。没错，到了唐代，高僧玄奘将其译为"印度"。

其实，印度的远古文明，到1922年才被发现。由于它的遗址首先在印度哈拉巴地区被发掘出来，所以通常古印度文明为"哈拉巴文化"；又由于它主要集中在印度河流域，所以又称为"印度河文明"。

据考古学家断定，哈拉巴文化大致出现在公元前3000年至公元前1750年间，鼎盛时期约为公元前2300年至公元前2000年间。

哈拉巴文化的主要经济部门，不用说你也知道，肯定是农业。古印度人栽种作物和两河流域中最早出现的苏美尔人差不多，也是大麦和小麦等。

不过，除了这些，还有一点零食——椰枣、果品。可以补充维生素。此外，驯养牛羊和各种家禽，自然也不在话下。

从哈拉巴地区遗址中出土的大量青铜器来看，古印度人掌握了对金银等金属的加工技术。各种美妙绝伦的手工艺品和奢侈品，透露出当时工匠们的精巧技艺。

制陶和纺织也是哈拉巴文化的两个重要部门，从遗址中出土的染缸来看，当时的古印度人已经掌握了纺织品染色的技术。同时，纺织业和车船制造业也高度发达。

整个城市的繁荣，使哈拉巴地区的商业盛极一时，不仅国内贸易活跃，国际贸易也特别频繁，都是大买卖。大量古迹遗址的发掘充分证明，哈拉巴与伊朗、中亚、两河流域、阿富汗，甚至缅甸、中国都有贸易往来。

哈拉巴古城遗址

其实，古印度哈拉巴文化的中心，除了哈拉巴城以外，还有一座城市的文化也非常发达。这座城市就是南部的摩亨佐·达罗城。哈拉巴在北，它在南。

这一南一北两座古城的遗址规模都相当大。由卫城和下城两部分组成。卫城，是统治者居住的城堡，因此有高厚的砖墙，设有完善的供水、排水系统；下城，则是普通居民区。

在卫城中，有一些公共建筑物，比如宫殿、行政大厦、谷仓、浴室，寺庙等；下城中的建筑则充满人间烟火，有商店、手工业作坊、饭馆、旅舍和一般住房。

可以确定，这一时期人们的生活内容是丰富的。人们吃的是肉、鱼、面包、饼、蔬菜、水果、牛奶；穿的是棉布和毛织品。而且，人们还非常注意装饰打扮。从遗址中发现的项链、戒指、手镯、耳环等金银首饰，就可以说明这一点。

更有趣的是，考古中发掘出各种骰子和印章雕画，雕画中画有手鼓、七弦琴，还有斗牛，斗鸡等图景。看得出，当时人们的娱乐生活比较滋润。只是住的地方有些区别，上层人物住高楼大厦，穷人住简陋茅舍。但总的来说，日子不错。

物质生活不错，精神生活也不差。因为哈拉巴文化还创造了自己独有的文字，这些文字主要留存于各种石器、陶器和象牙制的印章上，这些文字符号是象形的，也有几何图案，至今尚未能成功译读。正因为如此，关于哈拉巴文化的来源问题，一直成为考古学家与历史学家争论不休的话题：到底是土著文明？还是外来文明？

用我们今天的流行话说，就是哈拉巴文化，到底是古印度人的原创，还是模仿外来的山寨版？

更令人不解的是，根据考古发现，哈拉巴文化延续了几百年之后，却从公元前18世纪开始，遽然衰落，且速度惊人，在公元前1750年前后竟然彻底消失了！

哈拉巴文化来也匆匆，去也匆匆，来源之谜和衰落之谜一样，迄今为止都没能破解。

哈拉巴文化衰落后，有一个断节，这个断节也是古印度文明史上的断节，没有任何史料。直到公元前1500年，古印度才进入到一个时代，这个时代，被称为"吠陀时代"。

【档案 NO.7】

哈拉巴城与摩亨佐·达罗城：各占地达85万平方米，居民数大约各自有35000人。卫城中心建筑物是一个大浴池，长约12米，宽7米，深2.4米。考古发掘者认为，这是为了履行某种宗教仪式用的。在浴池的东北有一组建筑群，其中有一座很大的长厅，推测是统治者居住的地方，下城居民区街道整齐，主要的大街宽达10米。街道里的房屋主要由烧制的红砖砌成，房屋的大小、高低和设备有很大差别，其中有很阔气的楼房，也有非常简陋的茅舍。

5. 婆罗门教 VS 佛教

公元前 1500 年，古印度文明进入吠陀时代，"吠陀"的意思是知识。从这个时代起，印度民族分为四个"种姓阶级"。

最尊贵的种姓是婆罗门，掌管宗教、教育、文学、历法等，社会地位名列首位。

其次是刹帝利，掌管军国大事，换句话说，就是拿枪杆子，手握军权的。

再次，就是吠舍，平民阶层，普通劳动者，包括农民、手工业者和商人，向国家缴纳赋税，也可以说是"纳税一族"。

最后一个等级，比较有意思，明明是最低的一级种姓，音译过来的名字却叫"首陀罗"，他们是破产者、失去土地者以及奴隶。

各个种姓的地位严重不平等，也互不通婚，甚至不同桌吃饭，不同饮一口井里的水；职业则是世袭，老子是手工业者，儿子继承，不能换工种。同样，国王也是世袭。是龙是虫，全看你的命，种姓决定一切。

显而易见，婆罗门和刹帝利是两个高级种姓，他们是社会中的老大，统治阶级，占据大量财富。吠舍和首陀罗自然是下层老百姓，穷人。

还有比穷人更惨的一类，叫贱民。这一类不在四个种姓之列，他们社会地位最低，从事最卑贱的劳动，比如抬死尸、清除粪便。贱民是一群不可接触的人，走在路上，要佩戴特殊的标记，口中要不断发出特殊的声音，或者敲击某种器物，以提示高级种姓的人及时躲避。

为了维护种姓制度，最有势力的婆罗门制定了一部《摩奴法典》。这部法典规定了各阶级所享受的特权。

作为统治阶层，婆罗门手握宗教大权，当时，雅利安人在印度所创的宗教叫"印度教"，也叫"婆罗门教"，供奉全知全能的梵天王为主神。以天堂说和轮回说为主要的教义。

信奉"婆罗门教"的教徒，专以苦行和忏悔为主，以此求免灵魂轮回和苦痛。他们所诵的经文叫《吠陀》。

到了公元前6世纪的时候，一个反对婆罗门教的宗教派别出现了。这个宗教就是我们所熟悉的佛教。它反对种姓制度，认为不凭出身，不依靠婆罗门，不求神，只要通过正确的修行，任何人都能实现自己的宗教理想。

可见，佛教的出现打击了婆罗门教维护的种姓血统论。

佛教的创立者，是迦毗罗卫王国的小国王，名叫乔答摩·悉达多，就是后来的释迦牟尼。

悉达多出生的时候，古印度已进入列国时代。当时，在古印度大陆北部有16个大国。在16个大国以外，还有许多共和国，迦毗罗卫王国就是一个很小的共和国，位置在今天的尼泊尔境内。

佛陀鹿野苑宣讲佛法

身为小王子的悉达多，深居宫中，生活极为舒适。不过，他酷爱思考，世间的许多现象，比如饥渴困乏、在烈日下耕田的农人；口喘汗流拖着犁头耕地的牛；蛇虫鸟兽弱肉强食的情景；辗转呻吟的病人，以及亲朋哭泣送葬的情景。都让他陷入沉思。

更令他不解的是，为什么有的人天生就是婆罗门？有的人天生却是首陀罗？而且子子孙孙延续。换句话说，就是为什么有的人天生高贵富有？有的人却天生低贱贫苦？

悉达多读过婆罗门教的经文《吠陀》。不读则已，读完后悉达多脑子的问题更多了——我们从哪里来？我们往何处去？我们身在怎样的世界？谁是这个世界的主宰？

这些问题，在《吠陀》里都找不到答案。

于是，在二十九岁的时候，悉达多舍弃了奢华的生活，出家修行。

当时，古印度流行"苦行"——就是用各种吃苦的办法来求道，比如不吃不喝。所以，印度最古老的哲学家们喜欢到大自然中去寻找答案。森林里、深山中、大树下、湖水边，印度人在对宇宙与人生的观察中，比中国人更早悟出了一个伟大的概念——天人合一。

悉达多也曾用过这种修行法，他来到了伽阇山的苦行林，耳听逝水，眼观茂林，按照通行的苦修方式，开始减少食量，用禅定、瑜伽与上天交流。由于时常一动不动，泥土污秽日积于身，他已如一棵直立的老树一般。麻雀在他的头顶筑窝，芦苇和茅草缠住了他的双膝。

就这样，花开花落，斗转星移，6 年过去了。林中草木依然茂盛，山下河水仍旧流淌，苦修 6 年，悉达多始终未能寻得他的答案，还弄得他身心衰弱，险些丧命。

第七年，悉达多来到一个叫普提伽耶的地方，静坐于菩提树下，冥思苦想，经过 49 天的苦苦探索，终于"大彻大悟"，想通了解脱人间痛苦的逻辑，悟出了生死的真理——"解脱"，终于得道成佛，创立了佛教。

佛教的佛不是神，而是觉悟了的人。修炼心性，脱离生死轮回的苦痛，进入到寂灭无为的境界，这就叫"涅槃"。

得道后的悉达多，到各地区传教，招收信徒。作为佛教的创始人，悉达多被他的弟子称为释迦牟尼，牟尼的意思是隐居林间的圣人。释迦牟尼，就是释迦族的圣人。此外，释迦牟尼还有尊、佛、佛祖等十余种称号。

释迦牟尼把佛教解释为"四谛"。"谛"的意思是真理。四谛就是四个真理，有苦谛、集谛、灭谛和道谛。苦谛是说人的一生到处都是苦，生老病死、喜怒哀乐其实都是苦；集谛是指人受苦的原因，因为人为满足自己的各种欲望，在世上做了很多事，到来世都会付出代价，即俗话说的"善有善报，恶有恶报"；灭谛是说如何消灭苦因，一句话——要摆脱苦，就要消灭欲望；道谛是说，消灭苦因就得修道。

释迦牟尼创立的佛教，倡导众生平等，这比婆罗门教先进。因此，他的学说和精神感动了许多人。尽管佛教所倡导的东西，与婆罗门教的教义处处相反，但在佛教弟子中，却有不少婆罗门和刹帝利种姓的人。

佛教产生的初期，并不主张修建寺庙，供奉佛像。据说，释迦牟尼收了一千多个弟子，著名的有"十大弟子"。释迦牟尼在恒河流域传道，历经40多年。

公元前486年，80多岁的释迦牟尼在传道途中圆寂。他的遗体火化以后，骨灰结成许

佛陀涅槃图

多五光十色的颗粒，佛教把这种颗粒叫作"舍利"。后来，有八个国王分取舍利，把它珍藏在特地建造起来的高塔中供奉，以表示对释迦牟尼的景仰。

释迦牟尼圆寂后，佛教在古印度本土继续发展，到了公元前3世纪，孔雀王朝阿育王的统治时期，佛教被定为古印度的国教。

【档案 NO.8】

《吠陀经》：古印度的历史文献，雅利安人的圣书。它包含了当时的各种知识。由婆罗门祭司祭神的颂诗、经文和咒语汇编而成，也是古印度人的思想、伦理、道德和法律的依据，具有最高的权威。共四部，即《梨俱吠陀》《裟摩吠陀》《耶柔吠陀》《阿闼婆吠陀》等四部。其中，《梨俱吠陀》是古印度人对神的赞歌和祷告文；《耶柔吠陀》与《裟摩吠陀》都是婆罗门的祷告文。"吠陀时代"就得名于这些经书。

【档案 NO.9】

大乘佛教与小乘佛教：佛教中的两个派别。大乘，意为大道，其主要特点是崇拜偶像，主张自度和兼度他人，认为只要信仰虔诚，坚持苦修，人人皆可成佛。在哲学上，主张"法我皆空"，即主观的真实性与客观的真实性都不存在；小乘，其特征是基本保持释迦牟尼的遗训，主张着重进行伦理的教诲，不崇拜偶像，认为普通人通过修行也可以"涅槃"，但不能人人成佛。其教义的要点是精神不灭，轮回转世，因果报应，因此主张广为布施，救济众生，不重今生重来世。

【档案 NO.10】

　　佛教的发展：中国东汉时期，佛教传播到中国，此后又由中国传播到朝鲜和日本，同时，佛教也在东南亚地区传播开来，成为佛教的另一个重要分支。公元 1 世纪，大乘佛教兴起，发展了早期的学说，而坚持释迦牟尼思想的一派佛教，被称为小乘佛教。佛教与基督教、伊斯兰教成为世界三大宗教。

$6.$ 波斯帝国的荣耀

前文说过，当雅利安人中的一部分人迁移到古印度时，另一部分人向西南方迁移，其中最强盛的是米底人和波斯人。最早，米底很强大，他们在底格里斯河流域建立了一个大帝国。在亚述帝国灭亡以后，米底人雄霸一时，让四邻生畏。

而波斯却非常弱小，是由一群牧民组成的十多个部落联盟。如果说，当时米底帝国是老大，波斯就是小弟，是米底的一个附属小国，长期受到米底帝国的欺压。

公元前 558 年左右，在波斯部落出了一个有名的人物，名叫居鲁士，他在波斯部落中威望第一、智勇第一、魅力第一，成了波斯部落联盟的老大，十多个波斯部落的农民和牧民都听他指挥。

小时候的居鲁士就野心勃勃，他的梦想是有一天能带领全体波斯弟兄们闹一场轰轰烈烈的伟大革命——不但要彻底推翻米底帝国的残暴统治，还要让米底帝国在世界上消失。

有梦想谁都了不起。在居鲁士的带领下，波斯部落日益强大。居鲁士的姥爷，就是米底的国王，他身边有一位大臣叫哈尔帕格斯。哈尔帕格斯表面忠诚，暗地里却和居鲁士勾结，二人里应外合，打算推翻米底帝国。

米底国王得知后，下令米底王国全民皆兵，不论男女老幼统统武装上阵，他亲自率军迎战外孙。然而，居鲁士和他手下的波斯战士如同猛兽般凶猛，米底军队一触即溃。

姥爷成了外孙的俘虏，波斯大军冲进了米底王国的都城，居鲁士坐上了米底国王的宝座，这一年，是公元前 550 年。居鲁士已年近 50 岁了。

11 年后，年事已高但雄心不减的居鲁士，又率兵进攻新巴比伦王国。此

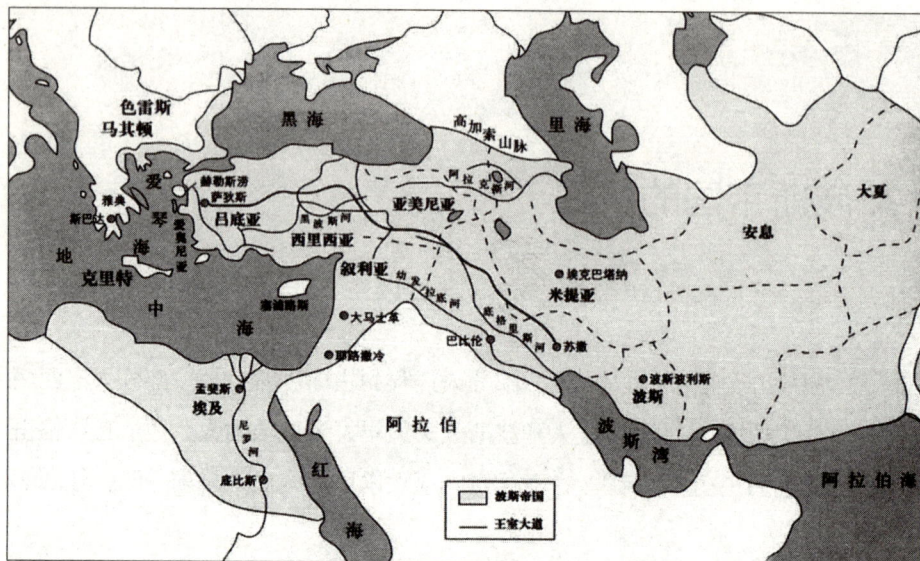
波斯帝国版图

时的巴比伦城规模宏大，以坚固著称，新巴比伦国王自认为坚不可摧。其实，巴比伦内部四分五裂，危机四伏。祭司集团和以国王为首的军事贵族集团矛盾重重。居鲁士看到了这一点，他收买了巴比伦的重要将领，不费吹灰之力便进了城。

就这样，居鲁士兴兵几十年，征服了整个西亚地区。两河流域、叙利亚、巴勒斯坦等地区，成为了波斯人的舞台。居鲁士一手打造的精锐之师，分为三大兵种：贵族组成的骑兵；农民或牧民组成的步兵；还有一种，相当于中国春秋时期的战车兵。

波斯军队中的战士，几乎都是从10来岁就开始受训的壮男，个个肌肉发达猛烈过人。重骑兵扛着长矛，轻骑兵拿着弓箭和盾牌；重步兵手持长枪和盾牌，轻步兵配备着弓箭或投石器。还有不少猛士举着令人胆寒的波斯大砍刀和波斯大战斧。

波斯战车最多时大约有两百辆，由两匹马拉着，战车兵配备长矛和盾牌。后来波斯战车经过"全新改版"又在车轴上安装了利刃，即著名的"滚刀战车"。

居鲁士在军事方面很厉害，政绩也很辉煌，达到了古代世界君主的最高峰。他严令禁止军队烧杀抢夺，努力维护社会治安，恢复生产秩序，尊重当地宗教传统。

没有杀戮，没有流放，没有掠夺。此前的征服者们每占领一个国家，必然要先做两件事情：一、搜刮财富；二、烧毁神庙。而居鲁士的大军所到之处，与民秋毫无犯。

得民心者得天下，居鲁士获得被征服地区人民的衷心拥戴。他还把"巴比伦之囚"全部释放，让他们回乡，并帮助他们重建家园。

居鲁士每征服一个地方，那里的人们都会发现，他们的新王要远远好于原来的君主。居鲁士受到了整个西亚的拥戴。

虽然居鲁士一生从未停止过对外征伐。但毫无疑问，这是人类历史上最文明的征服。

居鲁士把波斯的首都迁到巴比伦城，从此之后，居鲁士又准备远征埃及。为了巩固自己的后方，他首先进攻马萨盖特国，不料出师未捷，中了埋伏战死。

居鲁士死后，他的儿子冈比西斯继承父亲的遗志，征服了埃及，把埃及变成了波斯帝国的一个行省。

再后来，波斯帝国的新一代国王大流士粉墨登场。大流士为了当上国王，很费了一番周折。他利用波斯帝国发生政变了的机会，联合一部分波斯权贵，杀死了政变的首领高墨塔，而后登基为王。

这时候，波斯帝国的秩序比较混乱，甚至濒于瓦解。为了巩固政权和帝国的发展。大流士对原有的统治机构，以及古老的军师组织，实施了一系列的改革措施。史称"大流士改革"。

改革的头一项，就是建立军政分权的地方行政制度。全国分为23个行省，由总督和军事长官治理。总督只拥有民政权力。军事长官则掌管行省的军队。各行省的军政长官互不统属，都对国王本人负责，以达到相互监督和牵制的目的。即便如此，大流士仍不放心，他还经常派遣名为"国王耳目"的要员巡视各地，秘密监视地方军政官员的言行，以预防任何谋反行动的发生。

在军事改革上，大流士将全国划分为5个大军区，每个军区统辖数个行省的军队。军队的最高指挥官均由波斯人担任。在波斯的军队中，值得一提的是海军。他们在东部地中海上组织了一个强大的舰队。大流士恢复了古埃及人在尼罗河和红海之间开凿的运河，以便船只可以直接从波斯湾驶入地中海。

军队强悍，政令也须畅通。为了加强中央与地方的联系，大流士继承并发展了亚述人修筑道路、设置驿站的制度。在帝国境内修筑了若干条驿道。其中，最长最著名的是从小亚细亚的以弗所到苏萨的驿道，被称为"御道"，全长2470公里。

除了以上这些改革之外，大流士还整顿税收制度，制定统一的贡赋制度，统一全国的货币铸造制度。规定：只有国王有权铸造金币，各地只能铸造银币和铜币。

这些措施为巩固波斯帝国的统治和扩张，打下了坚实的基础。

在原始文明向奴隶文明演进的过程中，大流士的大规模扩张，使人类的交往范围第一次跨越了亚、欧、非三大洲。波斯帝国庞大的版图，包括两河流域、尼罗河和印度河流域三大文明中心，并接近第四个文明中心希腊的边疆。

这样伟大而荣耀的事业，竟然是波斯国王大流士在25年间里做成的，这在世界人类史上是罕见的。

波斯帝国，前有居鲁士，后有大流士，这两个国王将波斯帝国变成古代东方最强悍的帝国。尽管后来古希腊人把波斯人描述成一群野蛮残忍的民族，但平心而论，波斯帝国政治的文明和文化的进步，在古代东方诸国中算是第一位的。

【档案 NO.11】

波斯帝国的灭亡：波斯帝国是靠武力征服建立起来的，境内各地区之间，缺乏统一的经济基础。因为，被征服的各地区反抗情绪十分强烈。公元前334年，马其顿国王亚历山大率军东侵，波斯军队节节败退。公元前330年，波斯国王大流士三世兵败被杀，波斯帝国灭亡。

7. 美洲探秘：不可思议的玛雅文明

　　说了一系列古代东方诸国的文明，如古巴比伦文明、古印度文明、古波斯文明。不妨做一个小结。因为古代东方诸国对世界文化的贡献很大。他们是最早将金属、纺织、玻璃、造纸等工业发展起来的。由于工商业发达的缘故，又创造了最古老的航海帆船。同时，又建造了许多宏大的建筑，是后来欧洲建筑的雏形。

　　艺术方面，东方古国创造出最古老的雕刻，大的如埃及的石像，小的如巴比伦的宝石，都非常精美。世界上最古老的字母、散文以及历史著作，也是从东方古国开端。现代世界所用的日历、度量衡的制度、算学、天文、医学，也都是由东方古国创始。总而言之，古代世界的文化部分，都起源于古代东方诸国。

　　相对来说，美洲的文明，就延后很多了。

　　美洲的古代农业文明，最初起源于墨西哥南部和中美洲。当时有陶器、纺织品，以及金属和器械。大约到了公元前 1000 年至公元元年的时候，美洲的土人玛雅族，开始在墨西哥、中美洲和秘鲁一带建筑神庙和宫殿，其宏伟壮观的程度，可与亚洲的巴比伦和非洲的埃及媲美。

　　玛雅民族是美洲的土人中，开化最早的民族。他们的居住地，在中美洲地势较低的平原上，种植一种叫"玉蜀黍"的植物，这是美洲的特产。渐渐的，财富增长，人口增加，城市林立，宫殿大兴。

　　玛雅人虽然没有铜和铁，却能凿出大块的石材，建造宏大的建筑物。同时，他们还发明了一种象形文字，懂得算学，还有发明了自己的历法。

　　不过，在古代世界文明史上，玛雅文明似乎是从天而降，却又戛然而止的。在哥伦布发现美洲大陆之前，玛雅文明就早已失踪了。异常璀璨的文化突然中断，给世界留下了巨大的困惑。

1839 年，美国人约翰·斯蒂芬在洪都拉斯的热带丛林，第一次发现了玛雅文明的遗址。之后，世界各国的考古人员在中美洲的丛林和荒原上，共发现了 170 多处玛雅古代城市的遗址。

玛雅日历

　　玛雅这个神秘的民族，在南美的热带丛林建造了一座座令人咋舌的巨型建筑，令许多现代城市的设计师也自叹弗如。譬如雄伟壮观的提卡尔城，还有建造于 7 世纪的乌克斯马尔的总督府，由 22500 块石雕拼成精心设计的图案，分毫不差。这一切都使人感到，玛雅民族是个不平凡的民族。

　　随着对玛雅文明的进一步考察，人们又惊奇地发现，几千年前的玛雅人竟然有着无与伦比的数学造诣，有着独特的谜一样的文字。而且一些地方的巨型建筑也并非出自实际生活的需要，而是严格依照神奇的玛雅历法周期建造的。

　　玛雅人的历法和天文究竟精确到什么程度呢？

　　几千年前，他们测算的地球年为 365.2420 天，与现代人测算的 365.2422 天相比，误差仅 0.0002 天。他们测算的金星年为 584 天，与现代人的测算误差仅为 7 秒。这真是令人难以置信的数字！

　　玛雅人还保持着一种特殊的宗教纪年法，一年分为 18 个月，每月 20 天。这种纪年法，不是以地球上所观察到的任何一种天体的运行为依据的。所以有人认为，它是玛雅人祖先依据另一个至今我们尚不知道的星球制定的。

　　玛雅人至少在公元前 4 世纪就掌握了"0"这个数字概念，比中国人和欧洲人都早了 800 年至 1000 年。他们还创造了 20 进位计数法，数字演算可沿用到 400 万年以后。这样庞大的天文数字，只有在现代星际航行和测算星空距离时才用得上。

　　玛雅人的历法可以维持到 4 亿年以后，他们计算的太阳年与金星年的差数可以精确到小数点后的 4 位数字。他们的象形文字由 800 个符号和图形组成，词汇量多达 3 万个。他们还有精美绝伦的雕刻、绘画和青铜艺术。

　　然而，令人困惑不解的是，玛雅人是巢居树穴，以采集为生，非常原始。

这样的原始部落，怎么能产生这么高度的文明呢？

1952 年 6 月 5 日，人们在墨西哥高原的玛雅古城帕伦克一处的神殿里，发掘出了一块刻有人物和花纹的石板。当时人们仅仅把它当作是玛雅古代神话的雕刻。但到了 60 年代，人们乘坐宇宙飞船进入太空后，那些参与过宇航研究的美国科学家们才"恍然大悟"：帕伦克那块石板上雕刻的，原来是一幅宇航员驾驶着宇宙飞行器的图画！

这幅图画，虽然经过了图案化的变形，但宇宙飞船的进气口、排气管、操纵杆、脚踏板、方向舵、天线、软管及各种仪表仍能清晰可见。这幅图被送往美国航天中心时，那些宇航专家们无不惊叹，一致认为它就是古代的宇航器。

玛雅文明遗址

这似乎令人难以置信。于是，一些学者提出了一种大胆的看法：在遥远的古代，美洲热带丛林中，可能来过一批具有高度文明的外星智能生命，他们走出飞船，教给了尚在原始时代的玛雅人各种先进知识，然后又飘然而去。玛雅文明中那些令人难以理解的高深知识，就是出于外星人的传授。

然而，这一看法，并没有切实的依据。直到现在，人们仍然无法圆满地解释玛雅文明中，诸多令人不可思议的奇迹，以及它突然消失的原因。

【档案 NO.12】

玛雅人与金字塔：玛雅人的代表城市建筑有蒂卡尔、奇琴伊察、乌斯马尔等。位于危地马拉东北的蒂卡尔，是最早玛雅文明的遗迹。它建造于公元前 6 世纪，其文明延续了 1500 余年。中心广场诸多的金字塔表现了玛雅奴隶制统治的严厉与庄严。其中，有一座 75 米高的金字塔，是美洲印第安人古代最高的建筑。而位于墨西哥高原的玛雅古城帕伦克的金字塔，是神庙与陵墓合一的，与附近的王宫和神庙，体现出一种庄重而威严的神采，有趣的是，金字塔顶的神庙有点像中国古代的宫殿。

8. 爱琴海文明：克里特与迈锡尼

走过古时代的非洲、亚洲、美洲，进入新的一站——欧洲的古希腊。

美国作家爱伦·坡有句名言："光荣属于希腊，伟大属于罗马。"事实确实如此，希腊是西洋文化之母，西方现代的自由、平等观念，民主制度和科学精神，都可以在古希腊找到痕迹。

哲学家黑格尔也说："一提到希腊这个名字，在有教养的欧洲人心中，自然会引起一种家园之感。"

古希腊人因创造出远远超乎于他们所处时代的"成熟"文明，而成为现代西方文明的先驱。与东方文明相比，古希腊文明具有极其鲜明的特点。希腊文明的创造者最早是来自西亚的皮拉斯基人、印欧人中的阿卡亚人、多利亚人等。古希腊世界主要集中在爱琴海周围，包括意大利南部和西西里。

换句话说，希腊的文明之源，在爱琴海。

爱琴海虽然是地中海的一部分，但是它像一个大湖，它的西面和北面被欧洲陆地所包围，东面则与小亚细亚相接，南面有一块长形的克里特岛作为屏障。从北到南最远的距离不过四百英里。四周海岸港湾很多。海中有数百个小岛，用帆船来往其间，仅用一两小时。

此地气候温暖，平原的地方有大麦、小麦、葡萄、橄榄等十分茂盛的植物。所以，面包、橄榄油和葡萄酒成为此地居民的主要食品。

当时，在克里特岛北部，出现了不少古国。在这些国家里，一个规模宏大的宫殿建筑，既是宗教、行政活动中心，也是经济活动中心，城市只是宫殿的附属品。

其中，克诺斯国有一座王宫，叫米诺斯王宫。在这座王宫中，可以看到克里特文明的高度发展。

克里特壁画

　　米诺斯王宫依山而建，石板铺成的甬道连接着宫门和开阔的庭院。庭院四周宫室环抱。宫室大都是三层建筑，设有供水和排水系统，回廊曲折，千门万户，任何人进入宫门，便会眼花缭乱，陷入迷津。所以，这座王宫在希腊的神话传说中，素有"迷宫"之称。

　　米诺斯王宫最漂亮的地方是王后的居室。室内有上粗下细的圆形列柱，地面铺着石板，四周绘着一幅幅笔法娴熟、形象生动的彩色壁画。彩画上，飞鱼在碧波上掠水而过，彩禽在茂林中追逐，美丽的少女头戴花冠、身着飘逸的长裙轻歌曼舞，一派歌舞升平的欢乐景象。

　　根据宫廷建筑文明的特色，克里特文明被分为四个文明发展时期，即前王宫时期、古王宫时期、新王宫时期和后王宫时期。

　　新王宫时期，是克里特文明经济和文化高度发展的全盛时期。可是，到了公元1400年左右，米诺斯王宫遭到了一场原因不明的浩劫。200年之后，横海而来的多利安人对已经残败的克里特进行野蛮的破坏，克里特岛从此繁华荡尽，湮没于世。

　　克里特文明虽然衰落了，但影响力巨大，古希腊的另一地区迈锡尼，就深受其文明的影响。当克里特文明倒下，迈锡尼文明崛起，用中国人常说的话，这叫前仆后继。

　　迈锡尼地处古希腊南部地区，公元前1600年，才形成国家。从时间上来看，克里特文明鼎盛时,迈锡尼还没有建立真正的国家。毋庸置疑,克里特文明是老前辈,迈锡尼文明受其影响,并将老前辈的文化传统发扬光大,持续了百余年,直到后来的荷马时代。

迈锡尼文明有几大标志:建筑标志、文字标志和手工业标志。

建筑标志是两种墓,一种是竖井墓;一种是圆顶墓。

竖井墓是当时握有权势、经济富有的氏族首领的墓地。墓中藏有大量精美的金银随葬品,如金酒杯、金面具、金盘等。在考古中,还发现了一种不到一尺长的青铜短剑,制作精巧,剑的一面上雕有猎师图,另一面雕刻着野猫捕鸭图,这个精工雕刻的青铜剑显然是出于克里特的匠师之手。

公元前1500年,迈锡尼形成了国家,竖井墓也被圆顶墓代替。圆顶墓是一种宏大富丽的石墓,墓前有通道,经墓门而入,有一个圆顶厅,厅的一端又有小门通入墓室,有的圆顶直径达14米。

史学家和考古学家认为,圆顶墓是国王的陵墓。构筑这类陵墓需要较高的石砌工程技术,它的形制虽源自克里特,规模却比前者宏大。现存最大的一座圆顶墓内高13.2米,墓门高10米,门内过道以一块重达120吨的巨石为盖,可见其工程的艰巨。

从"圆顶墓时期"开始,迈锡尼的生产力迅速发展,金属冶炼和金银手工业品,以及陶器制品,很快超过了克里特的水平,陶器也远销埃及、腓尼基与塞浦路斯及特洛伊等地。

文字方面,迈锡尼也是青出于蓝胜于蓝。从圆顶墓中出土的泥版文书中发现,在迈锡尼在克里特"线形文字A"的基础上,创造了自己的"线形文字B"。这种文字在1952年被破译,证明当时的迈锡尼已进入奴隶制社会。

有了私有土地,有男奴和女奴。妇女成群的从事纺织、磨谷。少数男奴从事重体力劳动,比如划船、冶炼金属、打造武器或工具。有的则从事农业、畜牧业的生产。

公元前14世纪,迈锡尼王国进入强盛期。这个时期,出现了许多大规模的建筑工程。王国的都城迈锡尼城是其文明荟萃的重点区域,外建高大的"狮子门",内设富丽堂皇的宫殿式城堡,下面则是繁华的市区,形成了一个完整的城市体系。附属它的梯林斯城,则是一个军事关隘,以巨石营造城墙。

宏伟的宫殿建筑，坚固的城墙，巨大的墓葬，大量的贵金属，艺术水平高超的手工业品，说明迈锡尼文明高度发达。

然而，人类文明一产生，就有一样东西随之产生了，那就是战争。

迈锡尼人在文化和生产力双重发达后，便不断向海外扩张势力，他们在商业利益上和特洛伊人发生了极大的冲突，最终导致了历时十年之久的"特洛伊战争"。

迈锡尼卫城遗址

【档案 NO.13】

克里特文字：即米诺斯文字，现代学者称之为"线性文字 A"。有 137 个不同的符号。其中三分之一是从象形文字中继承下来，另外大部分的符号相当于一个元音加一个辅音组成的一个音节。这种线性文字最早被刻在泥板上，用于记录贸易交往和货物的情况。

【档案 NO.14】

迈锡尼文字：学者称之为"线性文字 B"。是一种音节文字，即每个符号表示一个音节，总计有 89 个表示音节的符号。在"线性文字 B"中，还有一些表意的符号，它们是对客体的一种粗略的描绘，例如男人、女人、马、箭头、车轮等。表意符号通常和数字一起写在右边，音节符号则写在左边。

9. 揭秘特洛伊战争

说起特洛伊战争，就要提到《荷马史诗》。这部诗集堪称古希腊人的《圣经》，相传是一个叫荷马的盲人所作，是当时的口头文学，读起来通俗上口，文学性的细节描写神形兼备。《荷马史诗》中所记叙的情节、细节等方面，与迈锡尼时代的文明有密切的关系。因此，人们把《荷马史诗》所表现的时代称为"荷马时代"。

《荷马史诗》包括《伊利亚特》和《奥德赛》两部作品。

《伊利亚特》是"特洛伊"的译音，里面描述了公元前13世纪古希腊人和特洛伊的战争故事。

故事中说，特洛伊王子帕里斯，出使希腊著名城邦国斯巴达时，诱拐了斯巴达国王的妻子、希腊最美的女人海伦。斯巴达国王闻讯大怒，去联合希腊另一个大邦国迈锡尼，打算进攻特洛伊，救回海伦。

迈锡尼国王阿伽门农，是斯巴达国王的哥哥。兄弟的女人被人抢了，这是奇耻大辱，阿伽门农立刻联络希腊其他各邦国的王国贵族，组织了十万大军，千艘战船，浩浩荡荡杀向特洛伊。

特洛伊城墙坚固高大，堡垒林立，而且面向平原，背靠山陵，是一座易守难攻的城市。战争整整持续了十年，双方损失惨重。就在战争进行到最艰苦的对峙阶段时，希腊联军中一位叫奥德修斯的将军，想出一条妙计，这就是著名的"木马计"——希腊人遵照奥德修斯的计策，造了一只巨大的木马，马腹是空的，可以容纳很多士兵。木马造好后，斯巴达国王带领一批勇士藏到木马内。之后，希腊联军佯装撤退，登上战船，扬帆而去。

特洛伊人欢呼雀跃，涌出城门，把高大的木马当作战利品拉入城内。他们认为这只木马是希腊人用来祭天神的。

深夜，当特洛伊人进入梦乡，藏在木马中的希腊勇士蜂拥而出，打开城门，接应返回的希腊联军入城，将睡梦中的特洛伊人全部屠杀，这就是传说中的"木马屠城"。据说，只有一些特洛伊男子逃脱屠杀，他们流落到意大利的拉丁平原上，成了古罗马民族的后裔。至此，"木马计"成了一个常用语，意思是打进敌人的心脏。

《伊利亚特》中描述的战争故事十分精彩，甚至把古希腊神话中的诸神也卷入其中，说特洛伊战争，是因为帕里斯王子得罪了希腊的天神和智慧女神，鬼迷心窍，才抢了斯巴达国王的女人，从而导致了特洛伊战争。

故事毕竟是故事，真实的历史并非如此。引发特洛伊战争的真正原因是：古希腊的迈锡尼人向海外扩张势力，与特洛伊人争夺东、西方贸易的控制权。

特洛伊城位置，在连接地中海和黑海之间的地方，是小亚细亚和地中海交通贸易的一个枢纽。迈锡尼人要成为地中海和亚洲贸易的主角，就必须占领特洛伊。特洛伊当然不会把自己的地盘拱手相让，于是双方一决雌雄。

迈锡尼人联合希腊各邦国，共举全国之兵，征讨特洛伊，在海上击败了特洛伊海军舰队。之后，希腊联军在特洛伊城下安营扎寨，但他们犯了一个错误，就是没有把特洛伊城完全包围起来，而是在特洛伊城正面实施攻击，这使得特洛伊有机会与小亚细亚、吕底亚、卡利亚等地建立联系，从而顽强抗守了十余年。

然而，在希腊联军猛烈攻击下，特洛伊最终难逃厄运。希腊联军占领特洛伊城后，进行了毁灭性的屠杀和掠夺，并在撤走前纵火焚烧了特洛伊城，使这座宏伟的城市化为了一片灰烬。

迈锡尼人虽然在这场战争中取得了胜利，但自身的实力也损失巨大。公元前12世纪，多利亚人入侵，毁灭了迈锡尼文明，繁荣的城市、雄伟的宫殿、兴盛的手工艺和商业等都被一扫而光。由克里特文明和迈锡尼文明构成的爱琴文明宣告终结，古希腊进入城邦时代。

【档案 NO.15】

古希腊神话：是《荷马史诗》的主要内容，也是希腊文学艺术，乃至古罗马文艺复兴时期艺术创作的重要素材之一。在希腊神话故事中，希腊神分为老神和新神。老神是指宇宙未形成之前的神系。新神则是指宙斯和他的哥哥波塞冬、哈德斯以及姐姐赫拉、得墨忒尔。另外还有雅典娜、阿弗洛伊狄忒、阿波罗、阿瑞斯、赫尔墨斯等。他们都居住在奥林匹斯山上的圣城。其中，雷电由宙斯负责；赫拉则执事风云，人称天空之神；得墨忒尔主管农业；哈德斯主管地狱阴间；波塞冬是海神；阿波罗是太阳神，并兼管音乐和医药；阿瑞斯是战神；阿弗洛伊狄忒是爱神；雅典娜是智慧女神。这些神各司其职，成为古希腊人自然崇拜的对象。

$10.$ 雅典：民主城邦的三次大改革

公元前 8 世纪到公元前 6 世纪，是古希腊的城邦时代。

所谓城邦，即是以一个城市为中心，把周围的若干村镇附属于城市国家的统治之下。这些城邦不过百里，人口不过数万，最大的也不过数十万人，具有小国寡民的特色。

各个城邦，原则上都是独立自主的，但也经常通过结盟的方式保持政治、军事方面的联系。当时的古希腊，虽然不统一，但在语言文字、宗教节日活动、社会习俗和文化传统方面都基本保持一致，且都自称是"希腊人"。

当时，古希腊各地先后建立过 200 多个城邦。其中最著名，也是最重要的城邦有两个，就是雅典和斯巴达。

在各个城邦建立之初，基本都是氏族贵族独揽政权，雅典也不例外。自从贵族当权以来，平民常受贵族的欺负，生活十分困苦。

到了公元前 594 年的时候，一个叫梭伦的政治家出现了。梭伦本出身于破落贵族，经商致富，立过战功，同时又是一个出色的进步诗人，因为经常挥笔揭露贵族的贪婪与残暴，而深得平民的支持和拥护。

梭伦上台前，雅典城邦分为三派。

一是平原派，这一派主要是贵族，他们在平原地区占有大片肥沃土地，身居要职，垄断司法，统理军务，执掌内政，有钱有势。

二是海岸派，这一派主要是住在沿海地区的工商业奴隶主，属于上层平民。有钱无势。

三是山地派，这一派主要是小农、手工业者以及遭受债务奴役的人，他们住在山地，属于下层平民，无钱也无势。

社会矛盾显而易见，上层平民，在工业和商业的发展中富了起来，但没有势力，十分痛恨贵族的剥削，想通过改革获得政治权利。

下层平民没钱没势，就更激进，他们不仅要获得自由，更要紧的是生存、吃饱饭。

在梭伦看来，如果不进行改革，雅典就会动荡不安。内部不安，外敌一旦入侵，雅典就完蛋了。因此，改革是必须的。

于是，梭伦大刀阔斧，实行了五大改革。

第一，颁行"解负令"，取消债务，废除债务奴隶制，使债奴和逃亡在外的农民，都以自由之身回到自己的土地上。

第二，按财产收入的多少，把全体公民分为四个等级，不同等级的公民，享有不同的政治权利。以前享有政治权利，按出身来。贵族是大爷，平民是孙子。现在不了，谁的财产多，谁的等级就高，谁就享有更高的政治权利。

第三，恢复公民大会，使其成为最高权力机关，决定城邦大事，选举行政官。

第四，法律改革。成立"四百人会议"和"陪审法庭"。这样一来，每个公民都可以被选为陪审员，参与案件的审理。

第五，改革币制，统一度量衡，奖励工商业以吸引外邦的能工巧匠。这一点，和中国历史上秦国的商鞅改革比较相像。

五大改革，五把利剑，削弱贵族势力，改善平民地位，缓和阶级矛盾。梭伦功不可没，雅典民主的政治基础由此奠定。

在梭伦之后，也就是公元前508年的时候，雅典的新一任首席执政官克利斯提尼，又进行了一系列重大的改革：授予当时定居在该国的所有自由男子以充分的权利，由此扩大了雅典的公民人数；建立新的议事会，并使它成为政府的主要机构，有为公民大会准备提案的权利，并兼有行政管理的责任，机构的成员由抽签选出，任何一个年满20岁的公民都可以当选；扩大公民大会的权力，有讨论、通过或否决议事会提案的权力，有宣战、拨款的权力；最后，创立陶片放逐法。

到了伯里克利（公元前495年至公元前429年）时期，雅典的民主政治得到了充分的发展，成为希腊奴隶制民主高度发展的典型。

伯里克利削减贵族会议和执政官的权力。为了保证一般公民都能担任国家公职，伯里克利制定了公职津贴制，规定除大将军外，所有担任公职的人员都可得到政府的津贴。公民担任国家公职要通过国家的最高权力机构——公民大会的选举。

按照规定，公民大会由年满 20 岁的男性公民参加，每 9 天在雅典城两边的广场上召开一次。会上，每个公民都可以对国家的政策和所有公职人员提出批评和建议。凡内政、外交、战争以及和平等一切国家大事，必须经过公民大会讨论表决，通过后方能生效。在选举公职大会上，每个年满 20 岁的男性公民都有选举权和被选举权。

公民大会的常设机构是 500 人会议，由 500 名议员组成，议员从 10 个选区的 20 岁以上的公民中抽签选出，每个选区选出 50 名议员，任期一年。在这一年中各选区的议员轮流担任一次主席团。每天，主席团还要抽签选举一名执行主席，任期只能为一天，不得连任。主席团和公民大会的活动由这位执行主席来负责。雅典由于采用抽签制度，使得每个公民都有担任议员的机会。

雅典的重要职务，如将军和骑兵、步兵的统帅掌握着军队，关系到国家命运；司库员掌握国库钥匙，是要害部门。这些职务由公民举手表决，谁获得了多数票，谁就当选，当众宣布。

雅典的最高司法机关是陪审法庭，它由从全体公民中抽签选出的 600 名陪审法官组成。陪审法官每年改选一次，雅典的公民一般每 3 年就可以轮做一次陪审法官。陪审法庭的权力很大，国家大小案件的审理，所有公职人员的资格审查都由它负责，并参加立法工作。

需要审理的案件，都是在开庭前才抽签决定由哪个陪审团审判，判决结果是所有成员秘密投票决定的。审判的时间大都不超过一天。陪审法庭极有权威，罪犯不可能行贿法官，权势人物也无法干扰法庭，罪犯只能低头认罪。陪审团的作用，使得雅典公民"在法律面前人人平等"，也使它在公民中的威信极高。

当然，雅典的民主政治是为奴隶主阶级服务的，因为一般的公民无法担任掌握国家实权的大将军，奴隶被排除在外，妇女也不享有公民权。

尽管如此，它在当时有很大的进步性。一方面，充分培养了雅典公民的主人翁意识；另一方面调动了他们参与国家政治生活的积极性，促进了雅典的全面繁荣，代表了希腊古典文明的最高成就。

【档案 NO.16】

雅典的地理位置与海洋经济：雅典的地理位置在希腊中部的阿提卡半岛上，是一个三面临海的丘陵地带，山峦起伏，耕地稀少。因此，雅典农业并不发达，他们发展海洋经济。海洋经济有一个特点，就是崇尚平等、契约、民主。所以，民主思想从雅典发源。

11. 亚欧争霸：确立文明格局的波希战争

公元前 492 年，波斯国王大流士想征服富饶的希腊城邦。他派出使者到希腊各城邦，规劝他们归顺波斯。

希腊中部和北部的小城邦，地盘小，实力弱，纷纷投降。但希腊的两大霸主城邦却不买账。这两大城邦就是雅典和斯巴达。

雅典人把波斯使者推下悬崖，抛入海中；斯巴达人则把波斯使者扔到井里。

大流士恼羞成怒，派出 10 万大军，600 艘舰船，远征希腊。

公元前 490 年，波斯大军横渡爱琴海，在雅典郊外的马拉松平原登陆。

大军压境，雅典派人去斯巴达求援。派去求援的人是个长跑健将，名叫菲迪皮茨，此人奔跑速度惊人，一天跑了 200 多公里，日夜兼程到了斯巴达。斯巴达军事力量强大，却拒绝出兵，理由很荒诞，说祖宗有规定，月不圆不能出兵。实际上是不愿助雅典一臂之力。

形势万分迫切，斯巴达又拒绝出兵，雅典只好动员所有的公民，组成 1 万名重装步兵。雅典的工匠、农民、商人和政治家，所有能打仗的男子都披甲执矛，辞别了亲人，准备为保卫自己的家园而战。当时，希腊方面，只有小城邦普拉提亚派来了 1000 名援军。而波斯军队有 10 万之众。

11000 对 10 万，这仗怎么打？

雅典将军米太亚德建议，全军开进马拉松，主动出击。与其坐以待毙，不如殊死一搏，米太亚德很有亮剑精神。大战前，他对部众说了一句十分提气的话：现在，或者是让奴隶的锁链加到雅典人身上，或者是保住雅典人的自由，关键都在你们了！

公元前 490 年 9 月 12 日，激战开始。雅典军队迅速占据了马拉松山坡高地。米太亚德把军队列成方阵，以主力集中于两翼。这样一来，雅典中军兵力就比较弱。两军接触后，雅典中军佯装败退，波斯军队紧追不舍。此时，雅典军两翼以机敏迅速地急行军突破了波斯军的弓箭射击。同时，以长枪密集方阵击退了波斯军的两翼，波斯军阵容大乱，纷纷逃向海上的舰船。

雅典军的两翼趁机与中军联合，围歼波斯军。波斯大军虽然人数占优势，但在雅典军夹击之下，首尾不能相顾，撤退中，士兵相互践踏，死伤累累。雅典军奋勇冲杀，大获全胜。马拉松之战是世界史上以少胜多的经典战役，雅典军采取的两翼埋伏，正面佯攻的战术，堪称完美。

战后盘点，波斯军队死亡 6400 人，雅典只损失了 192 人，还俘获了波斯军 7 艘战船。

战争取得胜利，米太亚德派长跑健将菲迪皮茨回希腊传播喜讯。菲迪皮茨花了 3 个小时，从马拉松跑回了雅典，全程 42 公里。到了雅典，菲迪皮茨已筋疲力尽，他只喊了一句，我们胜利了！便倒地牺牲。

为了纪念马拉松战役的光辉胜利和菲迪皮茨的精神。雅典人在奥林匹亚赛会上设立了一个竞赛项目——马拉松长跑。

波斯入侵马拉松，惨遭失败，但帝国的实力没有受到影响。大流士死后，他的儿子薛西斯继位。登上王位的薛西斯，为了实现父亲的遗愿，发誓要踏平雅典，征服希腊。雅典又将面临一场挑战。

波斯帝国入侵希腊，在马拉松战役中惨败。十年后，也就是公元前 480 年，大流士的儿子薛西斯，集结了 50 万海陆大军，卷土重来，向希腊进发。

春天，波斯大军横渡达达尼尔海峡。这是一支庞杂的部队，里面包括步兵、骑兵、战车、象和一个庞大的用于运输的 3 层桨座舰队。

面对来势汹汹的波斯大军，希腊各城邦为了自身的利益，组织起从未有过的联合行动。30 多个城邦组成了希腊联军，共同抗击波斯。联军统帅由斯巴达国王李奥尼达担任。

然而，希腊联军的劣势非常明显：陆军仅有 11 万人，海军也只有 400 多战船，而且由于城邦众多，地域分散，能集结在一地抗击波斯的联军只有一两万人，因此，战争形势对于希腊人来说，是非常严峻的。

同年 7 月，波斯大军来到温泉关。这个隘口是中希腊的"门户通道"，依山傍海、地势险要，关口极狭窄，仅能供一辆战车通过。

此时，希腊人正在举行奥林匹亚赛会。令人难以理解的是，外敌入侵，希腊人仍把运动会放在第一位，赛会期间不愿打仗。因此，希腊人在温泉关布置了少量兵力。

人少也要打，守关部队决心在此打一场与国土共存亡的决死之战。

当时，希腊联军仅有 7200 人，核心是 300 名斯巴达战士。斯巴达国王李奥尼达为总司令。

7200 人面对 10 万大军。波斯大军统帅派出重装步兵，轮番冲击强攻。企图以兵力优势打垮希腊联军。然而，带头作战的斯巴达战士，异常英勇，犹如猛兽一般，用锋利的长矛凶狠地刺向手持波斯刀的敌人。波斯人一片接一片倒下。激战几天，波斯军队竟然没能前进一步。薛西斯又派出最精锐的 1 万名御林军继续猛攻，但除了留下大片的尸体外，还是不能得手。

正当薛西斯无计可施时，希腊出了一个叛徒，经他带路，波斯大军从小路直插后山，包围了希腊联军。李奥尼达只好命令大部分守军撤离关口，安全转移到后方。他自己和全体斯巴达战士留下死守。

没有人反对，没有人抱怨。斯巴达三百勇士站在李奥尼达身旁，平静地等待死亡。

李奥尼达在温泉关

数千希腊同胞被感动了。除了三百名斯巴达战士外，还有另外两个城邦的1100人决定留下来共同作战，应该记住这两个城邦的名字：700忒斯皮亚人和400底比斯人。

温泉关不只留下了三百勇士，而是1400名勇士。

1400名勇士奋勇迎战，鏖战几日，杀退波斯军多次进攻，死亡的战士也越来越多。此时，波斯人也杀红了眼，他们将残余斯巴达人死死围住，反复围攻，终于得手，1400名勇士全部战死！

百年之后，曾经的胜利者或是失败者，全部已化成一抔黄土，在历史的风烟中消逝得无影无踪。只有一座镌刻着诗句的墓碑，还诉说着当年的故事：过路的朋友啊！去告诉斯巴达人，我们遵守了他们的法律。长眠于此。

温泉关失守，波斯大军长驱直入，直扑希腊城邦雅典。

这时，希腊联盟的陆军，集中在科林斯地海峡附近，而雅典的海军则集中在萨拉米海湾，准备誓死抵抗。

历史记载，当时，如果一个雅典人在民众大会上劝说国人投降，民众就会立即将此人杀死，然后一帮妇女奔到此人家里，用石头把他的妻子和儿女击毙。由此可见，雅典人当时疯狂的情绪。

由于雅典海军与希腊其他城邦的海军，集结在萨拉米海湾。雅典人只好放弃了自己的家园，把家属和财物疏散到附近的岛上去，专靠海军与波斯人决战。

薛西斯率领波斯大军赶到雅典时，发现雅典城空空如也，十分震怒，下令焚烧掠夺，把雅典卫城的神庙和下城的主要建筑都焚烧殆尽，而骄横不可一世的薛西斯，倨傲地站在山岗上，指挥他的舰队来包围雅典海军。

希腊海军联合舰队在萨拉米海湾，准备与波斯人决战。

双方实力对比，希腊海军拥有战船358艘，而波斯庞大的海军拥有1207艘战船。很明显，波斯海军大占优势。然而，一场战争要获胜仅仅兵力占优势是不够的，拿中国话讲，需要天时、地利、人和。这三方面，波斯海军恰恰都处于劣势，首先，他们既不熟悉天气，也不熟悉航情。其次，波斯军的语言混杂，意志也不太集中。最后，最要命的是，波斯战舰虽多，但性能并不如希腊海军的战舰优良。

战役开始前，雅典将军地米斯托克利派遣了一个可以信赖的奴隶，假装叛徒，向波斯国王薛西斯通风报信，说希腊舰队将在子夜出航逃离，如果波斯军队要阻止希腊人撤退，就必须实施包围。

薛西斯听信了假叛徒的话，下令封锁了希腊舰队有可能逃离的出路，将希腊舰队重重包围。

事实上，地米斯托克利出此计策，并非是给波斯海军挖陷阱。真正的原因是当时希腊舰队指挥不一，大多数海军将领都反对冒然出战。为了迫使希腊人与波斯人死磕，地米斯托克利不得不这样做。

情况正如地米斯托克利所料，波斯海军包围了希腊舰队。但是，波斯海军对天气状况不熟，在包围行动中遭遇飓风，600 艘战舰被飓风摧毁，战斗力损失了一半。

激战开始，双方战舰在性能上的优势也很快显示出来。雅典的新式 3 层战舰长 40~45 米，170 名桨手分别固定在上中下 3 层甲板上，此战舰体积小、速度快、机动性强、吃水浅。而波斯海军是老式的挂帆战舰，体积大、速度慢、机动性差、吃水深；数量又多，不便指挥。因此，波斯军队很快就处于下风，最终无力招架，落荒而逃。在陆地上，前队奔逃冲散后队之事屡见不鲜。在海洋上，这是更大的灾难。波斯人彻底崩溃。

薛西斯富有四海，权倾天下，他权杖一挥，他的波斯臣民几乎无所不能。高山挡不住他们的脚步，大海阻不了他们的征程。可这一战，无论他如何努力，他都阻止不了波斯海军的溃退。一座座战船被撞得粉碎，一个个武士在水中呼号。

据记载，这次海战，波斯方面被击沉了 200 艘战舰。希腊方面只损失了40 艘战舰。因为希腊人善于游泳，在船只浸水沉没后，也可以游上岸，因此希腊的阵亡人数很少。

萨拉米海战，是希波战争爆发以来希腊人最为辉煌的一场胜利。它摧垮了波斯貌似强大的海军，更重要的是，它彻底摧垮了波斯人的斗志，保卫了希腊的光荣和独立胜利。

失败的波斯军在薛西斯的带领下，从达达尼尔海峡退回亚洲。

薛西斯走了，带着永远的遗憾。又或许他并不遗憾，因为希腊带给他的，除了噩梦，还是噩梦。他只留下 5 万士兵给他的女婿马多尼厄斯，让他驻守中希腊，做征服希腊的最后努力。然而，这不过是给臣民们一个交代而已。事已至此，希腊人在气势上完全胜过了波斯，战局无法逆转，一切已是徒劳。

公元前 479 年春天，马多尼厄斯引兵再犯希腊，雅典人又被迫逃亡，雅典城再一次沦于敌手。然而，希腊同盟迅即集结部队，英勇反击。斯巴达国王亲率 3 万希腊联军，与波斯侵略军鏖战于普拉达亚，双方均伤亡惨重。正如马拉松战役一样，这一次希腊人又是以少胜多。结果，马多尼厄斯和大部分波斯士兵横尸沙场。

普拉达亚之战胜利后，希腊联军乘胜前进，把小亚细亚西部、爱奥尼亚地区的一些希腊小城邦从波斯帝国解放出来。

轰轰烈烈的希波战争落下帷幕。从此以后，波斯人便不敢再踏入希腊人的土地。

公元前 449 年，波斯与希腊缔结《卡利亚斯和约》。波斯承认小亚细亚及希腊城邦的独立，并承诺不再派军舰进入爱琴海。希波战争到此正式结束。

这场大战在世界史上影响深远，此后，世界文明发展的格局便逐渐形成东西并立共存之势，一直延续至今。然而，希波战争后，希腊内部并不安稳，雅典和斯巴达双雄争霸，又开始了新的争斗。

【档案 NO.17】

地米斯托克利：出生名门。公元前 490 年参加了马拉松战役，战后成为雅典民主派的首领，并极大的推动了海军建设。在萨拉米海战中，地米斯托克利充分利用地形，几乎全歼了数倍于己的波斯舰队，取得决定性胜利。公元前 470 年，地米斯托克利被控"叛国罪"遭放逐，流亡希腊各地均无法立足，被迫逃亡波斯，受到薛西斯的厚待，后死于小亚细亚。

$12.$ 内乱与衰落：雅典、斯巴达双雄争霸

斯巴达是一个非常独特的城邦，它的面积是古希腊城邦中最大的。在斯巴达城邦里，每个男性公民，从小就要接受极其严格的体育锻炼和军事训练。婴儿出生时，体质不合要求，就要被抛弃。只有体健结实的孩子才能存活下来，并且会分到土地。

在斯巴达人看来，倘若造物主从一开始就没把健康的力量赋予孩子，那么这孩子长大后，对己对国都无益。

斯巴达城邦的政策是：男孩长到 7 岁，由国家收养，遵从统一的纪律，接受统一的训练。每个人都必须毫无怨言地忍受痛苦，克服困难，接受逆境的考验。

12 岁以后，所有的孩子都必须脱去内衣，无论春夏秋冬，只穿一件长袍。他们整年露宿，睡在用芦苇铺成的地铺上，且很少沐浴。到了 30 岁，男性公民必须到公共食堂吃饭，食堂的伙食很差，分量也不足，目的是为了磨炼战时物质匮乏的能力。到了 60 岁，严酷的训练终于结束，这就是斯巴达纯爷们儿的一生。

斯巴达尚武的风气，也表现在对妇女的教育上。斯巴达的女孩子不像别的国家的女孩，被娇生惯养，而是和男子们进行同样的体育锻炼。据记载，斯巴达的少女必须练习格斗、赛跑、投铁环和掷标枪，目的是为了让将来的婴儿在母体中长得更结实，发育得更好。

斯巴达人的想法是，只有刚强的母亲才能生育刚强的战士。在斯巴达，做母亲的并不怕看到儿子在战争中负伤，她们只怕自己所养的儿子太弱。在战场上丢了武器，身上没有伤痕就退阵回到故里，是要被人耻笑的。斯巴达妇女把国家荣辱看得比儿子的性命还要重要。

斯巴达位于伯罗奔尼撒半岛的南端，在希腊各城邦中，这个地盘是少见的一块肥沃平原，而整个斯巴达看起来却像一座大军营。斯巴达军队有良好的纪律，非常出色的武装。全体斯巴达战士一律配备战马、短剑和盾，戴着盔，披挂着甲胄和护足，在战斗中永不退却，直到最后一口气。

斯巴达人不断用武力征服周围的居民。被征服者大多成为斯巴达的国有奴隶，称作希洛人；一部分希洛人被驱逐到偏僻的山区和沿海地区，以农业和商业为生，承担纳税和服兵役的义务，被称作庇里阿西人。

公元 6 世纪，斯巴达凭借自己的军事实力，成为伯罗奔尼撒半岛上的霸主。但是，其他文化建设都完全被忽视，以至于在辉煌的希腊古典文明中，所有重大的文化建树都与斯巴达人无关。

斯巴达全民皆兵、重武轻文的制度，在历史上可谓是空前绝后，而雅典城邦则与之截然不同，雅典的文化盛极一时。相形之下，斯巴达人除了好勇斗狠外，几乎没有别的嗜好和职业。因此，这两大城邦势同水火，而希腊也就分裂成了两大同盟对峙的局面。

斯巴达是守旧派的大本营，只有军阀中人享有特权；雅典则是民主政治的领袖。这两个城邦，只是在希波战争中暂时携手抵抗外敌。而在希波战争结束后的六七十年里，二者相互争霸，直到两败俱伤，相继亡国为止。

这一场漫长的双雄争霸，自然要从希波战争结束后说起。

希波战争结束后，雅典成为希腊联军中最有威信的强国。于是，雅典逐渐凌驾于希腊各个城邦，尤其是爱琴海和小亚细亚沿岸各邦之上。由此，雅典建立了霸权。

爱琴海和小亚细亚沿岸的城邦，甘愿当雅典的小弟，奉雅典为老大，结成同盟。

这个同盟有一个金库，设在提洛岛，于是取名为提洛同盟。结盟的最初目的，是为了继续对付波斯人，开始加盟的城邦有 35 个，接着愈来愈多，最后达到一个中国人骂人的数字"250"。

雅典是大哥，军事外交都由其指挥。小城邦们不过是雅典霸权的工具。所以，提洛同盟实际上叫雅典海上同盟。

雅典的政治地位骤然飙升，引起了邻邦斯巴达的嫉妒和不满。要知道，希波战争前，雅典的军事力量远不如斯巴达。然而，在抵抗波斯人的战争中，雅典人几乎是独立地赢得了马拉松战役和萨拉米海战的胜利。

因此，希波战争后，希腊还是满目疮痍，雅典和斯巴达双雄便开始明争暗斗。此时，斯巴达也加入了一个城邦联盟，担任盟主，这个同盟叫伯罗奔尼撒同盟。

由此，希腊形成两个敌对阵营：提洛同盟、伯罗奔尼撒同盟。

历史上，任何敌对势力开战，都是由小摩擦引发大争端，继而火拼。雅典和斯巴达也不例外。

先说小摩擦。希波战争后，斯巴达挑衅雅典，命令雅典人不必修建战争中被毁坏的城墙和要塞。并且还要求其他希腊城邦都把城墙拆除。

这种老子天下第一的蛮横做派，本身就让雅典人不爽。更要命的是，如果拆掉城墙，拥有强大陆军的斯巴达便可以随时用武力来威胁。

看清了这一点，雅典当然不会听任摆布。他们不但不拆除城墙，而且还在雅典将军地米斯托克利的领导下，发动全城邦的男女老幼，在极短的时间内，新建了一道坚固的城墙。同时，又把雅典通海的外港庇拉优斯营建成要塞，准备必要时可以退避海上。

再看大争端——政治方面，雅典推行民主，斯巴达实行贵族寡头政治。什么叫寡头政治？就是国家大事、政府事务，都服从少数人的统治。而且，国家的任何团体，比如在一个教堂、工会、学校，或者其他机关，都由少数人掌权。

争夺霸权，势必要在政治上相互倾轧；政治上的相互倾轧，势必就会导致战争。这是一根链条、导火索，必然发展。况且，在政治倾轧发展到战争的过程中，还有一个人推波助澜，这个人就是雅典大名鼎鼎的人物伯里克利。

伯里克利出生雅典世家大族，他的爷爷也赫赫有名，叫克里斯提尼。

回顾一下——雅典曾有三次民主大改革，"梭伦改革""克里斯提尼改革"和"伯里克利改革"。

这三次大改革，把雅典贵族民主政治一步步推向高峰。

一个国家也好，一个城邦也好，繁荣主要指两个方面，一是经济；二是文化。而保持这两方面繁荣的一个重要前提条件，是解除内忧和外患。而避免内忧和外患的最重要的保障，莫过于政治和军事。

伯里克利主持雅典政事 30 多年。这期间，公民大会统治雅典，而伯里克利控制公民大会。实际上，当时的雅典军政大权都掌握在伯里克利一人之手。他代表雅典的工商业贵族，对外执行扩张政策。

伯里克利利用雅典人仇视斯巴达人的心理，鼓动战争情绪，以争夺商业霸权。这是引发雅典和斯巴达大战的根本原因。

然而，点燃引线的并不是斯巴达，而是希腊的另一个城邦科林斯。这个城邦发生内乱，雅典插手帮忙，趁机占领了该城邦的一个岛，叫科西拉岛。此岛是通往意大利的必经之路，雅典占领这个交通要道，是为了向西方扩张。

科林斯是"伯罗奔尼撒同盟"的邦国之一，该同盟的老大是斯巴达。雅典触怒了科林斯，就等于向斯巴达挑衅。

公元 432 年，提洛同盟的一个小城邦要退盟，雅典立即派兵镇压。伯罗奔尼撒同盟派援军相助退盟的小城邦，却被雅典军围困在城中。同时，雅典还对另一个也要退盟的城邦采取制裁措施，禁止麦加拉商船出入盟邦的港口。

雅典的强权行动，彻底激怒了斯巴达。他们向雅典人发出最后通牒三条：一、雅典领袖伯里克利下课；二、解除麦加拉禁令；三、从退盟城邦撤军。

这三条，实际上是让雅典无条件投降。雅典当时国力强大，风头正劲，一条也不答应，于是战争爆发。

大军所到之处，烧杀抢掠，无恶不作。昔日繁华的城市，只剩下断壁残垣，良田也变成荒野。双方这么做，都是为了让对方没有打持久战的潜力。

公元前 430 年，斯巴达围攻雅典城。此时，雅典城内聚集了大量的人口，许多人没吃没喝，露宿街头，脏乱环境导致瘟疫爆发，持续两年，雅典四分之一的人被夺去生命。雅典领袖伯里克利也死于瘟疫。他死后，雅典内乱，分为两派，一派主和，一派主战。

更为严重的是，作为提洛同盟的老大，雅典拥有很多同盟国，这些同盟国都要孝敬老大，方式是交纳贡金。然而，战争一开始，雅典军费开支浩大，为了应付开支，雅典就把同盟国的贡金涨了价。这一涨价，极速恶化了雅典与同盟国的关系。老大太凶残，小弟们不干，于是反叛。

瘟疫、国内动乱、盟国反叛，雅典实力锐减，处境极为艰难。危机时刻，雅典海军再次力挽狂澜，派出舰队夺取了派娄斯海港。此地是斯巴达奴隶希洛人的故乡。雅典人很有心计，玩的是釜底抽薪，他们趁机鼓动希洛人起义。起来吧，不愿做奴隶的人们，时机到了。这一鼓动，得到广泛响应。

要知道，希洛人是斯巴达人口的 15 倍。斯巴达的土地都由这些奴隶耕种。现在地没人种了，粮食也没了，仗还怎么打？斯巴达人不得不向雅典求和。可雅典很牛，拒绝和谈。求和不成，斯巴达只能转而进攻，一拼到底，以扭转局势。他们联合叛离雅典的各个城邦，将雅典大批军队团团包围。这样一来，双方都面临重大的危机，迫于无奈，双方走到谈判桌前，签订了《尼西亚和约》。

《尼西亚和约》规定：双方退出占领地，休战 50 年，并交换战俘，如果希洛人发生暴动，雅典必须援助斯巴达。

从开战到谈和，这场战争打了足足 10 年，史称"十年战争"。然而，雅典和斯巴达的争霸战并为就此结束，这只是双方第一阶段的交火，《尼西亚和约》签订后，希腊两大同盟的敌对活动并未停止。不久，斯巴达与雅典就重新被卷入战争旋涡。和约中规定的休战 50 年，不过是一句空话。

在这个时期，雅典出了一个行为猥劣、不折手段的政治野心家，名叫亚西比得。这个轻薄狂徒，利用雅典商业者要求向外掠夺、扩张的心理，蛊惑他们组织起一支远征军，去攻打科林斯城邦的殖民地——西西里岛上最繁荣的城邦叙拉古。这个城邦曾出过一个具有传奇色彩的人物，名叫阿基米德。

公元前 415 年，雅典派兵远征叙拉古。中国有句古话叫："攘外必先安内。"就是说要与外敌作战，首先内部要安定，后院不能起火。但是，此时的雅典国内势力勾心斗角，将领意见不一。在这种情况下远征，其结果可想而知，甚至比预期的更坏。

雅典远征既没有攻下叙拉古，又没抓住撤军的时机。结果遭遇堵截。斯巴达援兵源源不断赶来，将雅典军围困在海港中。雅典军只能拼死突围。这场战斗十分残酷，3 万多雅典军人丧命。舰船上、海水中、海岸边，到处是死亡的将士，鲜血染红了海水。最后，7000 名幸存的雅典军人被俘虏，后被卖为奴隶。

远征军的覆灭，震惊了雅典。此后，盟邦纷纷背离，雅典人心惶惶。统治集团内部也愈发混乱。雅典政治家亚西比得竟然投靠了斯巴达，他倒戈一击，向斯巴达献计献策，使雅典的经济生活陷于瘫痪，雅典到了灭亡的边缘。

公元前 413 年，雅典孤注一掷，动用了最后一笔储备金，建造 150 艘三列桨战舰，做最后疯狂的一搏。

此时，斯巴达为了彻底打垮雅典，竟然与波斯结盟。在波斯的帮助下，斯巴达也建立了强大的舰队。双方展开海上决战。

公元前405年，斯巴达将领吕山得，将兵力集中在达达尼尔海峡附近。这时，雅典舰队正停泊在海峡的羊河口一带，士兵们上岸后又分散在多处。吕山得趁机率海军猛攻雅典舰队。雅典150艘舰船，除9艘逃跑外，其余141艘全部被俘。岸上的士兵也多被俘虏，除了极少数外，全部被处死。雅典最后的军事力量被摧毁。

而羊河口战役取得全面胜利的斯巴达，不给雅典人一点喘息之机，他们兵分两路，海军沿海路南下，直逼雅典城，用150艘舰船封锁了比雷埃夫斯港口；陆军则从陆路包围雅典城。

公元前404年4月，雅典的主和派在国内大肆活动，被围困4个月的雅典被迫投降。

墙倒众人推，雅典一投降，科林斯、底比斯等城邦立刻跳出来，主张彻底消灭雅典。意外的是，斯巴达人不赞成，他们说，雅典在希波战争的危急时刻，立过大功，不应该如此对待。于是，斯巴达向希腊提出了四个条件：一、拆除雅典至海港的长城；二、除12艘船外，交出全部舰船；三、恢复被流放者的地位；四、服从斯巴达领导。

结果，雅典按此条件投降，提洛同盟解散。

然而，斯巴达此举，并非是对雅典宽容，而是另有打算。因为斯巴达和科林斯等盟国也有矛盾，如果消灭雅典，科林斯等城邦势必坐大。那么，不如利用雅典来平衡科林斯等城邦的力量。这就是政治平衡术。

至此，雅典与斯巴达长达27年的征战告终。历史上把这场战争称为"伯罗奔尼撒战争"。雅典投降后，放弃了大量的海外领地，承认斯巴达为盟主。

实际上，这场希腊内战，根本没有真正的胜利者。

雅典虽然败亡，但它从一个荒芜贫瘠的城邦，历尽艰辛，成为希腊的灵魂，也为我们的历史竖起了一座不灭的灯塔。西方文明之火诞生在这贫瘠的荒原，历尽尘世苦难的人们，在夜色中朝着文明的火焰聚拢。

接下来，我们就来回顾一下希腊文化的黄金时代全景。

【档案 NO.18】

斯巴达国家机构：由国王、长老会议、公民大会和监察官组成。国王有两个，平时主持祭祀，战时领兵出征；长老会议是最高权力机构，由两个国王和28个年逾60岁的长老组成，讨论并决定一切有关城邦的重大事务，提交公民大会通过；公民大会由国王主持，年满30岁的斯巴达男子都有权参加，公民大会对于长老会议的提议，只有表决权，而不进行讨论；公元前5世纪后，一年一选的五人监察委员会成为最重要的国家权力机构，可以监察国王和公民的言行，拥有巨大的势力和职权，成为事实上的统治者。

$13.$ 希腊文化的黄金时代

从希波战争告终时，到伯里克利去世为止，前后 40 年间，是雅典国势极盛的时代，也是希腊文化极盛的初期。这个时代，伯里克利当政，所以通常也称为"伯里克利时代"。

伯里克利死后，希腊文化还继续辉煌了五六十年，前后共约 100 年，是希腊文化的黄金时代。在这个黄金时代，文化渗透到了各个方面，比如住房、教育、文学、戏剧、哲学、史学、建筑雕刻、自然科学，等等。

然而，尽管处于文化的黄金时代，雅典人的住房却很糟糕。

雅典人的住房，大多是在希波战争后新建的。但在大小和造型上，和战争前没有很大的变化。富人的住房也只有一层。墙用砖砌成，墙上除了前面的大门外，没有窗户。大门内是露天的院子，上通天光。

院子的四周是仿埃及建筑的列柱，柱内四周有坐室、寝室、饭堂、储藏室和一间小厨房，各室的门都向着院子。厨房中，没有烟囱，所以顶上虽然开有一个洞，但是遇到烧饭时，灶烟就充满了全室，或由门口冒出。一到冬天，因为有许多进口的缘故，往往寒风侵入，冰冷刺骨。用来御寒的，只有一只炭盆。屋子里的光线，则全靠院子中的一点天光从门外射进。

入夜以后，屋里只有橄榄油灯发出的光，暗而不亮。屋里没有水管沟渠，更没有卫生的设备。饮水由奴隶用瓶子从邻近的井或泉打来。总之，古希腊人住房的简陋，和他们工匠制造的家具陶器的精致美丽，恰成反比。

与住房相比，古希腊人的服装要讲究一些。最早，古希腊的男人是仿东方人的服装，宽袍大袖。后来逐渐改小。而女子的衣服始终讲究细致的衣料。因为古希腊人认为，女子是专管家务的，除了用心做家务以外，不能享有和男人一样的平等和自由。有点男尊女卑的意思。

古希腊人对待妇女有点儿霸道，对待儿童却不一样。古希腊儿童年纪长大一点的时候，就由家中的老奴陪同出外就学。当时没有公立的学校，只有受人藐视的寒士在自己家中设立的私塾。私塾教师向学生的父母收取学费，以维持自己的生活。儿童除学习音乐和读书写字外，还要背诵古诗，聪明的人往往能够背诵《荷马史诗》的全文。

除了私塾教师以外，古希腊渐渐出现了一种新派的讲师。他们对于传统的宗教抱有一种怀疑的态度，他们往来于各城之间专门从事讲演工作。讲师的出现，很大程度上，影响了古希腊人的思想和教育。这些讲师，被称为"诡辩派哲学家"。

当时，雅典的少年在私塾中学习完音乐、写字等科目外，往往要求父母提供学费，去听"诡辩派哲学家"的讲演。"诡辩派哲学家"讲授的是修辞学和雄辩术，成效显著。此外，他们还讲授算学和天文学。雅典青年开始学到一些自然科学的知识。

"哲学"一词，本来就源于希腊语，希腊人赋予的特定含义是：竭尽全力，理解所有的事物，即热爱真理。

在希腊哲学中，分为唯物主义与唯心主义。唯物主义者的杰出代表是德谟克利特，他认为世界本原是原子，代表了古希腊哲学的最高成就。

唯心主义主要代表有苏格拉底和柏拉图，苏格拉底认为万物源于神，柏拉图哲学的核心是"理念"，他认为存在两个世界即理念世界和现实世界，且理念先于现实。亚里士多德对人文和自然科学都有深入研究，被认为是古希腊文化的集大成者。

与哲学相比，古希腊文学更是辉煌。

古希腊文学以史诗、抒情诗、寓言、戏剧成就最高。

在古希腊文化的黄金时代，书籍在雅典人的生活占有非常重要的位置。荷马的著作和其他诗人的作品，渐渐普及于民间。当时的所谓书籍，是一种用埃及草纸抄的手卷，有的长达一百五六十英尺。除了文学著作外，还有算学、修辞学等各种课本出现。同时，也有雕刻家所著的关于雕刻方法的作品，以及一些医书，甚至连食谱一类的作品，也被编辑发行。

希腊人文化生活很丰富，他们爱读书，还爱看戏。

有趣的是，在古希腊，悲剧总在上午演出，下午才演出比较轻快的喜剧。喜剧最初起源于乡村的盛会中，后来渐渐变为舞台上的剧目。当时，有个叫阿里斯托芬的喜剧家，十分厉害。他编的喜剧，亦庄亦谐，暗含讽刺，很有点黑色幽默的味道。连领袖伯里克利，大哲学家苏格拉底这样的大人物，也被他的喜剧弄得捧腹大笑。

古希腊悲剧起源于祭祀酒神狄俄倪索斯庆典的歌舞表演。出现了埃斯库罗斯、索福克勒斯、殴里庇得斯"希腊三大悲剧家"，到了公元前 6 世纪，古希腊出现散文记事家，以文字记录的故事与口头故事相对映。他们的作品内容博杂，历史、地理、风情、神话、传说混合在一起，但因天灾人祸仅传下来一些只言片语。其中对后世最有影响的是《伊索寓言》，相传其作者是萨摩斯岛的伊索。据说伊索是一个奴隶，他以自己的才能和智慧而获得解放，并成为一位哲学家。到公元 1 世纪，有人将所有的寓言故事都汇集在伊索的名下，统称为《伊索寓言》。

在哲学和文学之外，古希腊人在史学方面也做出了相当出色的成绩，希罗多德、修昔底德、色诺芬是古希腊最著名的三位史学家。希罗多德所著《历史》一书，共九卷，记录了大量珍贵的历史资料，主要描述了希波战争的过程，但也有大量篇幅叙述波斯、腓尼基、埃及、巴比伦、印度、吕底亚、希腊的往事。希罗多德是欧洲第一位大历史学家，所以在西方有"历史之父"的赞誉。

修昔底德所著《伯罗奔尼撒战争史》共八卷，与希罗多德的《历史》相比，他的作品结构严谨，很少迷信成分。他在书中记录了各种人物的大量演说，借以表达有关各方面的思想和见解，当然这些并不都是演讲的实录，有些甚至是他本人的演绎。总之，他的书留下了大量的军事、政治斗争方面的史料，而关于社会经济、政治制度方面的材料却很少，这是他的一个严重缺陷。

色诺芬著有《希腊史》《万人军远征记》《经济论》等作品，都具有一定的史学价值，其中《希腊史》尤为重要，包括了希腊由盛转衰的全过程，他以当时人当事人写当时事，但他明显偏向斯巴达，对他所追随的斯巴达王倍加颂扬和夸张，而对斯巴达霸权衰落的原因却没有任何揭示，此外，他还相信神意和预言，这也是他不及修昔底德的地方。

显而易见，古希腊人的文学、戏剧、哲学、史学，方方面面都很强悍。其

古希腊建筑中的女像柱廊　　　　　　　　古希腊帕提侬神庙

实，在自然科学方面，他们也不弱，希腊人提出了一些著名的数学定理，如毕达哥拉斯定理、欧几里得定理、阿基米德定理；在物理学方面，古希腊第一个从事物理现象研究的是亚里士多德，著有《物理学》，这是世界上第一部物理学专著；在医学方面，有被称为"医学之父"的阿尔克芒。

另外，古希腊人在建筑和雕刻等艺术方面，也很了不起。古希腊的建筑艺术主要表现在神庙建筑上，如公元前 7 世纪至公元前 4 世纪，环绕神殿的圆石柱先后有多利亚式、爱奥尼亚式、科林斯式等，从朴实到华丽。其中最为著名的是雅典卫城最高处的帕提侬神庙（建于公元前 5 世纪中叶）——雅典卫城被称为希腊建筑艺术的王冠，帕提侬神庙则是王冠上一颗璀璨的明珠。雕刻主要侧重于人物雕像，大师有米隆（掷铁饼者）、波里克利特（持矛者）、菲狄亚斯（雅典娜女神像）。

说句实在的，古希腊文化空气的浓厚是上古时代所罕见的。只可惜希腊人的区域主义始终打不破，内乱迭起，使古希腊的经济、贸易遭到极大的破坏。古希腊从由繁荣走向衰落。作为盟主的斯巴达城邦，也没能称霸多久，就被一个新兴的帝国所消灭，这就是著名的马其顿帝国。

【档案 NO.19】

希腊三贤：苏格拉底、柏拉图、亚里士多德。

苏格拉底，出生于雅典一个普通公民的家庭。他早年继承父业，从事雕刻石像的工作，后来研究哲学，成为古希腊最著名的哲学家之一。他的哲学思想主要有心灵的转向、灵魂不灭说、寻求事物的普遍定义、助产术和揭露矛盾的辩证法等几方面。

柏拉图，西方客观唯心主义的创始人，其哲学体系博大精深，对其教学思想影响尤甚。他出身于雅典贵族，青年时从师苏格拉底。苏格拉底死后，他游历四方，曾到埃及、小亚细亚和意大利南部从事政治活动，企图实现他的贵族政治理想。

亚里士多德是希腊最渊博的大学问家，从事的学术研究涉及逻辑学、修辞学、物理学、生物学、教育学、心理学、政治学、经济学、美学等，写下了大量的著作，他的著作是古代的百科全书。

【档案 NO.20】

古希腊奥林匹亚赛会：公元前766年，古希腊规定每隔4年，在奥利匹亚举行一次运动竞技大会。赛会对参赛成员有严格的限制，若是希腊人，不论是成年人、少年和儿童均可参加；若是非希腊人，奴隶或判过刑的人，则无权参加。妇女不仅不能参加比赛，也不能观看，否则将受到严厉的惩罚。赛会期间禁止打仗，交战双方会暂时停止攻击，等五天赛会结束后再继续开火。

古希腊奥林匹亚赛会共举行了293次，到公元394年，侵入希腊的罗马帝国皇帝狄奥多西下令禁止比赛，奥林匹亚赛会从此中断了1500多年。后来，经过法国人顾拜旦的倡议和努力，国际性体育组织——国际奥林匹克委员会决定恢复运动竞赛会，并定名为奥林匹克运动会。

14. 亚历山大开辟新文化时代

就在雅典和斯巴达双雄争霸的时候，在希腊的北部，有一个新势力悄然崛起，这个势力就是马其顿帝国。

马其顿帝国很早就建立了，早到公元前 7 世纪。这个帝国的第一个重要的国王，叫菲利普。菲利普于公元前 306 年即位，他曾受希腊教育的影响，所以很想做南方希腊诸多名城的主人。

第一步，菲利普创建了一支新式有力的军队。新军中有步兵和骑兵。步兵的战术是史上有名方阵战术——方阵以装备有盔甲、短箭、长矛和盾牌的重装步兵为主；队形密集，纵深达 16 排，士兵手持马其顿矛。第一排的矛有两米长，矛的长度逐排增加，到第六排，矛长达到 6 米。在战斗中，六排士兵的矛能够同时协同行动。

整个方阵严整坚实，前面长矛如林，以排山倒海的威力逼向敌方。在战场狭窄时，方阵则拉成长方形；如遇敌方包抄，方阵中央向前突出成凸形；防御时队形可以紧缩，盾牌相接成一排排盾墙，犹如铜墙铁壁。

这是一个久经训练而成的密集团体，骑兵则辅助步兵。后来，菲利普的儿子亚历山大之所以能所向无敌，就因为拥有这支强悍新军的缘故。

马其顿帝国的国王很有特点，他是全国土地的主人，战争中的最高统帅，同时他又是祭司、法官。但是，国王的统治权力也很受限。首先，王位世袭，不是国王一个人说了算，还必须经过人民的认可。而且，人民还有权废黜国王，涉及叛国罪的案件，要由人民审判。

其次，在马其顿管辖范围内，有很多部落。这些部落拥有自己的王族和部落王，是相对独立的。这就意味着，马其顿国王并非一手遮天，无所不能。

介于这种情况，菲利普上台就大刀阔斧改革，首先加强王权，通过征服、联姻、分封等手段，削弱各部落贵族的权力。打仗征服来的土地，都并入马其顿，并在当地扶植自己的力量，以加强统治。

接着就是打造军队，加强装备，这需要经济上的支持。菲利普很清楚，经济是立国的基础。因此，他建立新城市，打开出海口，开采金矿。

菲利普的改革使马其顿成为军事强国。在王权强化、国土扩大、实力增强，既无内乱又无外患的情况下，菲利普决定征服希腊。

当时，希腊在各个城邦的争霸战中几乎内耗一空。鹬蚌相争，渔翁得利，便宜了马其顿。

公元前338年，菲利普一举击败了希腊联军，随后，在希腊城邦科林斯召开大会，成为全希腊的霸主。

可惜，腓力二世称霸希腊后不久，在女儿的婚礼上，遭到国内反对派刺杀而身亡。他的儿子亚历山大即位。

亚历山大13岁的时候，父亲菲利普就聘请希腊的大哲学家亚里士多德来当他的老师。所以，亚历山大很喜欢读希腊文学中的名著，尤其是荷马的诗篇。因此古代英雄的伟业，早就触动了少年亚历山大的心。致使他的一生都带有一点英雄的色彩。

亚历山大继位时，年方二十。当时，希腊诸城邦不愿屈服于马其顿的统治。眼看马其顿帝国新王年少，就想乘机推翻亚历山大。哪知道，自古英雄出少年。亚历山大一举消灭了反叛者，并大肆屠城。至此，希腊人领教了这位年轻国王的雄才大略。还有一点，让希腊人很意外，这位年轻的国王，对希腊文化十分尊崇。因此，除了斯巴达城邦外，希腊的各个城邦就组织了一个同盟，公举亚历山大做同盟的领袖兼领军队。

因为希腊军队的加入，亚历山大的武力更加强大了。

公元前334年，亚历山大东征波斯。

前文说过，波斯帝国曾经是一个凶悍的大帝国，它征服了小亚细亚、埃及、伊朗高原及中亚地区，版图横跨欧洲、亚洲和非洲。只是在进攻希腊时，遭到重创。然而，当马其顿帝国崛起后，波斯帝国已今非昔比。由于国家内乱，国势日益衰颓。尽管地盘大，民众多，但实际上只是个"泥足巨人"。

而且，波斯帝国的统治十分脆弱。帝国西部，比如叙利亚、巴勒斯坦地区的各族居民，乃至埃及人，都一向反对波斯帝国的奴役，他们时刻酝酿着起义。

一小撮波斯贵族，仅仅靠武力，才得以维持其脆弱的统治。中国人爱说一句话：强中更有强中手。这话很有道理。历史也证明，以武力征服所造就的帝国，一遇到外来更强大的武力攻击，便会迅速土崩瓦解。因为武力只能打天下，不能治天下。

公元前334年的春天，武力超强大的马其顿帝国与波斯帝国兵戎相见。

强悍的马其顿军队令人胆寒。在格拉尼库斯河畔，他们首先击溃了波斯帝国在小亚细亚的屯军。亚历山大以解放者自居，乘胜推进，闻者纷纷响应。

公元前333年11月，亚历山大率军，与波斯王大流士三世亲自统帅的40万波斯大军，在叙利亚北部的伊苏斯湾相遇。史称"伊苏斯战役"。

波斯王自恃兵多将广，面河列阵，准备以逸待劳，与马其顿军周旋。

亚历山大观察了波斯大军的阵势后，率领精锐骑兵，以迅雷不及掩耳之势渡河，沿着山路迂回进军，从背面直捣波斯军的中锋，而马其顿的步兵，则乘势渡河掩杀。波斯军队被马其顿军的气势所压倒，慌忙掉头逃跑，乱作一团。马其顿骑兵趁机冲杀，波斯军左翼很快崩溃。身居主帅的大流士三世被激战的阵势吓破了胆，竟然丢弃全军独自仓皇逃跑，他的家属以及大批皇亲国戚都成了亚历山大手中的俘虏。

"伊苏斯战役"后，大流士三世向亚历山大求和，条件是：将幼发拉底河以西的土地，拱手送给亚历山大，并付给大笔赔款。谁知，亚历山大却不答应。他要求波斯帝国无条件投降，谈判破裂。

公元前332年，亚历山大逐一征服了腓尼基等海港城市，并且把腓尼基最繁盛的商业中心推罗完全摧毁，在城内进行了极其残暴的大屠杀，8000人被杀死，3万人被卖为奴隶。这样一来，波斯海军失去了海港根据地，不久就溃散了。之后，就在这一年的冬天，亚历山大经过苏伊士地峡，侵入波斯帝国统治下的埃及。

埃及是个文明古国。当亚历山大领兵踏入埃及时，埃及的大金字塔和狮身人面像已经屹立于尼罗河畔2500多年了。当时的埃及人因为苦于波斯帝国的暴政，对亚历山大几乎未加抵抗。

亚历山大兵不血刃占领埃及，他亲自前往埃及西部沙漠绿洲中的阿蒙神庙顶礼膜拜。他模仿古埃及的法老，自称是太阳神阿蒙之子，利用埃及人的宗教信仰和祭司阶层来统治。

同时，亚历山大征用埃及的人力和物力，在尼罗河口建造了一个新海港，以他的名字命名为亚历山大亚城。后来，这座城迅速发展，成为地中海世界商业和文化的中心，至今仍是埃及最大的港口。

公元331年春，亚历山大回到推罗城，扩充自己部队，而后东渡幼发拉底河，在高加米拉平原和波斯进行生死决战。

公元前331年，亚历山大率军返回推罗，此时，亚历山大的兵力为7000名骑兵和4万名步兵。大流士的兵力号称100万。这个数字虽有夸大的嫌疑，但可以肯定的是，波斯兵力远远高于马其顿军队。但波斯的士兵大多是从各部落中临时强制征集而来的。用中国话说，就是拉来的壮丁。战斗素质自然很差。

波斯摆好阵势后，正面没有战壕掩护，唯恐马其顿军夜间突袭，便全副武装站了整整一夜，以至于第二天整个部队都人困马乏。

而亚历山大让手下军士吃饱喝足，将精锐骑兵配在右翼，轻装步兵配在左翼，方阵列在中央，利用敌阵的缺口迅速冲击。双方展开骑兵战和肉搏战。波斯军渐渐不支，大流士三世在卫队的掩护下逃窜，波斯军心动摇，全线退却。战斗持续到天黑，波斯军溃败。接着，马其顿军如入无人之境，占领了巴比伦，进驻波斯帝国的两个都城——苏撒和帕赛波里斯。

马其顿军夺取了波斯帝国的财库，掠夺金银。亚历山大亲自点火焚烧了波斯王在帕赛波里斯的壮丽宫殿。

大流士三世在丢失了两座都城后，狼狈不堪，向东北方溃逃。这时他已是日暮途穷。公元前330前，大流士三世被自己的臣下杀死。昌盛了200多年的波斯帝国就此灭亡。

征服波斯帝国后，亚历山大自命为波斯帝国的继承人，他保留了波斯帝国原有的地方行政机构，录用投降过来的波斯贵族担任地方官，并征募波斯人来补充他的军队。他要在波斯帝国的故土建立起自己的帝国，而且，他还要继续东侵扩张，向中亚细亚的伊朗东北部的帕米尔高原挺进，这个地方离中国已经不远了。

当时的中国，正处于战国时代的后期，处于西陲的秦国，称霸西戎。因为中间横隔着一片大陆，中国人与希腊人之间没有交通往来。直到公元前2世纪后期，汉武帝派张骞通西域，在大夏的故址上才看到希腊在中亚细亚所遗留下来的一些陈迹。

亚历山大在伊朗东北部待了三年，目光又转向了印度。

公元前327年，他率军侵入印度，在印度河谷建立了两座亚历山大城，迅速占领了西北印度的广大地区。此时，他想进一步东进，但遭到部下强烈的反对。因为当地气候湿热，瘟疫横行，将士都很疲惫，渴望回到故乡。亚历山大被迫撤军。

至此，东侵的扩张战争结束。亚历山大建立起一个地跨欧、亚、非三大洲的庞大帝国，即马其顿亚历山大帝国。

这个崭新的帝国，在希腊文明和精神的影响下，茁壮成长。亚历山大要求臣民们学习希腊语言，在依据希腊城市而建造的地方居住。古希腊的各种生活风俗和礼仪习惯，都在这个新帝国的土地上生根发芽。

然而，就在这个时候，亚历山大突然患上了恶性疟疾。公元前323年，他长逝于古巴比伦汉穆拉比的旧寝宫中。这个世界史上杰出的军事统帅和罕见的大征服者，在征服过程中给当地人民带来了深重的灾难，但也开辟了欧、亚、非文化交流的新时代。以他名字命名的城市"亚历山大里亚"，成为当时世界文化的中心。

亚历山大死后，帝国被几个野心勃勃的将军所分割。最终，整个希腊都被向东扩张的古罗马帝国吞并。

希腊文明遗产最终落入了罗马人手中。在这之后的若干世纪里，它影响着整个古罗马世界。

【档案 NO.21】

腓尼基："腓尼基"在希腊语中是"紫红色"之意，这是因为当地居民潜海捕捉一种海螺，从中取出一种可做染料的紫红颜色。

腓尼基东倚黎巴嫩山，南邻巴勒斯坦，北连小亚细亚，是地中海北部狭长的沿海地带。工商业和航海业非常发达。在公元前2000年左右，腓尼基就与埃及和两河流域的克里克岛进行贸易，后又开辟了通往地中海的航路。在航海方面，腓尼基人越过直布罗陀海峡，南下非洲西海岸，北上不列颠群岛。在古代世界，腓尼基人是最优秀、最勇敢的航海者。

【档案 NO.22】

亚历山大里亚：建于公元前331年，是马其顿帝国埃及行省的总督所在地，在当时，成为地中海地区和东方各国贸易和文化交流的中心。在城北，建有许多剧场、花园、广场、公会堂、体育场、神庙、宫殿和宽大的道路；还有图书馆和博物馆，这两处是当时规模宏大的学术中心，图书馆有各种书籍手抄本70万卷，几乎包括了所有古代希腊的著作和一部分东方的典籍。

居民除埃及人、希腊人外，还有波斯人、叙利亚人、犹太人和阿拉伯人。市街面积为雅典城的三倍以上，人口70万，城外菲罗斯岛上矗立着一座灯塔，高122米，从40公里外可见灯光，被称为古代"世界七大奇迹之一"。

15. 古罗马起源与奴隶起义

上文说到，亚历山大帝国开辟了一个新文化时代，历史上也将这个时代称为"希腊化时代"。希腊文化与埃及文明、波斯文明融合为一种新的文化。后来的罗马人，在全面吸收希腊化文明成果的基础上，创造了罗马文明。

古罗马帝国建立在意大利半岛上。半岛的地理位置和自然条件，对于古罗马帝国的形成和发展，有重大的影响。

古罗马城的原址，就在拉丁姆平原的北端、第伯河下游东岸渡口的位置。这一地区，土地肥沃，是意大利中部地区陆路交通的枢纽。

公元前5000年，新石器时代的农耕者开始在此定居。公元前1000年左右，意大利半岛地区进入铁器时代。

关于罗马，有一句我们耳熟能详的话，叫"罗马不是一天建成的"。还有一句更为有趣："母狼哺育的罗马城。"——这句话来自罗马建国的传说。

据传说，在特洛伊战争中，希腊勇士"木马屠城"。只有一些特洛伊男子逃了出来。他们的首领叫伊尼亚。他带领逃亡者乘船在大海上漂泊了很久，最后，逃亡的人们看到一条宽阔的河流。河流两岸丛林密布，太阳照耀着肥沃的平原。疲惫不堪的逃亡者上了岸，他们来到一个叫拉丁区的地方。伊尼亚的儿子隆伽，在此建立了一座城市，命名为隆伽城。

隆伽有个弟弟叫阿穆留斯，为人阴险残暴，想夺权做统治者。为了达到这个目的，他不择手段，施展阴谋诡计，终于得逞。但是，他却时刻担心哥哥的后代报仇。为了消除这一隐患，阿穆留斯下令杀死隆伽的儿子，又强迫隆伽的女儿西里维亚去做女祭司。

女祭司是神职人员，不能生孩子。阿穆留斯认为，后患已绝。然而不久，西里维亚竟然生了一对孪生子。这个消息让阿穆留斯非常惊恐，他立刻下令杀死西里维亚，又让一个女奴把一对孪生子扔到台伯河里去。女奴把孪生子装进篮子，去了河岸。

此时，第伯河泛滥，女奴把篮子扔在岸上就走了。她心想，河水再涨高些，孩子就会被淹死。谁知，篮子让河边的树枝挂住了，洪水并没有把孩子冲走。

不久，洪水退去，孩子哇哇啼哭。到河边饮水的母狼听到哭声，走到孩子身旁，用自己的奶喂饱了他们。后来，一个牧人把两个孩子带回家抚养，哥哥取名为罗慕洛，弟弟取名为勒莫。

兄弟俩每天跟随牧人打猎，锻炼成敏捷、强壮的青年。牧人把他们的身世秘密相告。长大成人的兄弟俩，率领人民起义，推翻了阿穆留斯。并在他们幸存下来的地方建立新城。不久，兄弟俩发生了争吵，原因是用谁的名字来命名新城市，结果，罗慕洛杀死了弟弟，命名新城市为：罗马。

这就是罗马建国的传说。据近代考古表明，这个传说故事似乎也包含着一些真实历史的记忆。经过推算，罗马建城的年代，大约在公元前 754 年至公元前 753 年之间。

由于罗马城周围有广大的农业区提供给养，因此发展很快，进入了"王政时代"。这个时代延续了 244 年后，王政被推翻，罗马共和国随之建立。

罗马共和国，说白了就是贵族共和国。行政机构元老院，掌握在贵族手里，执政官都是贵族。平民虽然可以参加公民大会，却有名无实，享有的政治权利很少。

在一般情况下，平民不能进入元老院，不能出任国家高级官职，不能染指宗教职务。这些铁饭碗都被贵族端了。

贵族内部，实行联姻，权力代代延续。国家土地大部分被贵族占据。这是不公平的，本是公有的土地，平民却分不到。没地种，自然穷苦潦倒。其中有少数的发点小财，靠的是经营工商业。

自公元前 5 世纪起，罗马便不断向外扩张，经过两个世纪的对外侵略，罗马征服了整个意大利，控制了西部地中海，并占领东部地中海的一些国家，使罗马共和国由台伯河畔的小城邦成为地中海的霸主。

到公元前 2 世纪中期，罗马共和国的经济发生巨大变化，首先是土地集中，形成许多奴隶主大农庄。与此同时，农民纷纷破产，城邦经济基础被削弱。其次是奴隶制的发展，战俘、奴隶大量流入罗马。奴隶被广泛投入到生产领域中，受尽残酷的压榨，因而引起奴隶的反抗斗争。

其中，有三次时间持续很长的奴隶起义，沉重打击了罗马奴隶主阶级。

第一次，是发生在公元前 137 年至公元前 132 年发生西西里奴隶起义；后来，在公元前 104 年至公元前 101 年的时候，又发生了第二次西西里奴隶大起义；第三次，是发生在公元前 73 年至公元前 71 年的斯巴达克起义。

斯巴达克起义的影响力最为强大。

在当时的古罗马，奴隶贵族盛行在大剧场，或专门的比赛场上观看一种血腥野蛮的竞技游戏——角斗。参加角斗的，都是身体强健的奴隶。他们实际上就是被判了死缓的犯人，戴着沉重的脚链，被严加看管。他们每天的生活就是训练刺杀，强健体魄，然后到竞技场上与对方搏杀，要么杀死对方，要么被对方杀死。贵族们则以此为乐，甚至拿比赛胜负进行豪赌。

在罗马中部的卡普亚城，有一所专门训练角斗士的学校。在这学校里，一个身材魁梧、臂力过人的奴隶，名叫斯巴达克。他被这所学校买下，做了角斗士。

角斗士奴隶遭受的非人待遇，罗马贵族以其互相残杀作为娱乐的暴行，激

角斗士在用生命竞技

起了斯巴达克和同伴的无比愤慨。斯巴达克鼓动同伴：与其以生命在角斗场上冒险，不如为自由而去担当哪怕最大的风险！

在斯巴达克的鼓动下，200名角斗奴决意暴动。不幸的是，事情泄露。斯巴达克当机立断，提前行动。公元前73年的一个夜晚，斯巴达克率领角斗奴，手持厨房的刀叉，以迅雷不及掩耳之势，杀死卫兵，逃出城市，躲进了附近的维苏威深山。

起义者推选斯巴达克为首领，高卢人克利克苏斯、日耳曼人恩诺马乌斯为副将，成立了斯巴达克起义军。

一开始，这支起义军并未引起罗马元老院的注意，因为奴隶逃亡在罗马已是司空见惯的事情。因此，起义军获得时间积聚力量，在短短几个月里，不仅缴获了当地驻军的大量武器，而且还从附近庄园、城市补充了大批的给养。

起义军纪律严明，深得奴隶与贫民的欢迎和支持。队伍迅速壮大，发展到一万多人。

起义军的活动范围日益扩大，使越来越多的奴隶主惶恐不安。元老院决定迅速歼灭起义军。于是，在公元前72年春，元老院派行政长官克劳狄乌斯前去征剿。

克劳狄乌斯率领3000兵马，抵达维苏威山后，立即切断了起义军的退路，将起义军围困在悬崖峭壁之上，妄图逼迫起义军投降。然而，斯巴达克因地制宜，让起义军用山上野葡萄藤编成绳梯，然后沿绳下到山脚，绕至罗马军后方，发动突袭，出奇制胜。

维苏威一战，打击了罗马军官的嚣张气焰，起义军士气大增，名声大震。

斯巴达克深谋远虑，因势利导，扩建武装，吸收了前来投奔的坎佩尼亚地区的奴隶，以及破产的农牧民，把军队整编成投枪兵、主力兵、后备兵和骑兵。

元老院十分惊慌，又派遣大约1万多人，兵分三路，前去剿灭起义军。罗马大军主帅瓦里尼乌斯，采用分进合围的战术，将起义军逼到一个荒无人烟、崎岖难行的山区角落，并且在起义军前方扎营下寨，企图困死起义军。

此时，起义军因为连续作战，已筋疲力尽，兵器损耗也非常厉害，加之粮食殆尽，气候变冷，形势十分危急。

斯巴达克意识到，敌强己弱，强攻必败，于是巧施计谋。在一个夜里，他让战士像平常一样，在营地点起篝火，然后将死尸绑在营门的木柱上，远处看去，像是一个个哨兵在站岗。然后，起义军沿着崎岖的羊肠小道，迅速突围。天亮时，瓦里尼乌斯发现上当，急忙率军追击。此时，起义军选择了有利地形，设下了埋伏。罗马军中了伏击，损失惨重。

此战过后，斯巴达克起义军人数到达了 7 万人，占领了意大利南部的许多城市。

斯巴达克的想法是，穿过坎佩尼平原，抵达亚得里亚海岸，再沿海岸线北上，翻越阿尔卑斯山，进入罗马势力之外的高卢，从而摆脱罗马的统治，获得自由。

然而，就在大败瓦里尼乌斯后，起义军中发生了分歧，斯巴达克主张立即北上，尽快翻越阿尔卑斯山出境，而他的副将克利克苏斯却坚持要把起义军留在意大利，与罗马斗争到底。由于意见不一，彼此争执不休。最终，克利克苏斯和斯巴达克分道扬镳。

起义军分裂后，克利克苏斯与罗马军队遭遇，几乎全军覆灭，只有一小部分余众突围北上，重归斯巴达克军中。

斯巴达克多次突破罗马军的围追堵截，阿尔卑斯山已经远远在望了。然而，高耸入云的阿尔卑斯山，终年积雪，大队人马要翻越过去，困难重重。也许是因为这一情况，斯巴达克放弃了翻越阿尔卑斯山，进入高卢地区的计划。他突然掉头，挥师南下，准备渡海到西西里岛。

罗马元老院先是千方百计阻止起义军跑出意大利，现在却要阻止他们进入意大利中心。于是，在起义军经过的路上，罗马军队层层设防，但没能挡住主起义军的前进。罗马全国处于紧张状态，元老院选出大奴隶主克拉苏担任执政官，率领 6 个军团 12 万人去对付起义军。

公元前 71 年春，起义军迅速挺进到意大利半岛的南端。斯巴达克与海盗达成协议：起义军付给海盗钱财，海盗用船把起义军运往西西里岛。

然而，到了约定的时间，却不见海盗的踪影。这样一来，起义军陷入绝境。斯巴达克组织起义军制造木筏，在木筏上绑扎木桶，代替船只渡海。但海上的大风暴又使这一计划落空，起义军被围困了。

克拉苏为了阻止起义军再度北上，便命令士兵挖了一条横过整个地峡的壕沟，宽深各 4.5 尺，沟边还修筑了高大而坚固的防护墙，用以阻挡起义军突围。

同年秋天，斯巴达克率领起义军与罗马军展开生死决战。

战事异常残酷，从清晨杀到黄昏，血流成河。起义军顽强抗击12万罗马军的围攻。起义军并不怕死，他们每个人都是奴隶。奴隶和自由人不同，自由人死亡，失去的仅仅是生活乐趣，而奴隶死亡才能获得自由。

然而，众寡悬殊，起义军越来越力不从心，被迫分散突围，以保存力量。但就在这个关键时刻，斯巴达克被投枪击中，他翻身落马，被敌人团团包围。面对群敌，斯巴达克犹如一头愤怒的雄狮，一手举盾，一手挥剑，战斗到生命的最后一息。

最终，起义军被克拉苏率领的罗马军团剿灭。斯巴达克身亡，6000多名起义军战士被俘，他们全部被钉死在十字架上。十字架从卡普亚一直排到罗马城。

【档案 NO.23】

罗马斗兽场：也称为罗马大角斗场、罗马竞技场、罗马圆形竞技场，建于公元70—82年间，是古罗马文明的象征。遗址位于意大利首都罗马市中心，呈正圆形，占地面积约2万平方米，可以容纳近九万人数的观众。最初，罗马斗兽场上的角斗士只是奴隶。后来，战俘和罪犯也被投进了斗兽场。为了使格斗更激烈、更刺激，罗马统治者从被征服地区运来各种各样的动物，或互相残杀，或同角斗士搏杀。

【档案 NO.24】

罗马角斗士：分为不同的种类，武器和铠甲也有很大差别。常见的角斗士有四类。

1. 持盾剑斗士——左腿、双肘和双腕穿皮制盔甲，手持大盾牌和剑。这类角斗士还戴着头盔和面盔。

2. 色雷斯角斗士——手持仅可遮住躯干部分的小型方盾牌。武器是匕首。

3. 莫米罗角斗士——有厚重的矩形盾牌保护，全身从肩膀到小腿都在盾牌的掩护之下。这类角斗士还戴着有巨大顶饰的头盔，手持短匕首。

4. 持网和三叉戟的角斗士——这类角斗士最易受攻击，因为他们几乎赤身裸体地参加格斗。仅有的保护是皮制护肩、网和三叉戟。

16. 共和时代的权力纷争

为了镇压奴隶起义，罗马奴隶主耗费了大量的时间和精力。虽然最终镇压了奴隶起义，但罗马共和国统治者上层的争斗也更为激烈。因为共和政体，已经不适应罗马奴隶主阶级统治的需要了，所以共和制逐渐向帝国制转化。

在这个转化的过程中，许多政治野心家发动了争权夺利的长期内战。

公元前60年，由庞培、恺撒、克拉苏三人结成的政治同盟，实行集体独裁。史称："前三头同盟"。

这三个巨头中，恺撒实力最弱。论财力，他不及罗马大奴隶主、超级富豪克拉苏；论权势，他又不如屡建战功的军事统帅庞培。但是，恺撒有一个优势，就是在平民中颇有威望。

恺撒虽然出身贵族，但常和平民站在一起，与元老院进行斗争。因此，他在平民中的声望很高。

与恺撒一样，名声显赫的克拉苏和庞培，也反对元老院落后、保守的政策。在这种情况下，三人结成秘密联盟，共同抗击元老院。

为了巩固这个同盟，恺撒把自己14岁的女儿尤利亚嫁给了庞培。这样一来，恺撒就成了庞培的老丈人。之后，这位老丈人当上了罗马执政官。公元前58年，又被任命为高卢总督。

高卢，当时分为南北两部分。南高卢隶属罗马，北高卢是一群原始部落，住在阿尔卑斯山以北，莱茵河以西的广大地区。恺撒担任的实际是南高卢总督。他为了扩张，征服强悍的北高卢人，采取分化瓦解、拉拢打击、步步推近的政策。在3年内，征服了北高卢的大部分地区，不仅为罗马开拓疆域，掠夺了大量财富和奴隶，而且赢得了雄厚的实力和政治资本。

恺撒显赫的战绩和卓越的军事天才，赢得了罗马人的欢呼，声望日益高涨。

公元前54年，恺撒的女儿尤利亚去世，恺撒和庞培的联姻关系结束。次年，克拉苏死于帕提亚战争。三头同盟，只剩下两雄对峙。

公元前52年，北高卢部落举行起义，被恺撒镇压下去，北高卢并入罗马版图。恺撒权势的增长，既让元老院恐惧，又使庞培嫉妒。元老院贵族趁机拉拢庞培，庞培也逐渐倒向元老院。这样一来，罗马政局日趋混乱。

公元前52年，庞培联合元老院，颁布命令，让恺撒返回罗马，交出兵权。

恺撒明白，这是庞培的阴谋，知道内战不可避免，索性带兵回攻罗马。公元前49年，恺撒的军队势如破竹，迅速攻占了罗马和整个意大利，庞培和大批元老院贵族仓惶出逃到希腊。恺撒巩固政权后，出兵西班牙，肃清了庞培的势力，后挥师东进，在北希腊境内的法萨罗与庞培展开激战。由于庞培指挥失策，结果一败涂地。庞培狼狈逃亡埃及。

恺撒乘胜带兵追入埃及。埃及国王害怕恺撒，只得割了庞培的人头交给恺撒。这场"丈人打女婿"的内战宣告结束。恺撒执掌罗马政局，他被元老院授予"国父"的称号，并被宣布为终身独裁官、终身保民官以及为期10年的执政官。

至此，恺撒成为了一个名副其实的军事独裁者。元老院的权力日渐衰弱，共和国名存实亡。

为了加强中央集权，恺撒开始对罗马共和国动大手术。手术一：大部分老兵、被释放的奴隶和贫苦公民得到分地；手术二：对元老院进行清洗，把一些非元老院贵族出身的奴隶主选进元老院，使元老的人数增至900人，补充元老院的目的，当然是让自己的亲信成为元老议员；手术三：调整行省管理制度，颁布新法令，严厉惩治贪污枉法的行省官员，改进行省管理，委派有能力、正直的行省总督；手术四：改善税收制度，规定国家征收直接税；手术五：改变币制，为了便于对罗马的全部领土实行统治，恺撒采用一种新的单一的金币制。

五大改革之外，还有一项具有深远意义的历法改革。

罗马人曾实行苏美尔人发明的太阴历，1年335天，增加一个周期性的闰月。恺撒上台，接受了一种新的历法——朱理历。这种历法是亚历山大里亚的天文学家发明设计的，每年365天，每4年外加1天。被西方世界一直沿用到公元1582年。

不得不说，恺撒的手术刀很锋利，他的措施削弱了元老贵族，提高了行省的地位。这么一搞，各地经济自然迅猛发展。罗马一跃成为欧洲的军事大强国。恺撒的权力也达到了巅峰，罗马人把他看成"无冕之王"。

然而，任何改革都是双刃剑。恺撒的改革措施，使一部分元老贵族的利益受到伤害。其中的代表人物有两位，一位是布鲁图斯；一位是卡西乌斯。他们怀念过去的共和国，视恺撒为暴君，共和国的颠覆者。于是，他们决定谋杀这个十恶不赦的暴君。

公元前44年，恺撒在元老院被政敌刺杀身亡，"前三头同盟"时代结束。

这之后，又出现了由安东尼、雷比达和屋大维三人结成的政治同盟，史称"后三头同盟"。

屋大维是恺撒生前指定的接班人，他回到罗马后，借助恺撒老兵和平民的支持，做了行政官。这样，在罗马元老院以外，逐渐就形成了以屋大维、安东尼、雷比达为首的三股政治力量。他们三足鼎立，谁也没有足够的实力创建独裁政权。

为了牵制和相互利用，公元前43年11月，三个巨头在意大利波诺尼亚的一个荒凉小岛上，举行会谈，通过了一项新法律：在执政官下设立三名行政长官的职位，分别由他们三人担任。

罗马成了一块蛋糕，被三人瓜分，屋大维分得地中海和非洲，安东尼分得高卢，西班牙归雷比达。

接着，他们打着为恺撒复仇的旗号，将复仇之剑指向元老院。屋大维做的第一件事就是严惩杀害恺撒的凶手。他成立了一个法庭，将杀害恺撒的人及其他们的朋友，统统列入黑名单，称之为"人民公敌"。

在罗马城内，到处张贴着"有奖布告"：杀死公敌者，凭公敌的头颅领取巨额奖金。如果奴隶杀了公敌，不但有奖金拿，还可以恢复自由。至于窝藏公敌者，则与公敌同罪。

于是，罗马城内大屠杀开始，有300名元老和2000名骑士被杀死，他们的财产也被没收。刺杀恺撒的两个主谋，布鲁图斯和卡西乌斯在绝望中自杀。

敌对势力被消灭了。但很快，三个巨头之间开始相互争斗。屋大维先是剥夺了雷比达军权，然后与元老院和好，转而对付安东尼。

公元前 37 年，安东尼和埃及艳后勾结起来，并把罗马在东方侵略的土地赠给埃及。这激起了罗马奴隶主的强烈不满。屋大维利用这个机会攻击安东尼。公民会议和元老院剥夺了安东尼的职权，并向埃及宣战。

公元前 31 年 9 月，屋大维率军抵达希腊西海岸的亚克兴，与安东尼及埃及艳后会战。此时，安东尼已抛弃了自己的妻子，与埃及艳后结了婚。

当战争进行到最激烈的时候，埃及艳后认为安东尼已无取胜的希望，便率领自己的军队逃回埃及。安东尼也尾随她逃往埃及。

公元前 30 年，屋大维侵入埃及，安东尼和埃及艳后自杀。从此，埃及被罗马侵占。

安东尼死后，屋大维成为罗马的独裁统治者。以军事统治为基础的皇帝政权，终于在罗马建立起来。从此，罗马进入到一个新的时期，即罗马奴隶制帝国时期。

三百年来，罗马奴隶主贵族都是穷兵黩武，不断从事于掠夺性的武力扩张和血腥的内战。这时，地中海世界已经统一，兵戈暂息。屋大维着手整顿国家，派军清除在罗马的盗贼，维护社会治安，整顿元老院，把元老院的人数减少到600 人，并且对担任元老的人提出了资格的要求。他深知"水能载舟，也能覆舟"。因此，他尽量让平民们过上丰衣足食的生活。

由于疆域的扩大和人口的增长，罗马帝国的户籍大大增加了。在屋大维当政时期，罗马帝国境内的人口总数约为五千万人。

为了防止其他人再以兵力夺取政权，屋大维总揽军机，使一切的武装力量都直属于自己。他把罗马原有的部队加以裁减，整编为二十五个军团，每个军团的兵力约为一万二千人，合计共约三十万人，分别戍守在帝国的边陲之地。另有精锐的"羽林军"九千人，驻扎在意大利境内，拱卫罗马。

在公元前 27 年，屋大维称自己是"第一公民"，其实就是元首，史称他建立的政治制度为"元首制"，元老院尊他为"奥古斯都"。

奥古斯都的意思就是：神圣、庄严、伟大。元老院实际上受元首控制。所谓的"元首制"，实际上就是披着共和外衣的君主制，屋大维本人是元首、统帅、终身执政官、首席元老、大祭司长，控制了军事、司法、行政、宗教等大权。实际上就是皇帝。

至此，军事独裁的君主专制政权在罗马建立，罗马共和国灭亡，罗马帝国时代开始。

【档案 NO.25】

古罗马行省制：古代罗马奴隶制国家为统治征服地区而建立的一种管理制度。原指意大利境内的行政区或境外由罗马官员治理的地区，后专指意大利境外那些必须向罗马国家纳贡的属地。

17.罗马帝国文明与基督教

古罗马帝国国徽

罗马帝国因其幅员辽阔，历史上称为"世界帝国"。在500余年里，帝国的统治者不断开拓疆土。在极盛时期，帝国的版图包括今天的意大利、英国、法国、葡萄牙、西班牙、瑞士、奥地利、希腊、前南斯拉夫、阿尔巴尼亚、保加利亚、罗马尼亚、土耳其、叙利亚、伊拉克、埃及、利比亚和突尼斯等地。

罗马帝国历史可分为三个阶段：罗马帝国前期、3世纪危机时期、罗马帝国后期。

罗马帝国前期，由于内战停止，城市一派歌舞升平、国泰民安的景象。宽敞明亮的街道连接着各个行省，警察们也恪尽职守，对强盗和小偷毫不手软。边防线上驻守森严，不给北欧沙漠的野蛮部族一点可趁之机。全世界都向罗马俯首称臣，每年都向其进贡。许多有才华的人都为其效力。

社会安定，税收增加，而隶农制的盛行使生产关系得到局部改造，罗马的经济繁荣起来，这时罗马历史上的"黄金时代"，被称为"罗马和平"时期。

当时，罗马富人的生活非常奢侈，妇女以印度的钻石、珍珠、宝石等作为首饰，身上穿的是中国的丝绸。他们吃的水果是那个时候罕见的珍品，如桃、杏等，罗马人叫桃子为"波斯苹果"。当时，有一些诗人，常用诗歌讽刺罗马富人奢侈的生活。

在这一时期，罗马的农业生产工具和技术也有明显的进步，出现了带轮的犁和割谷机；工业上开始使用水磨；矿山中开始使用人工排水机械；玻璃制造业得到推广；出现了丝织业，生产半丝半麻织品；商业比较活跃，出现了银钱兑换商；对外贸易发达。

对外的贸易，主要有三条通道：第一条是从意大利经海路到达亚历山大港，再从陆路经红海东岸到达也门，最终利用季候风到达印度。商人从东方将香料、宝石、纺织品运到罗马，将罗马的铜、锡、葡萄酒、玻璃制品运往东方。

第二条是向北到达波罗的海、北海沿岸。罗马进口琥珀、毛皮、奴隶，出口金属器皿等。

第三条是通过"丝绸之路"与中国进行贸易往来。中国的丝绸成为罗马上层社会喜爱的奢侈品。此时帝国疆界东起幼发拉底河，西至西班牙、不列颠，南达北非，北至多瑙河、莱茵河。

另外，罗马帝国时期，他们的教育和文化也很发达。罗马的科普著作家大普林尼，写了一部名为"自然史"的百科全书。这部书里，汇集古代希腊人著作中的各种材料而成，有真实的历史，也有神话故事，还有关于草木鸟兽的文章。这部书成为中古时代欧洲学术上的一本权威书籍。

总之，初期的罗马帝国，从经济到文化，样样都不错，国内也很安定。这时候，从东方传来了基督教。

基督教产生于公元 1 世纪中叶的巴勒斯坦地区，是由犹太人创立的。它是一种崇拜、信仰上帝和上帝之子"救世主"的宗教。"救世主"在古希腊文中成为"基督"，基督教之名由此而来。

公元 135 年，基督教从犹太教中分裂出来，成为独立的宗教。公元 313 年，基督教成为罗马的合法宗教。公元 392 年，基督教成为罗马帝国的国教，并逐渐成为中世纪欧洲封建社会的主要思想工具和精神支柱。

公元 1054 年，基督教正式分裂为罗马公教（天主教）和希腊正教（东正教）。

到了 16 世纪中叶，欧洲又发生了宗教改革运动，从天主教中陆续分裂出一些新的教派，统称"新教"，在中国称为"耶稣教"。因此，基督教是天主教、东正教和新教三大教派的总称。

基督教的创始人是耶稣。耶稣被传说为上帝耶和华之子，他出生在巴勒斯坦北部的拿撒勒，母亲名叫马利亚，父亲叫约瑟。耶稣 30 岁时受了约翰的洗礼，又在旷野中经受了魔鬼撒旦的诱惑，这一切坚定了他对上帝的信念。此后，耶稣就率领彼得、约翰等门徒四处宣扬福音。

当耶稣最早的一批信徒到达罗马后，立即向罗马民众传播其"四海之内皆兄弟"的教义。这段时间，没有人提出反对意见。因为在当时的罗马都城，出现一些周游列国的传教士并不奇怪。

传教士为了吸引更多的人，在宣传时都侧重于对听者感官上的刺激，他们向听者许诺，只要信奉基督教，将会获得无穷的快乐。对于罗马街头的人们来说，能够听到这些来自于"神秘教义"的声音，是很有乐趣的。

同时，传教士们还讲述了那些不肯聆听上帝箴言的人，所面临的凄惨结局。

久而久之，罗马人开始与宣扬耶稣言论的传教士接触，发现他们的确与普通的罗马教士不同。他们身无长物，却对奴隶和动物充满怜悯之心；他们不贪图钱财，反而乐善好施。这种大公无私的生活榜样，感染了罗马人。他们放弃了自己原有的信仰，转而加入基督教的小团体。他们经常在私人居所的密室或空旷的野外聚会，彻底摒弃了众多的罗马神庙。

这样年复一年，基督教徒的数量越来越多。他们还选出一个主教，来保护小教堂的利益。

教会逐渐成为罗马帝国内一个位高权重的机构。这引起了政府的关注。一开始，罗马帝国还是采取宽容的态度，强调各种教派应该和平共处。

谁知，基督教徒们断然拒绝了这种宽容。他们在公开场合宣称：只有他们的上帝，才是天地万物的最高主宰，其他神灵都是欺骗者。

这样的言论对其他的教派并不公平，因此罗马警察出面干预，然而基督教徒们对此并不理睬。

随之，又出现了新的问题。基督教徒们不仅对向皇帝敬礼的仪式进行抵抗，还拒绝应召参军。罗马地方长官威胁说，要严厉惩罚。基督教徒们却坦然回答说，这个悲哀的世界只是通向极乐天堂的一个前站，他们宁愿为了信仰而献出自己微不足道的生命。

这种强硬的抵抗，使基督徒遭到残酷的迫害和镇压。公元 3 世纪前后，罗马皇帝多次发布敕令，大规模镇压基督徒，教会、教堂的财产也被没收，信徒集会被禁止，大批教会领袖或被流放，或被处死。然而，罗马统治者非但没有消灭掉基督教，反而扩大了基督教的影响，增强了教会的地位。罗马统治者不得不改变统治政策。

公元 313 年，罗马皇帝君士坦丁一世，在意大利米兰城正式发布了《米兰赦令》，也称为"宽容赦令"。

发布这个赦令，有一个很重要的原因——在这个时期，罗马帝国已经开始衰落，连续遭受来自法兰克等地的野蛮部族的侵袭。在罗马军队无力抗击外敌的时候，基督教徒们则以大无畏的精神向野蛮部族的人宣讲和平的福音。

野蛮部族的人以为那些基督教都是罗马人，他们所讲的可能都是真理。没过多长时间，基督教徒便在法兰克的荒芜地带蓬勃发展，成为一股突起的势力。人们都说，六个基督传教士的能力，抵得上一个团的士兵。终于，罗马皇帝也意识到，不应该迫害和消灭基督教，而是应该让基督教为己所用。

至此，基督教得到罗马政府的认可。罗马统治者与基督教的矛盾得以解决。然而，罗马帝国内部其他矛盾却也越来越尖锐。伟大的罗马帝国，已呈现出衰亡的迹象。

【档案 NO.26】

基督教经典《圣经》：记述的都是上帝的启示，是基督教徒信仰的总纲和处世的规范，是永恒的真理。《圣经》分为《旧约全书》和《新约全书》两部分。《旧约全书》原是犹太教的经典，耶稣对其中某些方面提出了自己的、不同于犹太教的看法，并做出了解释说明，作为自己信仰的一个重要依据。《旧约全书》包括律法书、先知书、历史书和杂集四类，共 39 卷，主要记录了天地起源、犹太人的来源和历史，以及古代犹太人的文学作品。《新约全书》包括福音书（即《马太福音》《马可福音》《路加福音》和《约翰福音》）、历史书、使徒书信和启示录四类，共 27 卷，主要记述了耶稣及其门徒的言行。《启示录》还记述了基督教对末日审判的预言。

【档案 NO.27】

基督教教义：可归纳为两个字——博爱。在耶稣眼里，博爱分为两个方面：爱上帝和爱人如己。在基督教的教义中，爱上帝是指在宗教生活方面要全心全意地侍奉上帝。基督教是严格的一神教，只承认上帝耶和华是最高的神，反对多神教崇拜和偶像崇拜，也反对宗教生活上的繁文缛节和哗众取宠。爱人如己是基督徒日常生活的基本准则，它的要求是：人应该自我完善，应该严于律己、宽以待人，应该忍耐、宽恕，要爱仇敌，并从爱仇敌进而反对暴力反抗。只有做到上述要求，才能达到博爱的最高境界——爱人如己。

18. 日耳曼民族迁徙与罗马帝国衰亡

　　罗马统治者与基督教的矛盾解决后，到了公元二三世纪，罗马帝国潜藏的危机全面爆发。奴隶主残酷的压榨，使奴隶失去了最低限度的劳动积极性，他们消极怠工，甚至毁坏庄稼。农业的衰败波及工商业，城市失去了商旅云集的繁荣景象。大庄园主挖沟筑垒，建立私人武装，逐渐演化成割据地方的豪强地主，大大削弱了中央的权力，各行省自立首领，拥兵自重。皇帝成了地方军阀的傀儡，被频繁废立，走马灯似的变换，无法建立稳固的政权。

　　这时候，罗马人只知时局动荡，并不停抱怨粮食价格的暴涨，抱怨工资薪水的菲薄，他们诅咒那些靠控制谷物、羊毛和金币的大奸商。实在无法忍受的时候，他们也奋起反抗过那些贪婪无度的总督。但是，他们没有意识到，争夺皇权的混战已使经济大幅度衰退。

　　经济衰退，帝国震荡，给了外族可趁之机。这个外族，就是日耳曼部落。

　　日耳曼部落很早就居住在莱茵河以东、多瑙河以北、维斯瓦河和北海之间的广大地区。在日耳曼部落里，有很多人种，包括西哥特人、汪达尔人、法兰克人、盎格鲁人和萨克逊人等。他们具有相同的宗教信仰和社会制度，且使用相近的语言。

　　其社会结构，由三部分组成：最上层为世袭贵族，通常是大地主；大多数日耳曼人是自由民，一般拥有自己的小块土地。没有土地的，只好当佃农，为贵族服务。

　　最底层的一部分，既不是自由民，又不是奴隶阶层，他们被束缚在土地上，但不能被单独出卖。这种奴役形式，与罗马帝国的隶农制度相似。这个制度，就是后来中古时代盛行于西欧的农奴制的雏形。

　　日耳曼人性情憨厚、质朴、身体强悍有力，作战非常勇敢，他们视死如归，很少有临阵脱逃者，连丢掉盾牌或是遗弃伤员，都被认为是奇耻大辱，他们的主要武器，是一种又长又直的宽尖双刃剑，多用于砍杀，而不是刺杀。

日耳曼中的青年人，要经过正式仪式，才能获得佩剑的资格。后来，中世纪由扈从晋升为骑士的仪式就源于此。每位杰出的武士首领，都有一支扈从队，他们战时守卫在首领身旁，效忠首领，服从首领。首领则向他们提供给养、武器和战利品。

日耳曼人的首领或国王，主要是根据勇猛程度和出身选举产生。也就是说，作战英勇、贵族出身的部落成员更有希望成为首领或国王。所以，打仗的时候，首领和国王往往身先士卒，奋勇冲杀，但他们权力有限，许多事务都由部落会议决定。

早在公元前 1 世纪，日耳曼人就开始向罗马帝国境内迁徙。不过，当时的罗马军团十分强大，稳守边境毫不费力。随着罗马帝国经济衰退，政局动荡，罗马对边境的控制也频频告急。

渐渐的，日耳曼人占据了东起维斯瓦河，西至莱茵河，南达多瑙河，北抵波罗的海的广大地区。罗马人把这片广袤的大地称为日耳曼尼亚。

到了公元 4 世纪后期，由于受到来自匈奴的攻击，日耳曼人开始像潮水般涌入罗马帝国境内，由此形成了日耳曼部落大迁徙的浪潮。

率先进入罗马帝国的是西哥特人，但罗马政府对他们特别残暴，强迫他们种地、服兵役，甚至将他们卖为奴隶。西哥特人不甘屈辱，发动起义，罗马的奴隶、隶农、矿工也纷纷加入了起义队伍。

公元 378 年，西哥特人与罗马帝国在阿德里亚堡决战，罗马被击败。罗马皇帝瓦林斯被打死。

公元 5 世纪初，西哥特人再次对罗马发动进攻。此时的罗马，已没有能力组织足够的士兵进行抵抗，只能依靠雇佣军作战。然而，在战争过程中，雇佣军发现，他们所谓的敌人是自己的同宗，于是动了恻隐之心，不愿迎战。

内外交困的打击，让居住在深宫内的君士坦丁大帝惶恐不安。他决定重新寻觅一个都城。最终，他选择了欧亚通商关口的拜占庭。并且把这个地方改名为君士坦丁堡。

君士坦丁大帝死后，他的两个儿子为了更加高效地管理整个国家，就把帝国一分为二——东罗马帝国，首都：君士坦丁堡；西罗马帝国，首都：罗马城。

哥哥住罗马，弟弟住君士坦丁堡，分别管理帝国的西部和东部。

兄弟俩岁数都小，哥哥荷拉留也只有 17 岁。一个 17 岁的孩子，要面对外族强敌对罗马的进攻，其结果可想而知。

西哥特人在首领阿拉里克的率领下，将罗马城团团围住，切断了罗马城内的粮食供应。罗马城内的贵族派人乞降。但小皇帝荷拉留拒绝签订和约，他在等待东罗马援军到来。阿拉里克决定攻陷罗马城。

城内的罗马奴隶打开城门，迎接西哥特人。罗马城，这座曾经固若金汤的"永恒之城"，800 年来第一次陷于敌手。昔日繁华的帝都惨遭洗劫，到处是尸体和鲜血。

洗劫了罗马城后，西哥特人进入高卢、西班牙地区，建立了西哥特王国。紧接着，日耳曼部落的其他人种，也纷纷冲进西罗马帝国。

西罗马帝国的土地大部分丧失。这个曾经不可一世的高傲帝国，连庞大的亚历山大帝国都只不过是它的一个行省。如今，却已是名存实亡。多年积淀而成的辉煌，就这样无情地被击碎，乃至毁灭，历史的残酷性莫过于此。

公元 476 年，罗马雇佣军将领奥多亚克，发动兵变，废黜了年仅 6 岁的西罗马末代皇帝。至此，西罗马帝国灭亡，西欧历史进入封建时代。

【档案 NO.28】

东罗马帝国：是在西罗马帝国崩溃后依然存在的罗马帝国东半部。也称为拜占庭帝国，位于欧洲东部，领土曾包括亚洲西部和非洲北部，是古代和中世纪欧洲历史最悠久的君主制国家。共历经 12 个朝代，93 位皇帝。

$19.$ 中古时代的中华文明

划分世界历史的时段，通常将日耳曼民族迁徙，到罗马帝国衰亡算作上古时代的结束。

在上古时代的文明中，有尼罗河上的陵墓和神庙，有底格里斯河与幼发拉底河上的泥砖；有克里特岛上的皇宫；有希腊人的雕刻和神庙；有罗马的大道和水沟；有基督教会的组织，种种遗迹保留至今。它们证明了上古时代世界文化的发展和隆盛。

进入中古时代后，欧洲分为前半期和后半期，前半期是一个社会混乱，文化衰落的时期，被称为"黑暗时代"；后半期为文艺复兴，列国形成的一个时期，所以叫作"中古过渡时代"。

亚洲方面的状况，在这一千年中恰好和欧洲相反。当欧洲处于"黑暗时代"中的时候，亚洲的东部有唐代中国的隆盛文化，同时，朝鲜和日本也已开化，南部有佛教的传播和南洋诸国的兴起，西部有阿拉伯伊斯兰教徒大食帝国的建设和文化发展。美洲文明则从发展走向失落。

由此可见，中古时期，亚洲的大部分地方，差不多都受中国、印度和伊斯兰教三种文化的照耀，光辉灿烂，和当时欧洲的野蛮黑暗大不相同。

到中古时代的后半期，欧洲分化成列国对峙的局面时，亚洲方面又有突厥人和蒙古人崛起，他们统一了欧亚两洲的大部分地方，把亚洲文化的精华陆续传到欧洲，大大促进了西洋文化的进步。

总而言之，中古时代的世界，是亚洲文化的极盛时代，和欧洲混乱的情形形成了一个反比。

所以，讲述中古时代的世界史，第一站就从亚洲的中华文明开始。

在中古时代，中国的贸易和文化都非常繁荣。当时的唐朝，是世界上最强

清明上河图（局部）

大和发达的王朝。唐朝的对外贸易极其繁荣。唐政府在广州设置市舶使，管理对外贸易。

两宋时期的贸易更为发达，政府在广州、杭州等地设置"市舶司"，负责管理对外贸易和事务，征收商税。对外贸易东达日本、朝鲜，西至非洲一些国家。

北宋时期，北宋的东京是全国最大的商业都会。辽、夏、金也各自形成了有一定规模的商业城市，例如辽国的南京（幽州）、西夏的凉州、金的中都（燕京）。

大城市的商业活动已突破坊和市的界限，营业时间也不受限制，一些繁华的大城市里有了夜市；东京是最大的商业都会；在广大的农村有定期举行的草市。出现了世界上最早的纸币——"交子"。

纸币的推广，有利于商品交换，经商的人增多，有不少家财万贯、邸店遍布海内的大商人，更多的是中等商人和小商贩，政府允许外商在境内自由贸易，胡商遍布各大都会，反映了商业的高度发展。

南宋海外贸易的重要港口有广州、

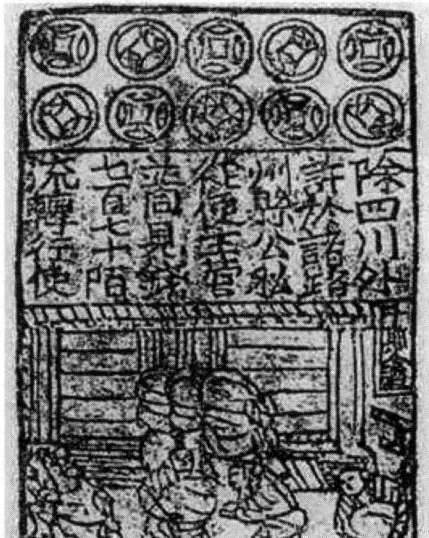

北宋纸币——交子

泉州、明州等，泉州是当时世界上最大的国际贸易港；南宋政府采取鼓励外商的政策，在一些港口设有番坊，有外商长期居住；同南宋通商的外国商人中，以阿拉伯人居多。

元朝形成了闻名世界的大城市，来自亚洲、东欧、非洲海岸的商队、使节络绎不绝。泉州成为最大的对外贸易港口。明朝郑和下西洋与亚非 30 多个国家和地区直接贸易，最远到达非洲东海岸和红海沿岸地区。

明朝时期，国内市场更加扩大，大量农产品和手工产品投放市场，品种达到两百余种；区域间长途贩运贸易发展较快；北京和南京是全国性商贸城市，全国还出现了数十座较大的商贸城市；商品经济向农村延伸，江浙地区以工商业著称的市镇，如雨后春笋，蓬勃兴起。

清朝政府实行闭关政策，禁止国人出海贸易，同时限制外商来华贸易。只开放广州一地对外贸易，还几次下令实行海禁。不过，在正当的中外贸易中，中国仍处于出超地位，保持着贸易顺差。一方面，清政府的政策导致中国出口商品数量减少，对外贸易在整个经济中的份额极小，阻碍了工商业的发展和中外经济文化发展。另一方面，长期与世隔绝，使中国逐渐落在世界潮流后面。

在文化方面，唐宋是文学的"黄金时代"。在百花齐放的中古文学中，唐诗最为光彩夺目。清人所编的《全唐诗》，收集了 2300 多位诗人的 48900 多首诗。唐时才华横溢的诗人辈出，各种风格流派，异彩纷呈。其中以李白为代表的浪漫主义诗歌流派，和以杜甫为代表的现实主义诗歌流派，把诗歌艺术推向了尽善尽美的境界。

诗歌的发达除了社会经济繁荣的基本原因外，唐朝科举以诗赋取士，封建帝王对诗歌的提倡，也刺激了文人对诗歌创作的重视。当时国内各民族的融合和对外经济文化交流的繁荣，为诗歌增添了新的营养。这些都是促使唐诗创作繁荣的因素。

宋词是文学领域另一朵独放异彩的奇葩。宋代地主经济的进一步发展，城市生活的更加繁华，宫廷教坊、歌楼伎馆的出现，都为词的普遍发展提供了条件。近人唐圭璋的《全宋词》著录词人 1330 多家，作品 19900 多首。以柳永、苏轼、李清照、辛弃疾为代表的诗人词客，各领风骚，将宋词推向繁荣。

元朝以戏曲成就最高，元曲由元杂剧和散曲组成，在文学形式上是由传统诗歌散文到有情节的戏剧的一个转折。关汉卿是元朝最优秀的剧作家。

明清小说成就最高，代表作品有罗贯中的《三国演义》、施耐庵的《水浒传》、吴承恩的《西游记》、曹雪芹的《红楼梦》、吴敬梓的《儒林外史》和蒲松龄的《聊斋志异》等。

文学之外，中华的史学和艺术也是空前繁荣，硕果累累。

唐以前，史书都是私家著作，唐太宗开始设立史馆，指定专人编修前代和本朝的国史。从此，官修正史成为一种制度，沿袭了下来。

唐代编成的正史很多，二十四史中，唐朝编修的有八部，即《晋书》《梁书》《陈书》《北齐书》《周书》《隋书》《南史》《北史》。刘知幾的《史通》是我国第一步系统的史学理论专著。《通典》（杜佑著）是我国第一部记述典章制度的专史。

两宋时期史学的研究成就远远超过前代，史学著作大量出现，特别是大型通史和当代史的编修，取得了更为显著的成就，《资治通鉴》是我国第一部编年体通史，为北宋史学家司马光所编撰。《通志》是另一部杰出的大型通史，南宋史学家郑樵所编，最大的贡献是其中的"二十略"，概括了古代文化的各个方面。

元朝的史学成就是多方面的，比较有代表性的史学著作，私家编撰的有《文献通考》《通鉴胡注》等，官修史籍中保留下来的有《宋史》《辽史》等。

清代史学也有相当的发展，官修的主要有二十四史的《明史》，黄宗羲的《宋元学案》《明儒学案》，开辟了研究学术史的新领域。乾隆年间，编辑了《四库全书》，是我国最大的一部丛书。

艺术方面，唐朝的雕刻艺术保留下来许多珍品，其中石雕和泥塑最为多彩。著名的敦煌千佛洞是世界上罕见的艺术宝库。现存 492 个窟洞中，唐窟达 213个。世界上享有盛名的雕塑品唐三彩陶俑，塑造得精致细腻，活灵活现，具有极高的艺术价值。

宋朝的绘画以张择端的《清明上河图》最为著名，反映了宋代商业的繁荣，具有很高了史料价值。宋代书法艺术圆润成熟、流派纷呈。苏轼、黄庭坚、米芾、蔡襄并称"宋四家"，开创了书法艺术的新高峰。

元朝音律蓬勃发展，与元曲的繁荣不无关系。书画艺术也不落俗套，赵孟頫是著名书画家。元朝的壁画艺术也有很高的成就，敦煌保存有元代壁画。

明朝绘画的艺术杰出，山水、花鸟画占画坛统治地位。

清朝的石涛、朱耷、萧云从等画家，具有独创精神，其山水画另辟蹊径，成为我国绘画艺术史上的一个新流派。另外，清代园林建筑在世界上享有盛名。北京的圆明园、承德避暑山庄、拉萨布达拉宫是其中的杰作。

最后说说科技方面，宋元时期的科学技术发展到了一个新的高度。作为世界古代文明标志的指南针、火药和印刷术三大发明的出现和大规模使用均始于北宋，指南针的装置已有很大改进，地磁偏角的发现已有记载，欧洲直到1492年，才由哥伦布发现。指南针用于航海，使宋朝航海技术大大提高。以沈括、郭守敬、毕昇、曾公亮等为代表的科技名家辈出，硕果累累。以《梦溪笔谈》为代表的科技著作纷纷面世。

明清时期科学技术的发展势头虽然明显下降，但这一阶段问世的一些著作，像李时珍的《本草纲目》、朱载堉的《乐律全书》、徐光启的《农政全书》和徐霞客的《徐霞客游记》等都分别显示了明清集医药、乐律、农业和地学大成的特点。宋应星的《天工开物》更是一部百科全书式的科学技术著作，不仅是我国科技史上的一颗明珠，也是世界科技史上光彩夺目的瑰宝。

在对外文化交流方面，明代郑和七下西洋，从江苏刘家港出发，曾到达中南半岛、孟加拉、印度、伊朗、阿拉伯等地，最远到达非洲东海岸和红海沿岸地区，不仅把我国古代航海事业推向了顶峰，也把中华文明播向了世界。明末清初，中西科学成就交融与会通已经起步，清代传统科学技术仍在缓慢推进。

如此发达繁盛的中华文明，自然也慢慢传播到邻邦，接下来，就说说邻国日本的文明发展。

【档案 NO.29】

《梦溪笔谈》：英国科学史家李约瑟评其为"中国科学史上的坐标"。内容涉及天文、数学、物理、化学、生物等各个门类学科，其价值非凡。书中的自然科学部分，总结了中国古代，特别是北宋时期科学成就。社会历史方面，对北宋统治集团的腐朽有所暴露，对西北和北方的军事利害、典制礼仪的演变，旧赋役制度的弊害，都有较为翔实的记载。

20. 解读日本文明

日本在世界古代史中被称为"八大洲"，岛屿众多。中国古称日本为"倭国"，称日本人为"倭人"。日本民族则被称为"大和民族"，这源于公元4世纪神武天皇的说法，当时建国之地叫作"大和"，意思是"多山之地"。

至于"日本"的来历，则是在公元645年，日本孝德天皇统一国家后，将古代的"日之国"和"大和"的名称合并，定为日本，意思是"日出之处"。

日本最早的原住民是今北海道附近的阿伊奴人。公元前8世纪是日本文化的分界线。因为在此之前，没有文字记载，所以称为原始时期；公元前8世纪后，称为历史时期。

公元前8世纪前的日本文化，可分为绳纹文化、弥生文化和古坟文化三个时期。

公元前8世纪前至公元前3世纪，为绳纹文化时期，与新石器时期类似。这个时期，陶器在日本已经开始制造使用。当时，也有人制作陶偶，基本上是以女性为主，用于祭祀崇拜。在后期则有头部如山形或鸥鹆形的人形陶偶，将自然崇拜物加以人格化。

公元前3世纪到公元3世纪，属于弥生文化时期，这主要是根据弥生町出土的陶制和铜制器物而得名。这个时期的陶器种类比绳纹时期繁多，有壶、盘、杯、瓮和铜制的剑、矛、镜、铎等，其中以铜铎为标志。当时，工艺品制作种类也有所增多。

从公元3世纪到公元8世纪，是古坟时期，主要文化表征是宏大的坟墓以及墓里的随葬品。除此，古坟中的壁画则从早期的抽象圆形、三角形器物，向人物过渡。特别值得一提的是《四神图》和《人物渡海图》。这两幅画是古坟壁画的代表作。它明显受到中国汉墓壁画的影响。

大和国统一后，大和文化时期成为日本历史文化上的鼎盛期，约等于中国的汉唐时期。

日本的《古事记》和《日本书纪》传说，日本岛是天上男女二神合作创造的，天照大神是女性，她的后代是日本天皇。

直到现代，"大和"成了日本文化的象征，日本服饰中有"和服"，音乐中有"和歌"，如此等等，都充分体现了日本民族的文化。

日本民族的语言是混合型的，融合了朝鲜语和中国吴越语，并综合了来自蒙古、土耳其的阿尔泰语系和来自琉球、南洋诸岛的南岛语系，形成了日本语。

日本文字最先使用汉字，到了公元5世纪至公元6世纪后，日本本土的文字产生了。日本人用自己的语言朗读汉字，称为"训读"。在此基础上，公元9世纪创造了假名。其中，平假名是汉字正体的演变，而片假名则是由汉字草体演变而来的。在日文中，汉字是经过朝鲜化后再传入日本的。

接着说说日本的宗教信仰。

作为亚洲大陆文明的重要组成部分，佛教经中国，朝鲜，再传入日本。公元5世纪，中国移民就把佛像带到日本去了，引起了日本统治阶级的重视。

公元6世纪时，日本天皇则儒佛并重，开创了日本的全盛期。公元12世纪，中国许多高僧在日本传播佛教各宗教义。到了16世纪，德川幕府将佛教提到最高的地位，管辖神道、儒教，结果导致了僧侣的颓废与腐败。18世纪中叶，明治元年，日本比睿山延历寺被捣毁，奈良、伊势、福山等地的佛寺佛塔也难逃横祸，许多僧侣被迫还俗。佛教在明治时期陷入了困境。同时，明治政府也禁止基督教、天主教等西方宗教。

总之，在明治维新期间，神道成为国家神道。日本也演变成了"神国"。

日本的神道起源于日本先民的自然崇拜。自然物如山川、草木、鸟兽等都被赋予了神性，形成原始的日本神道。对太阳的崇拜逐渐演化成对"天照大神"的崇敬，太阳也成了日本国民精神的象征。所以，我们现在看到的日本国旗，也是太阳旗。

有关神道，最早的文献是成书于8世纪的《日本书纪》："惟神者，谓随神道，自有神道也。"

明治维新时期，神道成为万世一系的天皇统治和万邦一体的天皇国体的理论依据。同时，明治政府也强调"祭政一致"，将国家神道分为"官社和民社"，官社神职人员由皇族充任，后者则是民间组织。1879年，日本靖国神社建立，祭祀阵亡将士，经费由政府拨给。日本侵略朝鲜和东南亚后，也先后建立了朝鲜神社、昭南神社等。

除了神道外，日本还有一个我们比较熟悉的"武士道"，这是日本武士所恪守的规范准则。最开始，武士道叫作"兵之道""弓矢之道"，或者称为"武者之习"。"武士道"是在江户时期后出现的称呼。

身着铠甲的日本武士

武士道综合了中国传统"忠孝"的儒学观念，后来，日本神道和禅宗思想也融合了进去，如神道中的"正直"和禅宗的"死生一如"思想影响到武士道的"忘我""忘亲""忘家"等理论要求。在江户时代，武士成了日本民众等级身份最高者。

在中世纪，日本的艺道也发展了起来。艺道的内容极其丰富，涉及范围也很广，主要包括歌道、茶道、花道、棋道、画道以及柔道、剑道等。在有些时候，武士道也属于艺道的一种。艺道文武兼备，规则也各不相同。

公元12世纪，日本的主流文化是由"空寂""物哀"为指导思想，体现的是以静寂慈哀为核心的朴实素雅的精神境界。在茶道和画道中表现得尤其突出。

日本的茶道主要受中国文化的影响，日本高僧荣西到中国的天台山，"请"茶叶种子，在日本开辟了日吉茶园，写了《吃茶养生记》，促进了日本茶道的发展。

日本茶道以"和、敬、清、寂"为指导，融进了佛禅的"空"，使人产生悠然清幽的文化情感。

而在绘画方面，日本有大和绘和浮世绘。大和绘是日本障壁画从唐绘逐渐形成本土风格的一种美术形式。所谓唐绘，就是公元8世纪前模仿中国唐朝手法的绘画作品。

这些作品，表现的是日本的日常生活和四季风光，富有日本民族情趣。因为体现了大和民族特色，所以称为大和绘。障壁画大部分绘于墙壁与屏风上，成为建筑上必不可少的点缀和装饰。

大和绘发展到公元 17 世纪到公元 19 世纪的江户时代，形成了浮世绘。"浮世"一词，源于佛教，意思是"现世""虚幻世界"。其实，浮世绘是一种以木版刻印而成的风俗画，主要体现的是市井风情。

前文提到过，世界史的中古时代，在亚洲东部的中华文明最为隆盛，日本和朝鲜也已开化，在西部，有阿拉伯伊斯兰教创造了文明。下面，我们就一起走进阿拉伯帝国。

【档案 NO.30】

日本歌舞伎：源于日本游艺人演出的一种歌舞，它的最初目的是神社和寺院向人们宣传，以得到布施。在江户时期，也有女能人和女狂言从事这项工作。1603 年，有人在京都演出"念佛舞"，即一边念"南无阿弥陀佛"，一边跳舞，受到很多女艺人的模仿。最初的歌舞伎只是纯粹的歌舞表演，没有情节，后来结合了净琉璃（即木偶）和能乐的技法，演出有故事的时代剧和世态剧。

$21.$ 阿拉伯文明与伊斯兰教

公元 7 世纪初，伊斯兰教诞生于阿拉伯半岛，它的创传人叫穆罕默德。

穆罕默德出身在沙特阿拉伯西边麦加的一个没落贵族家庭，生前丧父，6 岁丧母，年轻时做过商人，到过巴勒斯坦和叙利亚地区，接触到了犹太教和基督教。

成年后的穆罕默德，把基督教和犹太教的有关教义与阿拉伯原始宗教结合起来，创传了伊斯兰教，并从公元 610 年开始传教。

伊斯兰在阿拉伯语中是"顺从"的意思，伊斯兰教徒成为"穆斯林"，意思是信仰真主"安拉"，服从先知的人。穆罕默德是"先知"，是"安拉的使者"，奉安拉之命向人类传播伊斯兰教。

在当时，伊斯兰教的这些主张和信条，损害了麦加贵族和富商的利益。因为麦加贵族信仰"多神教"。这是信仰上的一个大冲突。因此，伊斯兰教在创建之初，遭到麦加贵族和富商的激烈反对，穆罕默德及其信徒遭到迫害。穆罕默德被迫离开麦加，到了一个叫麦地那的地方。在这个地方，穆罕默德依靠他的信徒，建立了伊斯兰神权国家。

然而，麦加贵族仍然不肯放过穆罕默德，他们向麦地那发动猛烈地进攻，企图赶尽杀绝，消灭麦地那的伊斯兰教势力。穆罕默德组织武装进行抗争，多次打败麦加贵族。这些战争被伊斯兰教徒称为"圣战"。

麦加贵族一败再败，只有招架之功，没有还手之力。历史上很多战争都是这样，侵略方大举进攻，遭到痛击，然后退回原地。继而，防御方反攻，直捣侵略方老窝。穆罕默德的"圣战"也是如此，先是抗战，然后反攻，就在公元 630 年，穆罕默德亲率大军，打回自己的老家，进攻麦加城。麦加贵族无力抵抗，只好接受伊斯兰教，承认穆罕默德的权威和地位。

这之后，阿拉伯半岛的各个部落，纷纷向麦加派出使节，皈依伊斯兰教，承认穆罕默德的宗教领袖地位。

可惜，两年后，穆罕默德就病逝了。此时，阿拉伯半岛已经大体统一。阿拉伯军事团体从穆罕默德的近亲和密友中，选出继任者。第一任继承者，巩固政权；第二任继承者发动了阿拉伯历史上空前的大征服运动。

在"圣战"的旗帜下，阿拉伯对当时国力弱的拜占庭帝国，也就是东罗马帝国，以及伊朗等中亚各国，发动了一系列的军事进攻。

公元638年，"圣战"大军进攻耶路撒冷，征服了巴勒斯坦。不久又占领了伊拉克。公元714年，又征服了西哥特王国，深入欧洲腹地。在北方，曾三次进攻拜占庭的都城君士坦丁堡，由于受到顽强抵抗而终未得手；在东方，进攻伊朗和中亚地区。8世纪初，扩张范围已到达帕米尔高原，直接威胁到唐代中国的边疆。

古阿拉伯文字图案壁画

到了8世纪中期，阿拉伯帝国形成，其疆域横跨欧、亚、非三大洲，是当时世界上领域最大的帝国。分别与中国的唐帝国、拜占庭帝国和查理曼帝国为邻，并世称雄。

到了阿拉伯帝国的阿拔斯王朝时期，帝国中心东移。在这个王朝最初的百余年内，由于停止了扩张战争，社会比较安定，经济得以恢复和发展，政治也日趋稳定，文化繁荣昌盛，是阿拉伯帝国的黄金时代。

此时，农业是阿拉伯帝国收入的重要来源，受到帝国高度重视，政府不断改善和扩大水利灌溉系统，减少田赋，禁止向农民额外征税。美索不达米亚地区、大马士革地区，波斯湾东岸，和阿姆河、锡尔河流域，成为阿拔斯王朝的四大粮仓。

同时，手工业也在这些地区迅速发展，大马士革的绸缎、叙利亚的玻璃、布哈拉的毛织品、香水、珠宝都行销远方。商业的高速发展，使阿拉伯帝国的首都巴格达成为国际性的都市，此外，还有许多大城市，比如亚历山大里亚、大马士革等，国际贸易也十分活跃，中国的丝绸、瓷器，印度的香料、中亚的宝石、东非的象牙等，都经过阿拉伯商人之手转销世界各地。阿拉伯商人的足迹遍及亚、非、欧各大洲。

阿拉伯人在自然科学领域的成就也不小，主要表现在医药学、天文学、数学、地理学等方面。阿拉伯医学发达，9 世纪初，境内有 34 所大型医院，仅巴格达就有 810 名医生，国家经常派遣医疗队深入民间，甚至到监狱进行巡视。拉齐被公认为中世纪伊斯兰世界最伟大的医学家和最富盛名的医生，曾任巴格达医院的院长。继拉齐之后在医学上驰名的是伊本·西那，享有"医生之王"的声誉。他一生著述丰富，以《治疗论》和《医典》最著名，代表了当时医学的最高成就。

阿拉伯人夜间在沙漠中仰观星空的嗜好和对占星术的迷恋，促进了天文学的发展。他们在巴格达、大马士革、开罗、科尔多瓦和撒马尔罕等地建立了天文台。同时，利用精密仪器，对各种天文现象进行观测和研究，命名各大星辰，测试地球等。阿拉伯学者制造了不少精密仪器如天球仪、地球仪、星盘仪等，这些仪器直到 16 世纪还为欧洲所利用。今天，天文学术语中就有来源于阿拉伯语的，花剌子米、海雅木和比鲁尼都是有造诣的天文学家。

天文学和地理学的发展带来的是数学的进步。阿拉伯人在数学领域的贡献主要是对印度数码系统的改造。阿拉伯人用印度数字和零号代替阿拉伯原来的记数法。后来，这种记数方法又传入欧洲，取代了欧洲笨拙费时的罗马数字和算盘。十进位法简明准确，大大促进了计算科学的发展。阿拉伯数学家主要有花剌子米、海雅木，他们在算术学、代数学、几何学和三角学方面都作出了具有独创性的贡献。一些穆斯林学者在物理、化学领域也取得了一定成就。

然而，到了阿拔斯王朝后期，帝国内部阶级矛盾、民族矛盾和宗教矛盾日益复杂，人民起义、教派斗争层出不穷。王朝的统治阶级，为了维持庞大的官僚机构和人数众多的军队，不断加重人民的负担，更加激化了社会矛盾。各地封建地主纷纷割据，称霸一方，抗命中央。西班牙、埃及、叙利亚等地先后独立。到了 10 世纪，阿拉伯帝国徒有虚名。11 世纪时，其统治区只剩下以巴格达为中心的两河流域。

公元 1055 年，土耳其的塞尔柱人占领了巴格达。此时，穆罕默德的继承人有名分，无实权，早已丧失了掌控国家的权威，只是作为一个伊斯兰教主而存在。

塞尔柱人的强悍，一点也不亚于阿拉伯人，他们在占领了阿拉伯都城后，开始扩张。到了公元 1071 年，他们攻占了君士坦丁堡，拜占庭帝国（即东罗马帝国）的半壁江山几乎全部落入这群信奉伊斯兰教的东方人手中，由此引发了世界史上著名的"十字军东征"。

【档案 NO.31】

伊斯兰教五大信条：第一，信安拉。相信安拉是宇宙万物的创造者和唯一主宰，是全知全能、大仁大慈、独一无二的，反对信仰多神、崇拜偶像。第二，信天使。相信天使是安拉创造的一种妙体，人眼无法看见。天使只接受安拉的命令。他们各司其职，但没有神性，只可承认他们的存在，不能膜拜。第三，信经典。相信《古兰经》是安拉的"圣言"，是穆斯林的经典和必须遵守的基本准则。第四，信先知。相信穆罕默德是最伟大的先知。第五，信后世。相信人都要经历今生和后世，终有一天，世界一切生命都会停止，进行总清算，即世界末日来临。届时所有人都将复活，接受安拉的裁判，善者进天堂，恶者下地狱。

22. 法兰克王国：卡洛林文化复兴

在讲述"十字军东征"的历史前，先要说说西罗马帝国灭亡后，西欧的情形。

西罗马帝国灭亡后，日耳曼人在罗马帝国的废墟上建立了一批新王国。其中，法兰克王国最为强大、持久。

法兰克人是日耳曼人中的一支。从公元3世纪起，法兰克人就经常越过莱茵河，袭扰罗马统治下的行省高卢，在那里掳掠抢夺。西罗马帝国灭亡后，法兰克人分为两支，一支住在莱茵河中游地区，称为"河滨法兰克人"，另一支住在莱茵河三角洲一带，称为"海滨法兰克人"。

海滨法兰克人的首领叫克洛维，是个军事奇才，21岁时就联合法兰克各部，从高卢北部向内地进攻，击败罗马残军，夺下了塞纳河与卢尔瓦河之间的大片土地，奠定了法兰克王国形成的基础。

克洛维的妻子是一个虔诚的基督徒，多次劝丈夫信教。克洛维总是一笑了之，他只崇拜自己民族的偶像。可是，到了公元496年，克洛维率军与阿勒曼尼人作战，结果惨败而归。此时，他想起妻子的劝说，决定皈依基督教。

这段插曲显得有些浪漫。实际上，克洛维皈依基督教最根本的原因是政治因素。分析一下当时形势，就可以知道——西罗马帝国一倒，罗马基督教和罗马贵族没了靠山，就得在新建立的蛮族王国中寻找新的政治支柱。而克洛维要增强自己的实力，也必须争取罗马教会的支持。这就像谈恋爱，双方相互需要，自然一拍即合。

公元496年，克洛维率3000名亲兵在兰斯接受洗礼，皈依基督教。这一举动得到了教会和高卢罗马贵族的热烈称颂。这之后，克洛维就把自己扮作基督教会的保护人，罗马帝国的继承人。有了这个招牌，再去扩张和征服，自然就出师有名了。

克洛维在法兰克人心中的地位大大提高。他出兵打败了西哥特王国，夺取了西班牙半岛和高卢南部的大片土地，成为高卢的最高统治者。

克洛维一生，除了开疆扩土和皈依基督教外，还一直致力于清除法兰克人内部势力的竞争，以加强自己的权威。在长达数十年的时间里，克洛维努力剪除竞争对手，统一了法兰克各部。

为了加强自己的统治，克洛维在统治期间，还编纂了著名的"萨利克法典"。在总共418条的法典条文中，有343条是禁止犯罪的。偷盗、杀人放火和侵犯地界，都要受到制裁。

克洛维还以高额罚金来维护新兴的封建特权。例如《法典》规定："不遵守国家命令，拒绝到法庭去，罚款600银币，折合15金币。"从这条规定可以看出，国王的权力明显增长。另外，杀人的罚金，差异很大，例如《法典》规定："杀死自由法兰克人是200金币，杀死国王亲兵是600金币，杀死主教是900金币。"这说明，封建等级已经形成。

公元511年克洛维去世，他把法兰克王国遗留给自己的子孙统治。这个时期，被称为墨洛温王朝，历时241年，期间有28位国王当政，平均每人任期只有8年零7个月。墨洛温王朝后期，有12位国王，个个懒散成性，不问政事，被史家称为"懒王"。

国王不理朝政，大权落到大贵族手中，他们被称为"宫相"。

宫相最初是王宫的管家，只是国王的一个仆人。但因为地位显要，渐渐控制了内政，也成为军队的最高首领。大多数宫相都由国王亲自任命，有的则是由贵族推举产生。这就形成了两派，有些宫相支持国王反对贵族，有些宫相率领贵族对抗国王。

宫相专权，王国分裂，国王遭殃。公元751年，有一个绰号叫"矮子"的宫相，废黜了墨洛温王朝的最后一个国王，开创了加洛林王朝。这个"矮子"有两个儿子，其中一个，就是后来大名鼎鼎的查理曼大帝。

法兰克王国在查理曼统治时期，国势最强，几乎征服了整个西欧。我们可以看一看时间段：

公元744年，征服了意大利北部和中部的伦巴德王国。

公元 722 年—公元 804 年，征服了萨克森部落联盟。

公元 795 年—公元 796 年，征服了多瑙河中游的阿瓦尔汗国。

公元 801 年，占领了巴塞罗那城和厄布罗河以北的土地。

就这样，经过一系列的战争，查理曼建立起一个西起大西洋，东至多瑙河，南到地中海，北抵波罗的海的庞大帝国。这个帝国囊括了今天的法国、比利时、德国、荷兰、瑞士、匈牙利、西班牙和意大利三分之二以上的领土，史称查理曼帝国。

查理曼的治国政策，有一点和克洛维相同，就是利用基督教。推行联合教会的政策，对非基督教地区进行军事征服的同时，开展传教活动。这一时期，谁胆敢侵扰教皇，就会遭到查理曼的痛击。

基督教会为了感谢查理曼，在公元 800 年圣诞节这天，当查理曼在罗马的圣彼得大教堂作祈祷时，教皇利奥三世突然把一顶罗马皇帝的金冠戴到了他的头上，集合在教堂内的群众马上高呼："最虔诚的奥古斯都、伟大的创立和平的罗马人的皇帝查理万岁！永远胜利！"

经过这戏剧性的一幕，在西欧历史上又出现了皇帝，又一次出现了所谓的"罗马帝国"。

查理曼联合教会的政策是成功的，其他方面他也做得很到位。为了加强统治，他把全国分成 98 个州郡，由自己亲自任命伯爵进行统治。伯爵往往是当地最大的领主，代表皇帝负责收税、司法、征兵、维持治安等事宜。

查理曼还采取措施鼓励和保护工商业，修筑道路、维护交通、建立庙会。

随着查理曼帝国的强盛，文化学术事业也获得振兴。为了提高帝国的学术水平，查理曼从西欧各地笼络人才。兴办宫廷学校，修院学校和图书馆，组织人力大量抄录古典文献，从当时西欧文化最发达的爱尔兰修院中聘请了一批学者，到学校任教，开设语法、修辞、逻辑、几何、算术、天文、音乐七门课程。

查理曼的努力，使在蛮族人入侵中遭到破坏的欧洲古典文化得到了一定的复兴，史称"卡洛林文化复兴"。

显然，查理曼为建立和巩固庞大的帝国做了不少事情。其功劳业绩，远超他的前人，也比他的子孙高出一筹。但是，查理曼帝国幅员太辽阔，各地区缺乏经济和文化联系，只是在军事上互相联合，因此并不能长治久安。

公元 814 年，查理大帝撒手归天，他的帝国马上露出了解体的迹象。

继承查理曼帝国皇位的是查理大帝的儿子路易。路易对政治和国家大事漠不关心，他的兴趣在于宗教，整天热衷于做弥撒，所以得了一个"虔诚者"的绰号。王宫成了他诵念经文、祈祷上帝的场所。

王公大臣看出路易无心治国，便纷纷起来抢班夺权。加上帝国其他地区经常出现哗变和叛乱，路易感到不堪重负，即位不久，就把国土分封给他的几个儿子去管理。查理大帝留下的宏大基业就这样分崩离析了。

路易有四个儿子，在公元 817 年后，一直为争夺帝国的领土而发动内战。到了公元 833 年，儿子们联合起来反对父亲，路易居然成了他长子罗退尔的俘虏。

路易死后，他的次子也去世了，而剩下的三个儿子再度发动内战。经过一年的厮杀，公元 842 年复活节这天，三方使臣来到凡尔登开始谈判。

次年 8 月，三方正式签订了凡尔登条约，决定将帝国一分为三：老大（罗退尔）获得帝国中部，称中王国，并承袭帝号；老三（日耳曼路易）获得东部地区，称为东法兰克王国；老四（秃头查理）获得帝国的西部，称为西法拉克王国。

查理曼帝国至此宣告瓦解。帝国划分以后，奠定了意大利、德国和法国的雏形。到了公元 9 世纪后期，查理大帝的孙子们分别控制了这三个地区，逐渐发展为法兰西、德意志和意大利三个国家。接下来，说说德意志王国。

【档案 NO.32】

萨利克法典：主要是一部刑法典和程序法典，列举了各种违法犯罪应科处的赔偿金。但它也包括一些民法的法令，其中有一章宣布女儿不得继承土地。16 世纪时，这一章被错误地引来作为妇女不能继承王位这一现行法律推定的权威依据。

【档案 NO.33】

"卡洛林文艺复兴"四大标志：标志一，开始了基督教教义和宗教活动的初步规范工作；标志二，初步系统的宗教教育机构开始出现；标志三，改革拉丁文，学习新文字；标志四，形成了君主奖励学习和研读的风气。

$23.$ 德意志王国：教皇 PK 国王

查理曼帝国一分为三后，东部地区为东法兰克王国，后来逐渐演变为德意志王国。王国建立之初，王权微弱，地方公爵势力强大，经常兴兵作乱，割据一方。全国分裂为许多封建领地。最强大的有萨克森、法兰克尼亚、巴伐利亚等。

公元 919 年，萨克森公爵亨利一世被推举为德国国王，开始统治萨克森王朝。亨利一世死后，他的儿子奥托一世即位。奥托一世和罗马教皇勾结起来，强化了王权，而后四处征伐。

奥托一世多次出兵意大利，痛击那些不肯拥护教皇的贵族，教皇为了表示感激，于公元 962 年封奥托一世为"神圣罗马帝国"皇帝。从此，奥托一世便以古罗马帝国的合法继承人自居。在他之后的德国皇帝，都推行向外扩张的政策，并无数次出兵意大利。教皇的实力也随之发展壮大，有一套严格的教阶制度，其权威甚至超过了德国的王权。教权威胁王权，冲突必然发生。

公元 1073 年，格里高利七世成为了新一任的教皇，他一上台就大刀阔斧地改革教会。并且傲慢地宣称，教皇拥有至高无上的权力，不仅可以自行决定任免主教，还有权废黜或拥立君主，有权对国王进行审判和惩罚。而教皇则不受任何人的制约和审判。

此时的德意志国王是亨利四世，年轻气盛，坚决不肯放弃手中的权力，而受教皇的摆布，于是冲突发生。

公元 1057 年，亨利四世委派了几个国内的主教，填补缺位，这个行动没有得到教皇的批准，而且让教皇很气愤，立即给亨利四世写了封信，严令亨利四世立即忏悔，并上交忏悔书。

亨利四世鼻子都快气歪了。当初，萨克森王朝拉拢教皇、拥护教皇，目的是赢得人心，以打击国内的割据势力，继而扩张。这个目的倒是达到了，可教皇的势头也越来越强劲，这简直是养虎为患。

如今，这老虎要吃掉王权，亨利四世决心与之抗争。他接到教皇的信后，不仅不予理睬，反而在圣诞节刚过之后，召开宗教会议，宣布废黜教皇。

这一招很鲁莽，教皇的势力怎么可能开个会就被推翻了。很快，亨利四世遭到了教皇的还击。教皇宣布：剥夺亨利四世的王权，并将他开除出教会。

此时，反对亨利四世的公侯和高级教士们，趁机响应教皇的决定。亨利四世犹如挨了当头一棒。这时候，他清醒地意识到，教皇的权威不是轻易就可以撼动的。于是，他只好签署了保证书，表示服从教皇的领导，并对自己的严重罪行进行忏悔。

油画中的基督徒

对于一个国王来说，这当然是一个莫大的耻辱。然而事情还没完，亨利四世的反对派，采取痛打落水狗的方式，又作出一项决议：定于公元1077年2月，在德意志中部的奥格斯堡举行会议，并邀请教皇出席，以共同对亨利四世做出裁决。

此时，教皇已经从罗马赶到了阿尔卑斯山南麓的卡诺莎城堡。他在那里等候护卫军，以便前去参加会议。亨利四世意识到问题的严重性。赶紧换上普通服装，带上随从人员，翻过阿尔卑斯山，匆匆赶往卡诺莎城堡。

到了卡诺莎城堡，亨利四世跳下马，脱下皮帽和靴子，把一条毡毯披在身上，冒着鹅毛大雪，一步步走到教皇的宅第前。

按当时罗马教会的规定，罪人可以采取多种方式进行忏悔，譬如自我杖责、捐纳巨款、赶赴圣地朝拜、隆冬时节赤足露顶哀求。这些方式可任选一种，亨利四世选的是最后一种。他在雪地里痛哭流涕地乞求。前三天，教皇压根儿就不搭理他，到了第四天，教皇才传亨利四世进见，之后赦免了他。

亨利四世获得教皇赦免后，离开了卡诺莎城堡。后来，"卡诺莎之行"便成为屈辱投降的同义词。

然而，"卡诺莎之行"并没让亨利四世挽回王权。当他回到德意志时，反对势力已将他废黜，并选出了新的国王。很显然，这一切的幕后操纵者就是教皇。

如此残酷的现实亨利四世当然不能接受，怎么办？只有组织武装，发动战争。

亨利四世积聚力量，于公元 1080 年大举出兵意大利，攻陷罗马城。教皇格里高利七世仓惶出逃，跑到了意大利的南部。

格里高利七世和亨利四世的斗争告一段落。但在以后的几个世纪里，教皇与国王争权夺势的斗争从未停息。由此可见，基督教的影响力是多么巨大。因此，它与佛教、伊斯兰教，并称为"世界三大宗教"。

前文讲述阿拉伯伊斯兰教中说过，公元 1701 年，来自东方土耳其的塞尔柱人，攻占了拜占庭帝国的都城君士坦丁堡。塞尔柱人信奉伊斯兰教，拜占庭帝国的罗马人信奉基督教。信仰不同，因此，在罗马人看来，塞尔柱人是地地道道的"异教徒"。两大信仰碰撞，拜占庭帝国国力衰弱，根本无法抵挡"异教徒"的进攻。很快，拜占庭帝国的半壁江山落入敌手。

危急之时，拜占庭帝国只好向信奉同一宗教的罗马教皇，以及西欧各国求援。这一举措，恰好被当时的罗马教皇乌尔班二世利用。这就引发了后面的十字军东征。

【档案 NO.34】

基督教会的教阶制度：按照封建等级制度的原则，教皇之下有大主教、主教、修道院院长等高级僧侣。大主教、主教以下，有许多神甫（牧师），修道院长以下有许多修道士，最小的乡村也有教堂，设神甫管理村民的宗教事务，向村民灌输宗教思想。教会是最大的封建地主，西欧三分之一以上的土地归教会所有。高级僧侣无不奢侈腐化，行为放荡。

24. 十字军东征：欧亚非文化大交流

公元 1054 年，基督教分类为天主教和东正教。历任的罗马教皇都梦想着有朝一日重新统一两派。对于新教皇乌尔班二世来说，拜占庭帝国的求援，完全是天赐良机。他可以趁机把西欧社会中各种不安定因素，转化为击败东正教，夺取东方财富的强大力量。

公元 1095 年 11 月 27 日，乌尔班二世在法国的克勒芒举行了声势浩大的动员大会，号召人们投入一场"神圣的战争"。他的演讲，掀起了一股强劲的宗教狂热浪潮，席卷了整个欧洲大陆。男人们离开作坊，扔下榔头，为了消灭"异教徒"而踏上通往东方的道路。他们胸前和臂上都佩戴"十"字标记，故称为"十字军"。

东征的时间原本定在公元 1096 年 8 月 15 日。但是，在这一年的 2 月份，就已经有一支队伍急不可待地踏上了征程。这支队伍由一群虔诚的基督徒、背负债务的破产者、穷困潦倒的没落贵族，以及潜逃在外的逃犯构成。足有 8 万人之多，他们怀着热忱的信仰和对财富的迫切需求，大举进发。

很显然，这支穷人军队气势十足，但准备不足。在东征过程中，补给跟不上，就烧杀抢掠。当地人民奋起抵抗，这支十字军付出了惨重的代价，人员损失近半。

到了秋天，这支十字军抵达君士坦丁堡，只剩下了 3 万多人。拜占庭帝国拒绝让他们进城，而是送他们渡过博斯普鲁斯海峡，让他们到小亚细亚去攻打塞尔柱人。

长途跋涉之后的穷人十字军已经疲惫不堪，经过两场如同屠杀游戏的战斗后，十字军被塞尔柱人击溃，侥幸保住性命的，返回欧洲。

就在穷人十字军溃败的同时，由西欧封建贵族统领的队伍开始远征。公元

1097 年春，以法国贵族为主的骑士十字军，兵分四路东侵。公元 1099 年 7 月
15 日，十字军攻占了耶路撒冷。这个地方是基督教的发源地。对于中世纪的
基督教徒来说，耶路撒冷代表着世界的中心。占领了这个地方，犹如占领了世
界的中心。因此，疯狂的十字军士兵，进行了大规模的抢劫和屠杀。疯狂地掠
夺，使入侵者个个成了富翁。

这就是十字军第一次东侵，使成
千上万的农民惨死他乡。但是被金钱
刺激得发昏的西欧人，看不到战争的
惨况，只看到发了横财的人。于是，
一批又一批西欧人，义无反顾地踏上
了东侵之路。

公元 1147 年，德国皇帝康拉德三
世、法国国王路易七世，率领德、法
十字军开始了第二次东侵。

十字军东征图

同年，德国十字军在小亚细亚被击败，翌年 7 月，法国十字军在大马士革
被击败。

公元 1187 年，土耳其人开始反攻，先后征服了西亚的广大地区，迅速攻
占了耶路撒冷。罗马教皇乌尔班二世震惊而死。

公元 1189 年，德国皇帝和法国国王，以及英国国王再次率军东侵。这是
第三次东征，结局很惨。就在次年 6 月，德国皇帝渡河时溺水而死。德国十字
军大部分折返。此时，英国国王和法国国王矛盾重重，两年后，法王率军回国。
英军也无力夺取耶路撒冷，也只好撤军。

可是，罗马的新任教皇英诺森三世并不甘心，他积极地策划第四次十字军
东征。这一次，英诺森三世的目标是埃及。他要求拜占庭帝国征集士兵参战，
并使东正教从属于罗马教廷，但遭到拒绝。

英诺森三世非常愤怒，与他分庭抗礼的东正教早已是一块心病，必须严厉
打击。于是，他下令进攻拜占庭帝国。

公元 1204 年 4 月 13 日，十字军攻克了君士坦丁堡，如狼似虎的十字军对
这座历史名城进行了前所未有的破坏和掠夺。不计其数的历史文物和珍藏的文

献书籍被毁。

至此，拜占庭帝国灭亡。十字军在这个帝国的废墟上，建立了拉丁帝国。

此后，罗马教皇又多次组织十字军东征，但响应者越来越少，组织也更加无序，因此，最终都以失败告终。东方的占领地也相继丧失。

公元 1291 年，十字军在东方的最后一个据点阿克城，被埃及人攻克，历时 200 年的十字军东征画上句号。

这场断断续续进行了近 200 年的十字军东侵，不仅给东地中海地区带来深重的灾难，也使西欧付出了重大的代价。同时，给基督教和伊斯兰教两大教派教徒造成了巨大的心理创伤。八次十字军东侵的最大受益者是威尼斯和热那亚等航海商业城市，由于拜占庭和阿拉伯世界实力削弱，它们在东地中海地区的商业优势从此确立。十字军东侵客观上也促进了欧洲、亚洲和非洲不同文化之间的交流，产生了某些有利于西欧文化发展的影响。

记得十字军的第三次东征时，是德、英、法三国联合出兵。德意志王国和法兰克王国的形成和变迁，我们已经非常清楚了。那么英国的形成和变迁，又是怎样的呢？英国国王和法国国王之间，又有什么样的纠葛和矛盾呢？

25. 中世纪英法斗争

早在公元 1 世纪中期，罗马帝国征服了不列颠的南部和中部，驻扎重兵，进行统治。

公元 4 世纪后期，日耳曼野蛮部落涌入衰败的罗马帝国。到了公元 5 世纪中期，日耳曼人中的盎格鲁人和撒克逊人侵入不列颠，在不列颠东南部建立了许多小国。这些小国经过长期混战，到公元 6 世纪末 7 世纪初，合并为七个王国。这七国相互争霸，长达两个多世纪，史称"七国时代"。统一以后，不列颠这块地盘有了一个名称：英格兰。

公元 11 世纪初期，一位叫忏悔者爱德华的撒克逊人登上了皇帝的宝座，但遗憾的是，爱德华没有子嗣，在位的时间也并不长久，这样的情况对野心勃勃的"诺曼底公国"是非常有利的。

诺曼底公国，是中世纪以来法国境内最强大的诸侯。威廉是诺曼底公国的第七位公爵。公元 1051 年，威廉公爵访问英国，英王爱德华曾经许诺说，他死后，就将王位传给威廉。因此，威廉成竹在胸，认为英王的宝座已是囊中之物。然而，人算不如天算，爱德华死后，并没有留下遗嘱，定立王位继承人。那么，按照英国的法律，王位的继承问题就应该由英国政治机构的核心"贤人会议"来决定。

经过"贤人会议"反复讨论，决定推选英国本土戈德温家族的哈罗德为新国王。

当哈罗德加冕称王的消息传到诺曼底时，威廉公爵破口大骂。原来，在公元 1064 年的时候，哈罗德乘船游弋英吉利海峡，在法国海岸失事，被扣留在诺曼底，哈罗德为了回国，被迫向威廉伯爵发誓，说将来一定支持威廉登上英王的宝座。现在，哈罗德出尔反尔，自己当了英王。威廉认为他背信弃义，于是决定以武力夺取王位，踏平英格兰，征服不列颠，让哈罗德死无葬身之地！

发动征服战争前，威廉在军事和外交上都做了充分的准备。他向罗马教皇控告哈罗德背信弃义的行为，争取到罗马教皇的支持。同时也争取到诺曼底贵族和法国各地骑士的支持。

欧洲中世纪骑士

公元 1066 年 9 月底，威廉率军出征英国。英国方面，哈罗德也在积极备战，然而，就在他观看士兵训练时，忽然传来一个惊人的消息——挪威国王亲率大军在英格兰北部登陆。

挪威干吗在这时候横插一杠子呢？原来，哈罗德的弟弟托斯蒂洛，因为不满自己的领地被剥夺，所以怀恨在心，勾结挪威国王，想夺取哈罗德的王位。

哈罗德立即集合部队，连夜启程北上迎敌。在英格兰北部的约克城下，挪威军与英军遭遇，挪威军首先向英格兰西线军队发起进攻，英军居高临下，屡次打退挪威军的进攻。挪威军又改向东线进攻，就在挪威军快要接近英军的阵地时，英军突然万箭齐发，挪威军死伤无数。挪威国王中箭身亡。挪威军军心涣散，伤亡惨重，余部投降。

这一战，英军虽然取得了胜利，但也打得筋疲力尽了。还来不及休整，又传来一个更坏的消息：威廉的大军在不列颠南部。

哈罗德只好率军南下，抵抗威廉的进攻。

公元 1066 年 10 月 14 日，威廉大军赶到黑斯廷斯，与英军展开决战。威廉军队的中央首先发起进攻，当前进到距英军阵地 100 米时，弓箭手开始射击，然后由步兵和骑兵展开进攻。此时，英军居高临下，借盾牌护身，用乱石、标枪、长矛击退冲上山的威廉军士兵。威廉军伤亡惨重。见军队不能取胜，威廉决定改变战术，命令骑兵佯装进攻后退却，以引诱英军下山，使之离开有利的地形，同时打乱其队伍。英军中计，欢呼着冲下山，穷追不舍，当他们到达平地时，威廉骑兵突然掉转马头，向正在冲击的英军冲杀过来，一场混战，到了傍晚时分，疲惫不堪的英军全部被歼灭，哈罗德眼睛中箭后身亡。

哈罗德一死，英军群龙无首，士气全无，全线溃败。黑斯廷斯战役以威廉军胜利而告终。威廉乘胜攻占了伦敦，征服了英格兰。就在当年的圣诞节，威廉在伦敦自立为英王，建立了英国历史上的诺曼底王朝，英国史称威廉为"征服者威廉一世"。

这场战争，是为了争夺英国王位而爆发的战争。法国境内最大的诸侯获得了胜利。然而，英、法之间的故事远远没有结束，这两国之间的恩怨情仇，斩不断理还乱的纠葛，在后来发生的英法百年战争中，轰轰烈烈上演。

在说英法百年战争之前，我们不妨回顾一下法兰克王国的历史演变。

法兰克人是日耳曼人中的一支，他们在西罗马帝国的废墟上，建立了法兰克王国。王国的第一个王朝，是墨洛温王朝。这个王朝，前期繁荣，后期衰败，国王懒散，宫相专权，其中一个叫丕平的宫相夺了王位，建立了第二个王朝，卡洛林王朝。丕平死后，他的儿子查理发动扩张战争，建立了一个庞大的查理曼帝国。

显赫一时的查理曼大帝去世后，这个幅员辽阔的帝国也随之分裂，查理大帝的三个孙子，将帝国一分为三。

中部，为意大利。东部，为东法兰克王国，后来演变为德意志王国。西部，为西法兰克王国，后来演变为法国。

法国境内，有一个最大的诸侯国，叫诺曼底公国，公国的第七位公爵威廉征服了英格兰。

这之后，历代的英格兰国王通过与法国联姻的方式，在法国占有大量的领地，成为法国诸王的主要封臣。

此时，法国已进入了卡佩王朝时期。公元1328年，卡佩王朝的国王查理四世去世，由于他没有子嗣，法国方面，想推选瓦洛亚大家族的腓力六世继承王位。而英国方面，英王爱德华三世要求以查理四世外甥的身份继承王位。

于是，王位继承的问题，成了英法两国的矛盾。这仅仅是矛盾之一，另一个矛盾是争地盘。在法国南部，有一个叫佛兰德尔的地区，该地区非常富饶。政治上，它隶属法国；经济上，与英国联系密切。两国都想控制这块肥肉，于是争夺。

争王位，抢地盘，两大矛盾升级，英法战争爆发，一打就是上百年，史称"英法百年战争"。

英国首先出手，在公元1337年11月，向法国宣战。

英军主力由自由民组成，有良好的纪律，步兵骑兵协同作战，采用进攻性的防御战术。法国军队的主力，则是由封建贵族组成的重装骑兵，步兵由意大利雇佣兵组成。封建贵族看不起雇佣兵，不能与他们协同作战，因此，在英法战争初期，法军接连败北。

公元1346年8月26日，英法两军在克雷西地区遭遇。法军的兵力比英军多3倍。傍晚时分，法军首先发起攻击，以弓箭手射击，但是，箭的射程短，威力小。射不到英军的阵地。而英军的弓箭都是长弓，杀伤力极大，每分钟能射出10支到20支箭，有效射程达150多米。锐利的箭头能穿透头盔和铠甲。

此时，法军下令以骑兵发动攻击，他们向英军阵地猛冲，这个鲁莽急躁的攻击，让法军骑士成片地倒在英军的弓箭之下。次日早晨，法国骑士的尸体堆满了山谷，共损失骑士4000余人。随后，英军攻陷了法国的海港城市加来，这之后，加来城就成为了英国在欧洲大陆的长期据点。

就在克雷西之战的第二年，欧洲发生了一场比战争更为恐怖，死亡人数更是惊人的大灾难。英国在这场大灾难中，遭到最深的重创。这场灾难就是"黑死病。"

【 档案 NO.35 】

诺曼底王朝的封建制度：土地方面，王室领地占全国耕地的七分之一，半数以上的耕地分封给王族功臣；所有土地领受者都是国王的封臣，附庸和骑士首先必须效忠国王，其次才是效忠领主；地方行政方面，保留三十四郡的建制，郡守由国王任免，其势力大于郡内任何贵族，这样一来，中央直接控制地方政府，防止了地方割据；赋税方面，皇家赋税由郡守统一征收，皇家军队、公务人员及仆从等一般都付给货币工资；法律方面，设立王室巡回法官，视察各地，听取郡法庭的审讯案例，以全国普遍适用的法律，代替地区的特殊法律，使法律成为国家统一的重要力量，也使国王的司法统治权遍及全国。

【档案 NO.36】

卡佩王朝：西法兰克王国国王路易五世去世后，王国的贵族推选雨果·卡佩为西法兰克国王，雨果·卡佩开创了法国的卡佩王朝。这个王朝的历代国王通过扩大和巩固王权，为法兰西民族国家奠定了基础。

$26.$ 肆虐欧洲的黑死病

公元 1346 年，英军与法军在克雷西地区交锋，英军获胜，并占领了法国的加来城。第二年，一场空前绝后的大瘟疫席卷欧洲，这个大瘟疫就是"黑死病"。

黑死病实际上是一种鼠疫，由黑鼠身上的跳蚤携带的病菌为传播媒介。患者的皮肤上会出现许多黑斑，死亡率极高。

这场鼠疫在公元 1347 年，首先发难于地中海沿岸的西西里，然后分三路外传，传播到北非、整个意大利和西班牙，次年传到法国。又过了一年，传播到奥地利、瑞士、德意志等地。至此，疫区几乎遍及整个欧洲大陆。

此时，英国因为有英吉利海峡阻挡，逃过一劫。但是，到了公元 1349 年春天，鼠疫通过搭乘帆船，跨过英吉利海峡，登陆英国本土，并迅速蔓延英国全境，城镇村落无一幸免。

一个牧场的 6000 头羊，一夜之间突然全部死亡。尸体发出恶臭，野兽和秃鹫都不愿意吞食。这个情况使所有牲畜的价格急剧下降，英国经济受到严重影响。人就更惨，英国第一大城市伦敦，近二分之一的人死于鼠疫，人口数量从 5 万急剧下降到不足 3 万；第二大城市诺维奇，人口由 1.2 万人锐减到 7000 人；牛津大学三分之二的师生死于这场超级恐怖的鼠疫。

在那些弥漫着死亡气息的日子里，葬礼连连不断，而送葬者却寥寥无几。杠夫们抬着的，往往是整个死去的家庭。死者被送到附近的教堂，由教士们随便指派个地方埋葬了事。

英国之外，法国马赛有 5.6 万人死于鼠疫。人们谈病色变，恐慌之极，不仅不敢与病人接触，甚至看病人一眼都担心被感染。墓地很快被占满，大批来不及掩埋的尸体被抛入罗纳河中。

城市成了一座巨大的坟墓，死气沉沉，到处是荒芜的田园，无主的奶牛在大街上闲逛，当地的居民却无影无踪。

在奥地利的维也纳，曾经一天当中死亡 960 人。

在德国，神职人员有三分之一被夺去生命，许多教堂和修道院因此无法维持。

黑死病不亚于一场横扫欧洲

14 世纪黑死病席卷欧洲

的战争。现代医学家、社会学家认为，它的影响相当于核武器的毁灭力量，它导致欧洲的劳动力严重损失、经济紊乱、社会动荡、物价上涨、风俗败坏。

由于人口大量减少，一些人突然间继承了别人财产而变富，他们继承了死者的土地、房屋、家具和农产品。物价的降低和财富获得的容易，加之人们恐惧再次经历黑死病，人们过起醉生梦死的生活，挥霍之风盛行。各种寻欢作乐的生活方式在欧洲蔓延开。主教、传教士和僧侣也卷入了这一狂潮。

在罗马、巴黎、科隆等欧洲大城市，舞会、宴会、赛马彻夜不停。人们狂欢、纵酒、纵欲到无以复加的地步。他们似乎要在人类末日来临之前耗尽世界上的一切财富。政府官员也趁火打劫，他们恣意地把国家的金银珠宝和其他财富据为己有，而不受到惩罚。

黑死病对基督教也造成了很大的冲击。欧洲人一般笃信基督教，许久以来基督教成了他们强大的精神支柱。这次死亡大灾难，充分暴露出教会的无能，人们不但看到平素道貌岸然的牧师等神职人员争先恐后地逃离主教的团体，更重要的是，人民清楚地看到，号称万能、救世的宗教与教会，在灾难面前同样毫无作为。因此，人们对宗教的传统权威产生了怀疑。

怀疑传统基督教的同时，又没有新的精神支柱可以依靠，人们开始迷信，后来在欧洲长期流行的巫术，就是在这个时候萌生的。

这场大瘟疫从公元 1347 年爆发，到公元 1351 年疫情基本得到控制。欧洲大陆共有 2500 多万人丧生，超过当时欧洲人口总数的三分之一。

因为这场瘟疫，英法战争被迫暂停，双方休战近十年。当他们从瘟疫的重创中缓过气后，才开始了新的争斗。

【档案 NO.37】

黑死病探秘：现代科学表明，中世纪欧洲社会动荡不安，人民生活条件简陋。人们对室内卫生、个人卫生等方面的知识所知甚少，人畜共居的现象屡见不鲜，许多城市鼠多成灾，传染病肆虐欧洲，最终导致了全欧洲鼠疫大流行。另外，在中世纪，猫被人们视为魔鬼的化身，在教会的淫威和鼓励下，人们大量屠杀猫，使中世纪的猫数量急剧减少，几乎濒临灭绝边缘，猫的遭灾，导致鼠害泛滥。终于在 14 世纪爆发了可怕的鼠疫。

27. 持续百年的英法大战

由于瘟疫爆发，英法战争暂停。疫情得到控制后，双方再度交锋。打响了普瓦提埃战役。这是英法百年战争的第一阶段。

1356 年 9 月 19 日，英法两军在法国中部克兰河畔的普瓦提埃对阵。这一次，法国人总结了克雷西之战的教训，他们认为战马在乱箭中容易被大量杀伤，而骑士穿着厚重的铠甲则能够大大降低伤亡。于是，他们效法英国人让大部分骑兵下马，编为三队，跟随最前面的少量马队一起冲击。可惜，这一次，他们仍然没有交到好运。

英军发动三轮进攻，没有打退法军，于是抽调预备队对法军侧翼发起了猛攻。身着沉重铠甲的法国骑兵行动不便，只能坐以待毙，法国国王和大批贵族被俘。为了赎回国王，法国向英国交纳了 300万金币。

普瓦提埃战役失败后，法国被迫于公元 1360 年同英国谈和，签订和约，和约的条款极为苛刻，法

英法百年战争中的长弓兵

国把西部的大部分领土割让给英格兰。英法百年战争的第一阶段结束。

割让、赔款，法国人民的负担急剧加重，阶级矛盾日益尖锐。公元 1364 年，法国国王约翰二世死后，他的儿子查理继位，为查理五世。他进行了许多财政和军事改革、决心收复失地。

公元 1369 年，查理五世改编军队，用雇佣步兵取代部分骑士民团，并建

立了野战炮兵和新的舰队。采用突袭和游击战术，逐步使英军退到沿海一带，为了保住在法国的几个沿海港埠，英国只好与法国签订停战协定。英法百年战争的第二阶段结束。

这次停战，比上一次长得多，46年。时光飞逝，到了公元1415年，法国内乱，统治集团内讧，农民起义，导致国力削弱。英格兰新任国王亨利五世，趁机进攻法国。他亲率6万大军在塞纳河口登陆。英法战争进入第三个阶段。

英军迅速占领了法国北部，迫使法国在公元1420年5月在特鲁瓦签订和约。按照和约的规定，法国沦为英法联合王国的一部分。英王亨利五世宣布自己为法国摄政王。并有权在法王查理六世死后，继承法国王位。

意想不到的是，亨利五世和查理六世都在公元1422年猝死。这样一来，英法两国争夺王位的斗争变得更加剧烈。法国遭到英格兰的洗劫和瓜分，处境十分困难。苛捐杂税和巨额赔款沉重地压在英格兰占据区的居民身上。于是，争夺王位的战争转变为了民族解放战争。

为了彻底打垮法国，英格兰再次发动猛烈进攻，一路打到通往法国南方门户的奥尔良。这个地方一旦陷落，法国全境不保。很显然，法国已经处于亡国的边缘，形势十分危急。可谁也没想到，这个时候，一个普通的农家妇女贞德，改变了法国的命运。

历史记载，贞德性格坚强，曾3次求见王太子，陈述她的救国之计。公元1429年4月，王太子授予她"战争总指挥"的头衔。贞德率领4000人向奥尔良进发。此时，奥尔良已被英军包围了半年之久。

贞德先从英军围城最薄弱的环节发动猛烈进攻，英军四处逃窜。奥尔良全城的军民燃起火炬，欢迎贞德的到来。法国士气一下高昂起来，迅速攻克了几个要塞。人们歌颂贞德战功，称她为"奥尔良姑娘"。

公元1429年5月8日，被英军包围了209天的奥尔良终于解围了。奥尔良战役的胜利，扭转了法国在整个战争中的危难局面。之后，贞德又率军收复了法国北方的许多领地。

贞德的名声和影响力高涨，这引起了宫廷贵族和将军们的嫉妒，他们联合起来，蓄意谋害贞德。

公元1431年5月30日上午，不满20岁的贞德备受酷刑之后，在鲁昂城下被活活烧死。

贞德虽然死了，但她的爱国精神已在法国人民中间开花结果。在人民运动的压力下，法国当局对军队进行了整顿，使英军遭到接二连三的痛击。公元1436年，法军收复巴黎，1450年夺回了曼恩和诺曼底两座城市，1453年又收复基恩。1453年10月19日，英军在波尔投降，持续百年的英法战争结束。从此，英、法两个民族在地域上有了明确的划分。

百年战争对英法两国产生了重大的影响。战争自始自终在法国的领土上进行，严重破坏了法国的经济发展，给法国人民带来了深重的灾难。同时，它也促进了法国民族意识的觉醒，为法兰西民族的形成和法国的政治统一创造了有利条件。封建君主专制政体逐步确立，王权进一步加强。它也加剧了英国的社会矛盾，统治集团内部爆发了玫瑰战争，加速了英国封建制度的解体。

【档案 NO.38】

圣女贞德：法国的民族英雄、军事家，天主教会的圣女，法国人心中的自由女神。英法百年战争中，她带领法国军队对抗英军的入侵，为法国胜利做出贡献。最终被宗教裁判所以异端和女巫罪判处她火刑。

28. 蒙古帝国与俄罗斯崛起

　　中世纪欧洲的民族、国家历史的演变，暂告一个段落。接下来，我们把目光移向中世纪的其他地区，一同进入亚洲的蒙古帝国。

　　蒙古人最初在贝尔加湖东部和黑龙江上游一带，分为很多部落。到了公元12世纪时，以战争、掠夺为荣的蒙古人占据了大漠南北的广阔草原。当时的版图，东起贝尔加湖和黑龙江沿岸，西至额尔齐斯河和叶尼塞河上游，南抵万里长城，北达西伯利亚。

　　蒙古的大多数部落，都住在草原地带，从事游牧，少数部落住在林区和河畔，以原始的渔猎为生。

　　公元12世纪后期，蒙古社会进入高速发展时期，开始经营农业，生产特制工具，出现了私有制和阶级分化，氏族社会解体，一家一户的个体游牧取代了以氏族为单位的集体游牧方式。部落首领和贵族拥有大量的牲畜和牧场。与此同时，各部落间的掠夺和战争日趋频繁。无休止的战争、仇杀，使社会生产和人们生活遭到严重破坏，上百个分散部落，在聚散兴衰中结为几个大的部落集团。

　　公元13世纪初，成吉思汗开始了统一蒙古草原的战争，在公元1200年到1207年的7年时间里，他先后征服了塔塔儿、克烈、乃蛮和蔑儿乞部落，实现了蒙古各主要部落的统一。

　　公元1206年春，蒙古草原各部落首领在斡难河畔召开大会，会上推举成吉思汗为大汗。"成吉思汗"就是海洋、强盛的意思。蒙古汗国由此建立，这个新生的国家使饱受战乱之苦的蒙古草原各部落，过上了相对安定的生活，并逐渐融合为一个民族。

　　成吉思汗制定了一套完整的统治制度，将行政、军事和生产合为一体。他将全国居民分为十户、百户、千户和万户，分别由自己的亲属和开国功臣担任十户长、百户长、千户长和万户长，统一管辖。分封制打破了氏族部落的血缘关系，按地域划分人口，巩固了蒙古的统一，也使封建关系逐步建立起来。

成吉思汗还组建了一支直接由他指挥的常备军，称为护卫军，这是一支职守明确，制度严格、装备精良的队伍。全蒙古的青壮年男子，一律为兵，由各级长官统领，实行军政合一的制度。平时生产，战时作战。

成吉思汗和他的后继者发动了三次大规模的西征，占领了中亚、西亚以及东欧的辽阔土地，并在征服的地区建立了金帐汗国、伊儿汗国、察合台汗国和窝阔台汗国。

蒙古统治者还曾经侵略过朝鲜、日本、缅甸、印度支那和爪哇等国家和地区。由成吉思汗及其后继者所建立的蒙古帝国，是世界历史上疆域最大的帝国，它东起朝鲜半岛，西到波兰，北到北冰洋，南至太平洋和波斯湾，包括几乎整个亚洲和大部分欧洲。

蒙古帝国浮雕

在蒙古帝国辽阔的版图内，包括原来许多国家以及众多的民族或部落。其中，有的是经济文化发达的文明民族和国家，有的则是半野蛮的游牧或半游牧的民族或部落，各地区、各民族的社会结构和发展水平不同，经济文化、历史情况、风俗习惯等各异。况且，蒙古征服者刚刚脱离原始社会公有制，跨入文明的门槛，形成游牧民族国家，其文明程度比较低，比被征服的先进民族和国家落后得多。因此，不论是从客观原因还是主观原因来说，蒙古帝国的统治者都不可能治理这么大的一个国家。

公元 1259 年，蒙哥大汗死后，蒙古帝国的短暂统一也随之告终，继任大汗王位的忽必烈，他的权力仅限于东方，即中国的元朝政权。此后，元朝和西方的四大汗国，即（金帐汗国、伊儿汗国、察合台汗国和窝阔台汗国），各自按着不同的道路，独立地发展下去。其中，金帐汗国所占的地盘，就是俄罗斯地区。然而，到了 14 世纪 30 年代，俄罗斯境内的莫斯科公国崛起，最终摆脱了蒙古人的统治。

公元 1240 年的时候，蒙古军队攻陷了基辅、罗斯古都。罗斯古都的各国分裂加剧。13 世纪末，一个独立的莫斯科公国在乱世中诞生。

新兴的莫斯科公国虽然十分弱小，但地理条件极为优越，在俄罗斯的中央，四周有许多小的公国作为屏障，不易受到蒙古统治者和其他敌人的直接蹂躏，处境比较安全。

蒙古统治者为了达到"以夷制夷"的目的，在俄罗斯王宫中挑选一人为"全俄罗斯大公"，由他代表蒙古人在俄罗斯各地征收贡赋。

公元 1325 年，一个很有手腕的人物登上莫斯科王公的宝座，他就是俄国历史上有名的伊凡一世。由于伊凡善于敛财和经常用金钱为自己攫取更大的权势，因而获得了"钱袋"的绰号。他利用手中的钱财收买人心，不断向金帐汗及其妻妾和近臣进献财物、礼品，赢得了金帐汗的信任和欢心。

公元 1327 年，伏尔加河岸的特维尔公国爆发了反对蒙古人统治的起义。伊凡一世在得知这个消息后异常兴奋，因为这不仅是消除自己强劲对手的一个绝好机会，也是进一步获得金帐汗信任的一个大好契机。于是，他连夜赶到金帐汗那里，表示愿意领兵镇压起义。

金帐汗十分欣慰，他想不到伊凡一世对自己如此效忠，他对伊凡一世说，难得你对本汗如此忠诚，你速整大军前去讨伐叛贼，平定之后，你就是全俄罗斯的大公。

伊凡一世指挥蒙古人的铁骑，很快攻下了特维尔公国，第二年，他如愿以偿地被封为俄罗斯的大公。

为了战胜自己的对手，巩固地位。伊凡一世把目光投向了教会。他用重金贿赂俄罗斯大主教彼得，将大主教的驻地由弗拉基米尔迁到了莫斯科。从此，莫斯科就成了历代俄罗斯大主教（后为俄罗斯正教会牧首）的驻地。由于大主教有权任命和审判其他地市的主教，可以用革除教籍的威胁来迫使其他公国屈从于莫斯科公国。从而提高了莫斯科公国在宗教和政治方面的地位。

公元 1359 年，伊凡一世的孙子伊凡三世即位，成为了莫斯科大公，他在先辈开创的基础上，充分利用内外有利的条件，先后打败了老对手特维尔以及立陶宛和蒙古人的入侵，进一步增强了实力。

在伊凡三世统治时期，莫斯科大公国日益强盛。从公元 1462 年至公元 1485 年，伊凡三世先后吞并了位于莫斯科和波兰、立陶宛之间所有独立的俄罗斯人公国。

公元 15 世纪后期，金帐汗国已经四分五裂，十分衰弱，莫斯科公国趁机摆脱了蒙古的统治，至此，结束了金帐汗国 200 多年的统治。随后，伊凡三世又通过两次征服立陶宛的战争，统一了全部东北罗斯，形成了俄罗斯统一集权国家的核心。

伊凡三世死后，其子继位，为伊凡四世。伊凡四世成年后加冕，开始用沙皇的称号，"沙"就是罗马皇帝恺撒的俄文音译。

伊凡四世又叫"伊凡雷帝"。"雷帝"是伊凡四世绰号。据说他生下来的时候，雷声隆隆，狂风暴雨大作，所以得此绰号。

伊凡雷帝上台后，为了加强王权，打击大贵族。进行了一系列的改革。

在司法方面，伊凡雷帝公布了惩治贪污条例，统一了全国的法律，在各地设立司法机关，任用中小地主担任各级法官；在行政上，废除总督制，提拔中小贵族充任国家官吏；在军事上，颁布了军役法，规定封建主每 150 俄亩的土地必须出一名全副武装的骑兵，从而取消了大贵族在这方面的特权，并使国家的骑兵人数大大增加。在步兵中加备了火器，增强了炮兵组织，因而提高了军队的战斗力。

这些改革措施，曾遭到大贵族的强烈反抗，但沙皇利用中小贵族组成的特辖军团，镇压了反抗的大贵族。大批大贵族被杀。所以，人们称伊凡四世为"恐怖的伊凡"。

通过改革，沙皇专制政体牢固地树立起来。之后，沙皇俄国开始扩张。使俄罗斯成为欧洲一个强大统一的国家。

29. 探索发现：开辟新航路

沙皇专制政体树立起来后，沙皇俄国开始扩张。扩张的手段是用"探险""考察""旅行"等名义进行"地理发现"，所到之处就宣布为俄国的领土。

说到"地理发现"，公元 15 世纪起，西欧人也开始远渡重洋。因为在 15 世纪后，西欧各国的商品经济发展起来，对黄金的需求日益增大，但当时西欧黄金严重匮乏。欧洲人受到《马可·波罗游记》的影响，一直把东方看成是黄金遍地的"人间天堂"，很多人渴望去东方实现黄金梦。

此前，西方通往东方的重要商路有三条：一条在北部，经小亚细亚、黑海、里海至中亚细亚；一条在中部，从地中海东岸经两河流域至波斯湾，再从海路到达东方各地；还有一条在南部，经埃及的亚历山大港到红海，再从海路到东方。北部的一条被土耳其人占据着，另外两条被阿拉伯商人控制着。长期以来，欧洲的贵族和商人迫切希望开辟一条绕过地中海东岸，直接到达中国和印度的新航路。

1487 年，葡萄牙人迪亚士组织船队，沿着非洲西海岸向南航行，到达非洲最南部的好望角。接着，葡萄牙人达·伽马组织了更大的船队，于 1497 年 7 月 8 日从里斯本出发，现实循着迪亚士发现的航路，于同年的 11 月到达好望角，并从那里沿着非洲东海岸向北航行。1498 年 3 月，达·伽马到达莫桑比克，之后，达·伽马又多次远航，打败印度洋上各地的抵抗，建立了许多商业和军事的据点，控制了这条通往东方的航路。

葡萄牙人的成功，促使西班牙人积极寻找另一条通往东方的航路。

在众多的航海家中，西班牙的海军上将哥伦布是出类拔萃的人物。他善于思考，而且意志坚强。他总结前人的教训，制订了自己从西行到达东方的航海计划，准备以 12 个月乃至更长的时间，横渡大西洋，以寻找"地球另一面的人类生活着的大陆"。这是一个大胆、有魄力的设想，也是一个开支庞大的计划。

为了使那些有权有势的达官贵族接受自己的被认为是"梦想"的计划，也为了筹集大笔的资金，哥伦布进行了百折不挠的努力。他的坚忍不拔和刚毅果断的精神，终于使西班牙国王和王后接受了他的主张，共同签订了协议，西班牙王室还为哥伦布开具了一份致中国可汗的国书。

1492 年，哥伦布率领 3 艘帆船，从西班牙的巴罗斯港出发，开始了探查横渡大西洋航路的第一次远航。

同年 10 月 12 日，哥伦布的船队到达了离美洲大陆不远的巴哈马群岛。当黎明的曙光崭亮海面的时候，一个很大的岛屿赫然出现在眼前，岛上广阔平坦、绿草如茵。船员们欢呼着登上新大陆。

1493 年，哥伦布率领 17 艘舰船进行了第二次远航。哥伦布在伊斯帕尼奥拉岛上建立了一个既采矿又从事农业的殖民地，作为到东方去的基地和补给站。

哥伦布

当哥伦布经过 240 天远航探险回到西班牙时，不仅轰动了西班牙，也震撼了整个欧洲。这是人类历史上首次完成横渡大西洋的壮举，甚至还发现了新天地与新人种，被称为"自开天辟地以来，除了造物主的降生与死亡的最伟大的事件"。对于欧洲人来说，整个世界的概念，顷刻之间，起了惊天动地的变化，因为在这之前，人们都以为西班牙西岸就是世界的尽头。

1498 年和 1501 年，哥伦布又到美洲做了第三、第四次航行，探查了特里尼达岛和委内瑞拉海岸以及巴拿马一带。

然而，哥伦布寻找中国、印度而获得的意外发现，并未使欧洲的探险家放弃西行至亚洲的企盼。1519 年 9 月 20 日，出生在葡萄牙骑士家庭一个航海探险家麦哲伦，率领 5 艘船从西班牙圣卢卡尔港起航。两个月后，越过了大西洋，沿巴西海岸南下。次年 10 月，船队穿过后来以他名字命名的"麦哲伦海峡"，又继续西航，沿途风平浪静，所以船员们称之为"太平洋"。

1512年3月，麦哲伦船队终于到达了菲律宾群岛。菲律宾群岛上有很多部落，麦哲伦企图利用部落首领的冲突，征服各个岛屿。他为一个首领向另一个首领挑战。结果，他自己被烧死在海滩上。船员们逃出菲律宾，在摩鹿加群岛装了一船香料。剩下少数船员通过印度洋，绕过非洲返回。

公元1522年9月，18个形容枯槁的船员驾驭着仅剩的一只帆船回到西班牙。这样，人类的第一次环球航行宣告成功，大地是球形的科学真理得到了确证。

新航路的开辟产生了重大的影响。首先，它引发了商业革命。欧洲同非洲、亚洲之间的贸易扩大，同美洲开始有了联系，各地区的商品逐渐在欧洲市场上出现，开始形成世界市场；主要商路从地中海转移到大西洋沿岸，意大利的商业地位逐渐被西班牙、葡萄牙以及英国、尼德兰所代替。

其次，它引起了价格革命。由于大量贵金属源源流入欧洲，金银价值下降，物价猛涨。新兴的工商业资产阶级获得了暴利，封建主逐渐衰落，劳动人民日益贫困。价格革命加速了西欧封建制度的解体和资本主义的发展。

此外，欧洲开始了大规模的殖民掠夺活动，非洲、亚洲和美洲许多国家和地区，逐渐沦为殖民地、半殖民地，成为西方掠夺的对象。

【档案 NO.39】

《马可·波罗游记》：作者马可·波罗，17岁时跟随父亲和叔叔，途径中东，历时四年多来到中国，在中国游历了17年，回国后出了一本《马可·波罗游记》（又名《马可·波罗行纪》《东方闻见录》）。该书共分四卷，第一卷记载了马可·波罗诸人东游沿途见闻，直至上都止；第二卷记载了蒙古大汗忽必烈及其宫殿、都城、朝廷、政府、节庆、游猎等事；自大都南行至杭州、福州、泉州及东地沿岸及诸海诸洲等事；第三卷记载日本、越南、东印度、南印度、印度洋沿岸及诸岛屿，非洲东部；第四卷记载君临亚洲之成吉思汗后裔诸鞑靼宗王的战争和亚洲北部。

此书激起了欧洲人对东方的热烈向往，对以后新航路的开辟产生了巨大的影响。同时，西方地理学家还根据书中的描述，绘制了早期的"世界地图"。

30. 文艺复兴：中世纪欧洲文明的光芒

　　欧洲人开辟新航路，欧洲主要商道和贸易中心已由地中海转移到大西洋沿岸。在意大利，出现了资本主义萌芽。这个时期，资产阶级正在形成中，为了维护自己的经济和政治利益，就必须摧毁教会的神学世界观，铲除维护封建制度的各种传统观念。于是，一场复兴希腊、罗马古典文化，弘扬资产阶级思想和文化的运动，轰轰烈烈地开始了，史称"文艺复兴运动"。

　　从表面上看，文艺复兴是欧洲思想界和文化界人士，复兴希腊、罗马古典文化的运动。因为在他们心目中，古代希腊、罗马是欧洲历史上的黄金时代。事实上确实如此，在古希腊和古罗马时代，欧洲文化确实达到了高度繁荣和高度完美的境界。可惜到了中世纪，欧洲文化一度衰落。可以这么说，中世纪的欧洲，几乎成了文化沙漠。

　　所以，欧洲思想界、文化界的人士，其实是怀着一种复古的心情，去挖掘古代遗产，去恢复古典艺术，使之"重生"。"文艺复兴"一词，便由此而来。

　　重生、复兴，绝不是对古典文化的简单模仿，相反，在很大程度上是一种创新。说得再透彻一些，是新兴资产阶级，反封建斗争在意识形态上的反映。

　　早在 14 世纪，意大利的学术和文化先驱，已经在从事希腊、罗马古典著作的研究了，同时也进行着新的创作。从此，揭开了文化复兴的序幕。其中，最有代表性的三个文化人是但丁、彼特拉克和薄伽丘。

　　但丁的不朽名作是《神曲》，采用梦幻文学的形式，通过幻游地狱、

但丁《神曲》主题雕塑

炼狱和天堂三界过程中，遇到的各类人物的描写，抨击教会的贪婪腐化和封建统治的黑暗残暴。

恩格斯曾评价但丁，说："封建的中世纪的终结，和现代资本主义纪元的开端，是以一位大人物为标志的。这位人物就是意大利人但丁，他是中世纪的最后一位诗人，同时又是新时代的最初一位诗人。"

彼特拉克则擅长十四行体的抒情诗，他的《歌集》表现的是摆脱教会禁欲主义，以个人幸福为中心的爱情观。彼特拉克反对意大利的割据状态，渴望祖国统一，他创作的十四行诗，成为欧洲诗歌中的一种重要体裁。

薄伽丘的代表作，是短篇小说集《十日谈》，格调通俗，一方面讽刺天主教僧侣和封建贵族腐朽生活的作品；另一方面赞美现世生活和青年男女的爱情，左右开弓，非常好看，非常体现人文主义思想，促进了欧洲小说的发展。

从这三个人的作品，可以看出，文艺复兴早期主要表现的精神就是人文主义精神。除文学外，艺术方面也是如此。乔托，是第一个与神学思想支配下的艺术模式决裂的画家，他打破了中世纪的绘画传统。他为佛罗伦萨金圣教堂绘制《圣母像》，非常有名，画面充满欢乐情调，圣母的面容有农家妇女的特征。

在乔托的画笔下，人物形象具有某种立体感，但色彩缺乏细致的层次，宗教气息仍很浓厚。这个缺陷，很快就被意大利后起的艺术家们弥补了。譬如鲍罗·马克塞，创造了新的透视画原则，画家波莱渥洛便利用这个原则，描绘出肌体逼真的男性裸体，给人以真实的美感。

在建筑方面，意大利也出现了大师级的人物。比如布鲁内列设计了圣·斯皮利托大教堂的圆屋顶。另一名设计师阿尔贝蒂装潢了诺威拉教会的正面建筑。阿尔贝蒂很自信，他曾这样概括总结的工艺造诣：所有部分都达到和谐和协调的地步，增一分或减一分都只能造成损害。

16世纪，意大利文艺复兴进入全盛时期。如果说，14世纪意大利文艺复兴只缺少一个中心，那么，可以说15世纪佛罗伦萨成为了文艺复兴的中心，而到了16世纪初，这个中心转移到了罗马。这与教皇对艺术的保护有很大关系。这个时期的教皇，都热衷于保护罗马帝国的遗迹，喜用壮丽的教堂，以及美轮美奂的宫殿来装点罗马城。因此，教会不得不向世俗的爱好让步，给人文主义艺术家提供发挥才智的机会和条件。

　　这一时期的特点是：文学艺术高度繁荣，史学和政治学名著涌现。在意大利，产生了著名的"艺术三杰"：达·芬奇、米开朗琪罗和拉斐尔。

　　达·芬奇是其中多才多艺的一个，既是画家，又是数学家、力学家和工程师，留下了7000多页的手稿。他的绘画代表作，是我们熟悉的《最后的晚餐》，取材于《新约》马太福音犹大出卖耶稣的传说。耶稣与12个门徒聚餐。席间，他对大家说，你们中间有一个人出卖了我。门徒们猝不及防，非常吃惊，问到底是谁，耶稣说，同我一样把手蘸在盘子里的人就是。画面上的众门徒神态各异，生动传神，富有戏剧冲突和强烈的时空效果，能提起观众的情绪。

　　达·芬奇的另一名作是肖像画《蒙娜丽莎》，一个微有笑意的妇女端庄娴静，显示出一种自在、怡悦的心情。

　　而米开朗琪罗的成就，则标志着文艺复兴艺术的高峰。他一扫意大利宁静和精巧的艺术风格，所做的雕像以豪放、刚健、雄伟的人体美为特征。

　　他的大理石雕像《大卫》，塑造了一个舒展自如、昂然挺立、肌肉健实、巨人般的裸体青年形象，表现了古代英雄大卫投入战斗的神情。后来，佛罗伦萨政府把大卫的雕像放在市政厅前，作为市民政治理想的象征。

米开朗琪罗作品《摩西》

　　米开朗琪罗的另一幅雕像《摩西》，则是把一个古代犹太英雄塑造成半人半神的形象，其神态刚毅坚定，看上去十分英勇。被认为是近代雕刻的最高成就。

　　米开朗琪罗的绘画杰作，有罗马西斯廷教堂天顶壁画《创世纪》和墙壁上的祭坛画《末日的审判》。

　　《创世纪》包括9幅主体画，塑造了300多个英雄式的人物，其中有的与《圣经》内容无关，主要表现人的力量和善良，以及对邪恶

米开朗琪罗作品《末日的审判》

势力的仇视。《末日的审判》取材于《圣经》，描绘世界末日来临时，基督召集万民，善者升入天堂，恶者打入地狱的景象。全画塑造了 200 多个巨人，都以现实生活中的人物为模特。

与米开朗琪罗并世的另一个画家和建筑家拉斐尔，则是博采众家之长，融合了意大利艺术的精华，形成了秀美、典雅、和谐、明朗的艺术风格。拉斐尔一生创作了 300 多幅作品，以绘制多幅圣母像著称，美术史上称为"画圣"。

拉斐尔创作的圣母像，以世俗的描写方法处理宗教题材，塑造圣母的纯朴善良、和蔼可亲。其中，最著名的有《花园中的圣母》，以圣母侧身而坐，望着嬉戏的孩子为主要画面，线条柔和，形象优美。

从 1508 年起，拉斐尔应教皇朱丽叶斯二世的邀请，历时 10 年在梵蒂冈宫从事以教会史为题材的宏伟壁画创作。这批壁画分布在四个大厅，气势宏伟。其中，《雅典学院》塑造了柏拉图、亚里士多德、苏格拉底等古代著名哲学家聚集一堂进行讨论的场面。

另一幅壁画《教义论争》则描绘了出席圣礼仪式的各代教皇和高级僧侣。画面层次分明，人物神采各异。

艺术之外，文艺复兴使意大利在政治思想上，也大放异彩。

16 世纪，君主专制体制在欧洲许多国家普遍出现，国家权力在一些国家高度集中与君主之手。欧洲政治生活发生的变化，必然在政治思想领域反映出来。

拉斐尔《雅典学院》（壁画）

1513年，一个叫马基雅维里的意大利人，写出了他的名著《君主论》。

《君主论》文如其名，主要讲的就是为君之道，比如君主应该具备哪些本领和条件，应该如何夺取和巩固政权等。里面有很多权谋之术。马基雅维里本人，就特别重视权术，他主张一个君主为了达到自己的目的，可以不择手段，即使背信弃义，也在所不惜。

马基雅维里认为，争雄的办法有两种，一种是遵循法律；另一种是凭借暴力。前者是人的方法，后者是兽的方法。为君者必须二者兼顾。在马基雅维里看来，政治归根结底是力量问题，为了达到某种政治目的，力量是不可缺少的。所以，在《君主论》中，马基雅维里把"强权政治"发挥得淋漓尽致，将"道德"完全排除于政治之外。这与中国战国时代韩非的法家理论相比，在反映时代的政治要求上，可谓是异曲同工。

马基雅维里撰写《君主论》之时，意大利正处于分裂状态，教会权力又凌驾于世俗政权之上。人们普遍要求在一个强有力的君主领导下，实现意大利的统一。然而，马基雅维里提倡政治权术和强权政治，在书中把资产阶级政治上贪婪、残暴的谋略暴露得淋漓尽致。

接着说文艺复兴晚期。这个时期，在文学艺术持续发展、繁荣的同时，近代自然科学和新的人文科学相继诞生并取得了划时代的一系列成就。

1543年，哥白尼的《天体运行论》发表，成为近代自然科学的开端。哥白尼提出了"太阳中心说"，摧毁了上帝创造世界的谬论。德意志学者开普勒和意大利科学家伽利略进一步证实和发展了哥白尼的学说，揭示了自然科学中的许多定理规律。

近代自然科学的产生，促进了唯物主义哲学的发展。培根是近代资产阶级唯物论哲学和实验科学的创始人，他提出了"知识就是力量"的名言。这一时期，自然科学和人文科学开始从神学中解放出来。

由此可见，文艺复兴发现了人的伟大，肯定人的价值和创造力，提出人要获得解放，个性应该自由；重视人的价值，要求发挥人的聪明才智及创造潜能；反对消极人生态度，提倡冒险精神；要求发展个性，反对禁锢人性，提倡乐观主义的人生态度。这种不可抑制的求知欲和追根究底的探求精神，为创造现世的幸福而奋斗的乐观进取精神，把人们从中世纪基督教神学的桎梏下解放出来。

总之，文艺复兴是以反封建、反天主教会的斗争为主要内容，以破除迷信、解放思想和精神文明的创新为特征，是人类文明发展史的一个伟大转折。

因此，在文艺复兴时期，宗教也进行了一场风起云涌的改革。

【档案 NO.40】

哥白尼：波兰天文学家，"日心说"的创立者，近代天文学的奠基人。哥白尼10岁丧父，18岁时进入克拉科夫大学，受到人文主义者、数学教授布鲁楚斯基的熏陶，3年后回到故乡，当时，埃尔梅兰的城的主教派他取意大利学习教会法规。1497年至1500年间，哥白尼在博洛尼亚大学读书，除了学习教会法规外，还研究多种学科，尤其是数学和天文学。1506年，哥白尼回到波兰；1512年，哥白尼定居在弗龙堡，把大部分精力都用在天文学的研究上。

【档案 NO.41】

中世纪的欧洲大学：实质上是一个教育行会。继巴黎大学后，博洛尼亚大学成立。13世纪，牛津、剑桥、那不勒斯等，直至现在仍很著名的大学也相继问世。中世纪的大学在欧洲设立神学、文学、法律、医学等系。现在的牛津、剑桥大学依然沿袭中世纪时的组织形式。

31. 欧洲宗教大改革

中世纪西欧的天主教会，其实是一个庞大的经济实体。教会拥有大量地产，向农民收取高额的地租。同时，教会又向广大居民征收什一税。此外，还有其他的苛捐杂税，如赦罪费、法庭诉讼费等。这还不够，罗马教会还利用权势和宗教迷信肆意敲诈，例如出卖赎罪券。

1476 年的时候，教皇颁布了一个法规，把购买赎罪券，以帮助已死的亲人拯救在炼狱里的灵魂，定为信条，为出卖赎罪券的欺诈行为大开方便之门。又提倡崇拜圣物，使展览和出卖圣物成为一种勒索的手段。另外，买卖神职，行贿受贿，也是教廷发财致富的重要途径。

买卖神职的现象，在教会中始终存在，16 世纪达到了肆无忌惮的地步，设官不是为了宗教事务的需要，而是把它作为一种生财之道，教廷还为此成立了一个专门的机构。

以教皇为首的高级教士，收入越多，越富有，生活就越奢侈腐化，荒淫无度。瑞士教会的一个主教，把他管辖下的修女院的一个修女变为自己的情妇；巴黎圣母院的教士甚至把自己的住所变成了赌场；罗马教皇大多任人唯亲，任命自己的亲信为各国教会的首脑，西欧各国教会的肥缺，多半落到教皇的宠幸手里，这些宠幸主要是意大利人，一些意大利人被任命为西欧国家的主教、大主教，但是本人却继续住在罗马，享受教士俸禄，过着奢华的生活。

总之，教会的欺诈和掠夺，负担最终落到民众身上。民众不是傻子，他们看到教会获得的大量财富不是用于宗教事务，而是被教士，特别是高级教士用在追逐尘世的享乐上，感到无比愤慨。

教士的种种丑闻，让天主教会威信扫地，民众对天主教会的不满情绪与日俱增。天主教会从教皇到中、高级的神职人员贪得无厌，挥霍无度，也成为西欧各国资本主义发展的障碍。为了进行资本的原始积累，资产阶级要求没收天主教会的财产和土地，建立适合资本主义发展的"廉洁教会"。因此，资产阶级反封建的斗争，就从宗教改革开始了。

宗教改革首先爆发于德国，这和德国的经济政治情况有关。

15世纪末和16世纪初，德国经济有了显著的发展。这个时期，封建经济仍占统治地位，但个别工业部门已经出现资本主义生产关系的因素，出现了分散型甚至少数集中型的手工工场。

经济的分散性影响了政治的发展。与当时已经形成中央集权制的英、法不同，德国从中古时期以来形成的分裂割据局面依然存在。16世纪初的德国在名义上虽然是"神圣罗马帝国"，但实际上内部分崩离析。在这块土地上有大大小小许多封建领主，其中有十几个大诸侯，二百多个小诸侯，以及上千个骑士。这些领主在自己的领地上俨然是独立的君主，他们有自己的行政组织、自己的军队、自己的法律和自己的货币。

帝国领土上，除了这些独立领地外，还有几个自由市。中央虽然有神圣罗马皇帝，但是他无权干预这些领主的内政。皇帝不是世袭的，而是由诸侯选出来的。中央除了皇帝外，还设置了一个帝国议会，由诸侯、主教、修道院长及自由市代表组成。皇帝只有在帝国议会授权下，才能行动。皇帝及议会既没有国库，又没有军队，需要用款时向诸侯摊派。

德国在天主教的世界是受罗马天主教会榨取最重的地区，也是民众最受剥削的地区，因此灾难最为深重。德国的教会神职人员，从大主教、主教到最低级的神甫，都必须把收入的一部分上缴给教皇。神职人员在上任的第一年也必须把全年的薪金贡献给教皇。教会的其他收入也部分流入教廷的金库。

罗马教廷利用的德国的政治分裂，加重对德国榨取。16世纪初，罗马教廷每年从德国榨取的财富数目，比神圣罗马皇帝的年收入高出好几倍。而教廷从德国榨取的财富，归根结底都来自于广大民众的血汗。

德国民众中的绝大多数是农民，而且少数农民仍处在农奴地位。随着商品货币经济的发展，地主的胃口更大了，他们加重了地租和劳役剥削。农民还要向教会缴纳什一税，要受商人的剥削和高利贷者的重利盘剥。可以说，农民处在德国社会最底层，其灾难之深重是无法形容的。

就这样，在德国，民族压迫、阶级压迫与宗教压迫交织在一起，这就是宗教改革首先在德国爆发，而引起大规模农民战争的原因。

在德国宗教改革中，首先发难的是马丁·路德。此人出身于富裕的市民家庭，18岁进入爱尔福特大学攻读法律，信仰十分虔诚。

1505年马丁·路德放弃学业，进了奥古斯丁修道院，当上了修道士，希望通过苦修，以求上帝赦免自己的罪。1510年，他受修道院的差遣到罗马朝拜时，罗马教廷的腐败，让他大失所望。从此，马丁·路德对教会的赎罪得救制度产生了怀疑。

欧洲宗教改革运动

1512年，马丁·路德获得了神学博士学位，并被任命为维登堡修道院副院长和维登堡大学神学教授。在大学的图书馆里，马丁·路德潜心研读《圣经》。在钻研中，他发现天主教会的一整套制度，以及神学理论和实践，远远背离了基督教的原始教义。

马丁·路德在《圣经》的《福音书》中，看到了早期基督教会的民主、平等的精神，感到耳目一新。

《福音书》里说，耶稣基督之死，已代人类在上帝面前赎了罪，信徒只要相信耶稣，就可以得救。马丁·路德从《圣经》中悟出了"信仰耶稣即可得救"的道理。具体地说，第一，人要想自己的灵魂得救，要依靠个人的虔诚的信仰，而不需要教会神职人员的干预；第二，信仰的唯一依据是《圣经》，而不是天主教会一手制定的神学。实际上，这就是否定教皇的权威，而肯定《圣经》的权威。

于是，马丁·路德决定，进行宗教改革，他开始着手创建自己的宗教学说。

1517年万圣节前夕，马丁·路德在维登堡的卡斯尔教堂大门上张贴了自己撰写的《九十五条论纲》。在《论纲》中痛斥出卖"赎罪券"的做法，并且提出了"信仰耶稣即可得救"的原则，反对用金钱赎罪的办法。

马丁·路德写道："每一个基督教徒，只要感觉到自己真诚悔罪，就是不购买赎罪券，也同样可以得赦罪或全部免罪。"

《九十五条论纲》一出来，就在欧洲引起了巨大的震动，人民纷纷起来反抗教会。以教皇为首的教会人员对路德恨之入骨。1510 年 10 月，教皇下令，勒令路德在两个月内悔过自新，否则就开除他的教籍。路德坚决不从。于是，教皇下令把路德驱逐出教，路德带领威登堡大学的师生焚毁教皇的教谕和几部教会法典，以示与教皇绝交。

教皇等一干人无计可施，只好蛮横地对路德进行人身迫害，宣布路德为不受法律保护的人。路德只好隐居到瓦特堡，翻译《圣经》。他的译本为人们反抗基督教提供了有力的思想武器。

继德国之后，瑞士也发生了宗教改革运动。在瑞士的宗教改革中，先后出现了两位领袖，一个是慈温利，一是加尔文。

其中，加尔文深受马丁·路德教义的影响，他设计了一个民主共和的教会组织形式。根据加尔文的改革方案，日内瓦建立了一个政教联合的政权。加尔文派是新教中的激进派，影响遍及欧洲。

16 世纪 40 年代，加尔文教开始在法国传播。法国形成了以北方大封建贵族为首的天主教集团和以南方波旁家族为首的胡格诺派。双方进行了长达 30 多年的宗教战争。

最后说说英国的宗教改革。英国本来也是天主教国家，在德国宗教改革运动发生后不久，马丁·路德的教义渗透到英国。1521 年，剑桥大学成立了一个秘密团体，专门研究马丁·路德的改革主张。与此同时，在英国天主教会内部也出现了改革的要求。伦敦圣保罗大教堂的高级神职人员科雷特，就是一个改革派，他反对信徒向牧师做秘密忏悔的做法，也反对教士独身的制度。

这时候，《乌托邦》的作者莫尔也攻击修道院的腐败，认为修道士们饱食终日，无所事事，成为社会上的寄生虫。他要求提高教士的知识水平。

但是，在英国对天主教会构成最大威胁的是王权。从 15 世纪开始，在资产阶级和新贵族的支持下，英国专制主义王权大大加强，这时的罗马天主教会在英国拥有大量土地，英国每年要向罗马贡献大量的财富。强大的王权无法容忍教会的特权。亨利八世，在位初期对罗马教皇唯命是从，竭力表现出一个虔诚的天主教徒的姿态。他毫不留情地镇压了路德派，并且亲自写书批判新教教义。所以，当时的人们很难设想，亨利八世会起来反抗罗马教廷。

然而，一个偶然的因素，导致了英国君主与罗马教皇的决裂。事情是这样的，亨利八世结婚后，只生下一个公主，没有子嗣。16 世纪 20 年代后期，王后凯瑟琳已无生育能力，将来继承王位的，非公主莫属了。但是在英国历史上，没有女人执政的先例。于是，离婚再娶，以求子嗣成为亨利八世心目中的一件大事。

亨利八世责成大臣将离婚案上诉罗马教皇，希望被批准离婚。当时的教皇是克莱门特七世，他本想答应亨利八世的要求，但是，凯瑟琳的侄子是神圣罗马帝国的皇帝，克莱门特就胆怯了，不敢贸然从事，只得把亨利八世离婚的事拖延不办。

当时，英国新兴资产阶级和贵族，都希望英国进行宗教改革，因为他们都垂涎教会的财产，而且市民阶级也迫切要求推翻天主教的统治，以利于商业的发展。亨利八世在市民和贵族的支持下，决定与罗马教廷决裂。

亨利八世

1529 年，亨利八世召集议会，讨论宗教改革问题。

议会通过了一系列方案，规定国王为英国最高宗教首脑，掌握任命教职和决定教义的权力，禁止英国教会向罗马教廷缴纳岁贡。亨利八世还封闭了 600 多所修道院，没收其全部财产。

改革后的英国民族教会称为国教会，成为加强君主专制统治的工具。

16 世纪末到 17 世纪初，不满专制君主制的英国资产阶级，要求清除国教中天主教的残余。主张改革教会的组织、教义和教仪，这就是所谓的清教运动。1640 年，资产阶级终于在清教徒的旗帜下，掀起了反封建专制制度的资产阶级革命。

文艺复兴是新兴资产阶级在意识形态领域里的革命，是一次思想解放运动。而路德和加尔文的宗教改革，不仅是思想领域内的反封建斗争，更是在宗教外衣下的新兴资产阶级反对以罗马天主教会为代表的封建统治阶级的政治运动，为资产阶级夺取政权开辟了道路。

【档案 NO.42】

什一税：源起于《旧约》时代而为基督教会所采用的赋税制度。根据这种制度，平信徒要按照教会当局的规定或法律的要求，捐纳本人收入的十分之一供宗教事业之用。什一税可以作物、牲畜等物缴纳，用于神职人员薪俸、教堂日常经费以及赈济。

【档案 NO.43】

加尔文宗教改革：坚持《圣经》绝对权威，反对教皇权威。主张简化宗教仪式，主张自由、平等、个人主义。主张选民要有奋斗精神，具有简朴、诚实、讲信用等高尚美德，并建立共和式的长老制度，以及政教合一的政权，使教会组织和国家具有资产阶级民主的形式，更适应了资产阶级激进派的要求。

32. 非洲奴隶贸易与殖民扩张

地理大发现、文艺复兴、宗教改革，三桩历史大事件，奠定了现代文明的基础。

尤其是地理大发现，开辟了新航路。之后，葡萄牙和西班牙这两个中央集权的封建国家，积极向外扩张，最早走上了殖民侵略之路。

西方殖民者把黑人作为商品转卖到西印度群岛和南、北美洲大陆的种植园里，也有的被运到阿拉伯国家和亚洲其他国家。因此，奴隶贸易实际上涉及今天的欧、北美、亚、非和拉丁美洲五大洲。据统计，有 2 亿多非洲黑人惨遭此劫。他们有的在被捕捉时被杀害，有的在贩运的路上被折磨致死，幸存下来的则被作为商品，多数被卖到了美洲种植园，过着牛马不如的生活。

奴隶贸易大致可分为三个阶段。15 世纪中叶至 16 世纪 80 年代是初期阶段，以海盗式掠卖为主要特征；16 世纪 80 年代到 18 世纪下半叶是以奴隶专卖组织垄断为中心的全盛时期；18 世纪末到 19 世纪末是奴隶走私为特点的"禁止"奴隶贸易时期。

贩卖到美洲的非洲黑奴

奴隶贩子最典型的航线是三角形的。第一段航程是满载货物的船只从本国港口驶向非洲，这些货物有：盐、布匹、火器、五金和念珠等；然后将这些货物换成由非洲当地人从内地运到沿海地区的奴隶，再把这些受害者装进条件恶劣的船舱，沿着所谓的"中央航路"运过大西洋，到达目的地新大陆；最后一段航程是船只满载种植园的产品，如糖、糖浆、烟草、稻米等返回本国。

在这个三角航程中，奴隶的待遇是：难以忍受的拥挤、令人窒息的炎热和少得可怜的食物。饮食标准为每 24 小时供给一次玉米和水。奴隶如果绝食，就会遭到鞭打。若鞭打不奏效，贩子就用烙铁强迫他们进食。由于奴隶通常处在肮脏的环境中，因此，当流行病爆发时，为了防止疾病传播，生病的奴隶便被扔进海里淹死。奴隶不愿忍受痛苦而跳海的事情屡屡发生。

由于能获得巨额利润，即使在贩奴过程中黑人死亡率高达 80%，利润仍高达 10 倍。各既得利益集团都坚决反对任何控制或废除奴隶贸易的建议。首先，所有的非洲酋长就反对，因为他们用一个强壮的奴隶可换得 20~30 英镑。

非洲经纪人曾从这种贸易中获得巨额利润，他们也竭力反对所有废除这种贸易的建议。但不管废除奴隶贸易的运动如何，非洲大地上确发生过反对欧洲人的暴动。同样，南、北非洲的种植园主，尤其是 18 世纪在英国议会中拥有席位的巴巴多斯种植园主，也支持奴隶贸易。

奴隶贸易为西方殖民国家聚敛了巨额财富，成为资本原始积累的重要来源。它对美洲的开发起了极大的促进作用，但对非洲却是一场深重的灾难。曾是人类文明发源地之一的非洲大陆因此失去大量的人口，社会生产力遭到严重破坏。

非洲人口占世界总人口的比重，由 1500 年的 11% 下降到 1900 年的 6.8%。非洲各国或部落之间经常发生争夺奴隶的战争，许多村庄被劫，城镇衰落，生产力遭到严重破坏，非洲社会倒退了几百年。这是人类历史上最为黑暗、最为可耻的一页。

继西班牙和葡萄牙之后。荷兰、法国及英国从 16 世纪末到 17 世纪初，也分别走上了殖民扩张的舞台。这三国不但取代了西、葡两国，而且互相争夺海上霸权。

先说西、葡两国。二者在激烈的争霸斗争后，西班牙最终获胜。可惜西班牙也好景不长，从 16 世纪末逐渐走下坡路。

1588 年，英国海军在争霸中，击溃了西班牙的"无敌舰队"，有力地削弱了西班牙的海上实力。

1655 年，英军又攻占了西班牙在西印度群岛中的重要海岛牙买加。在

1658年的对英战争中，西班牙又失去了欧洲西海岸的重要商港——敦刻尔克。

西班牙就这样一步步地衰落下去了。到了17世纪初期，西班牙失去霸权后，代之而起的荷兰成了头等贸易及殖民强国。荷兰由于地理位置和有限的自然资源，很早就向海上发展。早在16世纪就大力发展航运业。到17世纪，荷兰商人几乎垄断了全世界的贸易，他们拥有庞大的商船队，仅从事捕鱼及运鱼的船只就有6400艘。波罗的海的全部贸易，美洲殖民地的贸易，都掌握在荷兰人手中。他们甚至侵占了英国对其殖民地的贸易地盘。

然而，正当荷兰人执世界殖民贸易牛耳之际，英、法两国向荷兰发起了挑战。17世纪，法国在美洲建立了加拿大和路易斯安那两个殖民地，并且开始征服印度，在印度沿海建立了本地治里、昌达那加等贸易站。又在西印度夺取了马提尼克及瓜德罗普两个岛屿。

这时候，英国也开始了殖民活动，在北美大西洋沿岸开始建立殖民地。到1733年时，已经建立了13个殖民地。

在这场激烈的抢夺地盘战中，与荷兰首先发生冲突的是英国。为了迫使荷兰人接受《航海条例》的规定，英国在1652年至1674年间发动了数次对荷兰的战争，给荷兰以致命的打击。结果，荷兰不仅丧失了海上霸主的地位，而且也丢失了在北美的殖民地新尼德兰。英国在取得了新尼德兰之后，把它改名为纽约。

荷兰失利之后，在海上能与英国抗衡的只剩下法国这个劲敌了。英法之间，一共进行了四次争霸战争，战争波及世界各地。

经过四次战争，法国损失巨大，在印度的势力几乎全部被英国排挤出去。法国虽然被允许保留其沿海的几个贸易站，但是不能在印度维持军队，这样就失去了征服印度的可能。在北美，法国只剩下纽芬兰沿岸两个小岛，以及西印度的几个岛屿；在南美，法国只保留圭亚那一个据点。

至此，英国一跃而成为世界上最大的殖民强国，通过海外贸易与海盗式的抢劫，为其资本主义发展积累了大量资金。随着新兴资产阶级和新贵族形成，自由发展资本主义成了他们的迫切要求。然而，当时的封建专制统治的斯图亚特王朝严重阻碍了资本主义的发展。由此，英国开始了资产阶级革命。

33. 资产阶级革命与思想启蒙运动

　　新航路开辟以后，世界贸易中心由地中海沿岸转到了大西洋沿岸。英国正处于大西洋航运的中心，这就便利了它的海外活动。英国积极开拓海外贸易，它的传统工业制呢业得到了迅速发展，手工工场建立起来。

　　随后，手工工场扩展到采煤、炼铁、造船等领域，资本主义兴起和发展起来。由于制呢业的发展，羊毛的需求激增。而养羊需要大片的土地，因此，贵族们纷纷把原来租种他们土地的农民赶走，甚至把他们的房屋拆除，把土地圈占起来，一时间，在英国到处可以看到被木栅栏、篱笆、沟渠和围墙分成一块块的草地。被赶出家园的农民，则变成了无家可归的流浪者。这就是圈地运动。

　　圈地运动首先是从占据公共用地开始的。在英国，虽然土地早已私有，但森林、草地、沼泽和荒地这些公共用地则没有固定的主人。一些贵族利用自己的势力，首先在这里放牧羊群，强行占有这些公共用地，当这些土地无法满足贵族们日益扩大的需要时，他们又开始采用各种方法，把那些世代租种他们土地的农民赶出家园，甚至把整个村庄和附近的土地都圈占起来，变成养羊的牧场。

　　在这种强行的圈地运动中，农民以前以各种形式租种的土地，无论是以前定下的终身租地，还是每年的续租地，都被贵族强行圈占。这些成为牧场主的贵族们还互相攀比，使他们的牧业庄园变得越来越大。

　　英国的圈地运动从 15 世纪 70 年代开始，一直延续到 18 世纪末。英国全国一半以上的土地都变成了牧场。在这一过程中，虽然英国国王也进行了一定程度的限制，颁布了一些企图限制圈地程度的法令，但这些法令并没起多大作用，相反，圈地日益合法化。

　　为了使被驱逐的农民很快地安置下来，英国国王在颁布限制圈地法令的同时，也限制流浪者，目的是让那些从家园中被赶出来的农民接受工资低廉的工作。凡是有劳动能力的游民，如果不在规定的时间里找到工作，一律加以法办。通常，对于那些流浪的农民，一旦被抓住，就要受到鞭打，然后送回原籍。如果再次发现他流浪，就要割掉他的半只耳朵。第三次发现他仍在流浪，就要处以死刑。

后来，英国国会又颁布了一个法令，规定凡是流浪一个月还没有找到工作的人，一经告发，就要被卖为奴隶，他的主人可以任意驱使他从事任何劳动。这种奴隶如果逃亡，抓回来就要被判为终身奴隶。第三次逃亡，就要被判处死刑。任何人都有权将流浪者的子女抓去做学徒，当苦役。

亨利八世和伊丽莎白两代国王统治时期，曾经处死了大批流浪的农民。圈地的结果：英国的农民数量越来越少，失去土地的农民只好进入城市，成为城市无产者。为了活命，他们不得不进入生产羊毛织品的手工工场和其他产品的手工工场，成为资本家的廉价劳动力。在这种手工工场里，工人的工资十分低，而每天则要工作十几个小时。

18世纪，英国国会通过了大量的准许圈地的法令，最终在法律上使圈地合法化。英国农民的人数减少到了有史以来的最低数量。

圈地运动为英国的资本主义的发展提供了有利的条件。大量农民丧事生产资料，成为出卖劳动力的雇佣劳动者，为资本主义的发展提供了劳动力市场，是资本原始积累的主要形式之一；同时，圈地运动使许多资本主义性质的农场建立起来，农业市场也随之扩大，加速了英国的封建农业向资本主义农业过渡的过程。

16世纪以来，英国新兴的资产阶级主要包括金融家、银行家、大商人和手工工场主；在农村的牧场主和农场主，有的还兼营工业或商业，这些被称为新贵族，同资产阶级有共同的利益。随着资产阶级、新贵族的势力不断壮大，他们要求政治上掌握政权，经济上发展资本主义。

15世纪到17世纪初，英国处于都铎王朝的统治下。这个王朝一方面削弱旧贵族的势力，加强专制统治，进行宗教改革，建立"英国国教会"。另一方面，鼓励工商业和海外掠夺，加强了英国的实力。16世纪末，英国打败了殖民帝国西班牙，成为海上强国。

17 世纪初，斯图亚特王朝开始统治英国。国王詹姆士一世，以及他的继任者查理一世实行封建专制统治，严重阻碍了资本主义的发展。同时，他们还实行宗教专制，严厉对待"非国教徒"，迫害其中的"清教徒"。这样一来，就造成了政治上的紧张局面，激化了社会矛盾。

资产阶级和新贵族对此深为不满，人民群众也怨声载道。首先起来反抗查理一世统治的，是苏格兰人民起义。这成为英国资产阶级革命的导火线。

1640 年，查理一世为了筹集军费对付苏格兰人民起义，被迫恢复了长期关闭的议会。英国资产阶级革命由此开始。

内战开始后，英国分为两个敌对阵营。站在国王一边的，是封建贵族、国教会上层僧侣，还有一部分同国王有联系的大资产阶级和官僚。他们大多是国教教徒和天主教徒。拥护议会的，主要是资产阶级、新贵族、城市平民、手工业者和自耕农。他们大多是清教徒。

从交战双方的力量对比看，优势在议会方面。议会所控制的东南部地区，经济发达、人口稠密、物产丰富、财源充足，全国的税收总额至少有五分之四来自这里。而国王盘踞的西部和北部地区，经济比较落后，财源很不可靠。在军队数量上，王党军也远远不如议会军。

然而，内战初期，议会军却连连失利。这是因为掌握议会领导权的长老会派动摇妥协，不愿与国王彻底决裂。加上议会军缺乏统一指挥，贻误战机，造成了军事不利的局面。

克伦威尔

在这个关键时刻，议会军中涌现出一个杰出的将领克伦威尔。他率领议会军，经过反复斗争，最终战胜了王党军。

1649 年 1 月 30 日，查理一世以"暴君、叛徒、杀人犯和人民公敌"的罪名被送上了断头台。当行刑完毕后，群众振臂欢呼，互相拥抱，纷纷把帽子抛向天空以示庆贺。

同年 5 月，英国宣布成立共和国。克伦威尔实行独裁统治，自任"护国公"，把立法、行政、军事和外交大权都控制在手中，成为军事独裁者。克伦威尔死后，英国政局动荡不安。在这种情况下，斯图亚特王朝复辟。国王查理二世，以及他的继任者詹姆士二世推行了一系列新政策，在宗教方面，恢复了英国国教和迫害非国教徒的法令。这当然严重侵犯了资产阶级和新贵族的利益，于是，新的革命再度爆发。

1688年，议会中的辉格党和托利党人共同发动了一场不流血的宫廷政变，史称"光荣革命"。废除了詹姆士二世，再次推翻了斯图亚特王朝的封建统治。之后，议会邀请詹姆士二世的女婿，荷兰的执政者威廉三世及其妻子继承英国王位。由此，建立了资产阶级和新贵族的联合统治。

1689年，英国议会颁布了《权利法案》。《权利法案》规定：禁止天主教徒担任英国国王；国王无权中止法律，也无权征收赋税；和平时期不得维持常备军；议会有选举的自由，议员的活动不受国王的干涉；王位继承问题由议会讨论决定。以《权利法案》的颁布为标志，英国逐渐确立了资产阶级君主立宪制度。

英国的这一场资产阶级革命，对欧洲和世界其他各地都产生了重要的影响，它宣告欧洲新的政治制度的诞生。随着西欧各国资本主义经济的发展，资本主义同腐朽的封建制度的矛盾日益尖锐。在这种形势下，一批先进的思想家勇敢地高举理性的旗帜，掀起了一场思想启蒙运动。

思想启蒙运动的中心在法国，很快波及欧洲大多数国家，并影响到全世界。

欧洲中世纪占统治地位的思想是宗教思想，因此启蒙运动的思想家们首先把矛头指向宗教神学。荷兰的思想家则为这一运动铺平了道路。阿科斯塔否认灵魂不死和肉体复活的陈腐观念；格劳秀斯否认上帝的存在，提倡自然法，确立了国际法的标准；斯宾诺莎则认为自然界不是神创造的，自然界本身就是神。

英国学者在启蒙运动中占有重要地位。培根反对中世纪的经院哲学，肯定世界是物质的。他提出了"知识就是力量"的著名口号。霍布斯提出社会契约学说和国家起源学说。他反对教皇和天主教，主张把教会置于国家和君主的管辖下。洛克认为知识来源于感觉，经验是知识的源泉。他反对王权神授，主张立法、行政、外交三权分立，提倡自由和宽容。赫伯特创立自然神学说，认为《圣经》是寻求真理最可靠的依据。普里斯特利认为三位一体、得救预定、神启圣经都是荒谬的。

18 世纪，法国还处在封建专制主义的黑暗统治下。法国的思想家们把启蒙运动推向了高峰。启蒙运动的先驱培尔以全面怀疑的态度批判封建宗教，无情地驳斥正统的基督教信仰；伏尔泰猛烈抨击天主教和基督教，提倡"君主和哲学家的联盟"，拥护开明专制制度，主张建立自由、平等、幸福的王国。

这些思想反映了上层资产阶级的利益。孟德斯鸠猛烈抨击专制制度，认为专制主义统治下的法国是极不合理、极不公平的社会。他指出罗马共和国的盛衰取决于统治者的贤明或昏庸，矛头直指路易十五统治下的法国。他的著作《论法的精神》，被伏尔泰誉为"理性和自由的法典"。

在这部著作中，孟德斯鸠提出了立法、行政和司法三权分立的学说，认为最理想的政治制度是英国的君主立宪制。

法国启蒙运动的杰出代表，还有以百科全书派为中心的一批唯物主义思想家。拉梅特里发挥了唯物论和无神论的精神；霍尔巴赫对宗教进行无情的讽刺，指责基督教违反理性和自然；爱尔维修攻击一切以宗教为基础的道德；狄德罗终身为自由、真理和社会进步而奋斗，写了一系列唯物主义哲学著作。1746 年，他发表《哲学思想录》，谴责暴君，对基督教进行了无情的抨击。

法国启蒙运动中，小资产阶级民主派的代表人物是卢梭。他指出，人类不平等的根源是私有制，主张天赋人权、主权在民、自由平等。在政治上他拥护共和国。他的政治思想对 18 世纪末法国大革命产生了重大影响。

启蒙运动波及德国和俄国，也越过大西洋，在英属北美殖民地得到传播。启蒙运动还扩展到亚洲、非洲、拉丁美洲地区，19 世纪末 20 世纪初，中国出现了最初的一批启蒙学者，他们翻译欧洲启蒙思想家的名著，介绍他们的思想，对中国的思想界、学术界起了重要的推动作用。

启蒙运动的思想家们用于为真理和正义而斗争。给"天国"的神灵和世上的王权以沉重的打击。他们的著述描绘了未来"理性王国"的蓝图，启发并培养了一代革命者。启蒙运动为摧毁腐朽的封建制度、确立资本主义制度作了思想上和理论上的准备。启蒙思想家所宣传的自由、平等、民主和法制的思想，对 1775—1783 年的北美独立战争、1789 年的法国大革命以及 19 世纪欧洲爆发的一系列资产阶级革命都产生了极大的影响。

【档案 NO.44】

斯图亚特王朝：14 世纪初，斯图亚特家族的瓦尔特和苏格兰国王女儿结婚。其子在 1317 年继位为英格兰国王，从而开始了斯图亚特王朝对苏格兰的统治。1503 年，斯图亚特王朝的詹姆士四世和英国国王亨利七世的女儿结婚，其后裔继承英国王位，即英王詹姆士一世，斯图亚特王朝开始统治英国。

【档案 NO.45】

伏尔泰：思想家、哲学家、作家，被尊为"法兰西思想之父"。在巴黎出生，并在巴黎耶稣会的路易大帝学院受教育。据说伏尔泰非常聪明，3 岁能够背诵文学名著，12 岁能够作诗。其早期文学作品对王室进行辛辣的讽刺，因而被关入巴士底狱。出狱后被驱逐出境，流亡英国。

在英国流亡期间，伏尔泰对当地的政治、社会、宗教、科学等状况非常感兴趣。他很快地掌握了使用英文的能力，并且出版了《关于英吉利国的书信》。结束流亡回到法国以后不久，伏尔泰便开始与夏特莱侯爵夫人长达 15 年的爱情关系。除了哲学上的讨论以外，他们一起研读牛顿的《自然哲学的数学原理》，并且夏特莱侯爵夫人是最早把《自然哲学的数学原理》从拉丁文翻译成法文的人。

【档案 NO.46】

孟德斯鸠：不仅是 18 世纪法国启蒙时代的著名思想家，也是近代欧洲国家比较早的系统研究古代东方社会与法律文化的学者之一。他的著述虽然不多，但其影响却相当广泛，尤其是《论法的精神》这部集大成的著作，奠定了近代西方政治与法律理论发展的基础，也在很大程度上影响了欧洲人对东方政治与法律文化的看法。除此包括《波斯人信札》《罗马盛衰原因论》。

34. 美国独立战争

在说美国独立战争前，我们先介绍一下美洲的情况。

美洲，最早的居民是印第安人，他们与从欧洲来的大批移民共同开发，经过 100 多年的开拓，北美 13 个殖民地资本主义经济开始拓展，特别是北部资本主义工商业比较发达，造船业成为主要的工业部门。南部是种植园经济，主要种植烟草、甘蔗等以商品为主的经济作物，主要供应欧洲市场。

从欧洲到北美殖民当地的移民主要是英国人，其次还有德、法、荷兰、瑞典等国的人。他们经过长期开拓和经济的频繁交流，初步形成了统一的市场，以英语作为统一的语言，从而形成了一个新的民族——美利坚民族。

英国成为世界上最大的殖民强国后，加强了对北美殖民地的剥削和压迫。企图永远把北美 13 个殖民地作为原料产地和商品市场，这激起了北美殖民地人民极大的不满。反抗斗争日益高涨。北美各地都发生了反英事件，如抵制英货、赶走税吏、焚烧税票、武装反抗等。英国政府立刻恐慌起来，决定派军队镇压。

1770 年 3 月 5 日，英军在波士顿向手无寸铁的市民开枪，当场打死 5 人，打伤 6 人，制造了震惊北美的"波士顿惨案"。反英的怒火在北美殖民地人民心中燃烧，一场争取独立和自由的战斗在北美大陆拉开序幕。

1775 年 4 月 19 日，列克星敦打响了美国独立战争的第一枪。

1755 年 5 月 10 日，第二届大陆会议召开。由于前线军情紧急，大陆会议任命乔治·华盛顿为大陆军总司令，接管包围波士顿的民兵，改组为大陆军。华盛顿是弗吉尼亚的大种植园主，曾经参加过对法战争，因而具有军事指挥才能。1776 年 7 月 4 日，大陆会议法颁布了《独立宣言》。

《独立宣言》共分三个部分。第一部分陈述了资产阶级的自然权利和人民主权的思想；第二部分列举了英国国王乔治三世压迫北美人民的种种事实，并且说明这种压迫就是侵犯了北美人民的基本权利。

从这两个部分很自然地得出一个重要的结论即最后一部分：北美人民应该推翻英国国王在北美的殖民统治，北美应该独立。如此，宣言根据理论和事实说明：美国宣布独立是理所当然的，是合乎天理人情的。这是宣言的中心思想。

总之，这个宣言，包含了资产阶级对民族独立、民主、自由的主张。显示了美国各阶层人民要求独立自主的决心和信心。是一个伟大的历史文件。它在人类历史上，第一次以国家的名义宣布：人民的权利神圣不可侵犯。

美国的这个《独立宣言》比后来法国的《人权宣言》早了13年。马克思称之为"第一个人权宣言"。

这份宣言的发表，极大鼓舞了北美人民的斗志，成为北美人民争取独立的旗帜，人民走上战场，独立战争开始了。

英国是头号资本主义强国，不但有雄厚的经济基础，且拥有当时世界上最强大的海军，以及精锐的陆军。此外，英国还统治着广大的殖民地，人力物力都十分雄厚。相反，北美殖民地的工商业多比英国落后。在物力财力方面与英国相比，都是望尘莫及的。

当大陆会议的代表们在《独立宣言》上签字的时候，他们不但抱着破釜沉舟的决心，而且也有必胜的信念。因为，英国政治者首脑的腐朽无能，在过去十余年的一系列事件中暴露无遗。而且武装冲突开始以来，英国军队连战连败，进一步证明，英国当局指挥战争和治理国家一样，软弱无能。

不过，北美方面也遇到军事上的挫折，1775年秋，北美派出一支军队远征加拿大，加拿大当时是英属的地盘。北美远征的目的，是鼓动加拿大人参加反英斗争。但是，到了1776年春，这次远征以失败而告终。在大陆会议看来，远征失败虽然有军事上的原因，但是政治上的原因是主要的：加拿大人并不想起来反抗英国的统治。

北美领袖们意识到，英国的殖民统治，是北美人民实现自由的最大障碍。只有打败英国军队，才能获得自由。

对自由的渴求，让华盛顿麾下的士兵力量倍增。然而，对于北美士兵来说，战争的条件极为艰苦，几乎是衣不蔽体，食不果腹，由于缺少鞋子，士兵在雪天行军时，脚磨破了，雪地上印满殷红的脚印。

不过，北美人也有自己特殊的优越条件，他们几乎人人有枪，也人人善于用枪，有点儿全民皆兵的意思，这是欧洲人望尘莫及的。

北美人打的是人民战争，人民战争有个特点，就是地方民兵可以处处折磨敌人。但是在打正规的阵地战时，就无能为力了。所以，如果要想克敌制胜，迫使英军投降，美国方面还需要两个重要的条件。

首先，要组织训练正规军。华盛顿就任总司令后，认识到建立正规军的重要性。他请来普鲁士军官斯图本帮助训练正规军。于是，正规军与民兵配合作战，成为了独立战争中美军作战的特点。说白了，就是阵地战和游击战相结合。

其次，就是军事统帅的胆略和主动精神。华盛顿和他的几位军事副手就具备这个条件。后面发生的战争，就充分说明了这一点。

再说英国方面，在《独立宣言》颁布的那天，英国的威廉·豪将军以英军统帅的资格，率领数千军在纽约州的斯塔登岛登陆，不久之后，英国舰队也到达此地。这之后，英国人力物力源源不断地运来。到了夏末的时候，在斯塔登岛集结了3万英军。

作为对手，华盛顿的兵力虽然与英军相差不多，但基本都是民兵，而且，当时华盛顿指挥战争的能力和经验，都远逊于威廉·豪将军。

所以，在1776年8月27日至28日的长岛战役中，美军遭到了沉重的打击。华盛顿率领残余部队，撤到特拉华河西岸，准备新的战斗。在入冬后，华盛顿发现，英军蛰伏，处于冬休状态。于是，在同年12月25日夜里，趁英军不备，华盛顿率军渡过特拉华河，奇袭特伦顿，俘虏英国雇佣军1000人，美军仅仅损失了5个人。这次奇袭的胜利，就说明华盛顿具备了军事胜利所必需的胆略和主动精神。

想比之下，英军统帅威廉·豪将军却存在严重的缺点。他是一位旧式军人，为人谨小慎微，墨守成规，打仗严格按照兵法书上的条文行事，缺乏机动灵活性，不能在瞬息万变中当机立断。

当华盛顿军队逃到特拉华河西岸后，他不乘胜追击，却下令士兵休息。另外，倒霉的威廉·豪将军还有一个致命的缺点，就是在制订战略计划时，顾此失彼，考虑不周。

1777 年初，根据威廉·豪将军制订的战略计划，英国当局决定派出三支队伍到奥尔巴尼会师。第一支由柏高英将军率领，从加拿大出发，经过尚普兰湖；第二支由列格尔中校率领，也从加拿大启程，经过安大略湖和摩瓦克河；第三支由克林顿将军率领，从纽约溯哈得孙河北上。

这个计划从战略上来看，有严重的漏洞和失误：首先，英军兵分三路，使得美方有可能集中兵力予以各个击破；其次，两支纵队从加拿大出发到目的地，路途遥远，必然遇到运输和供应上的困难，加上长途跋涉，肯定会让士兵疲惫不堪，这就让美军可以以逸待劳，伺机歼灭英军。而且，这个计划在执行过程中，三支英军没有很好地配合。在时间上，柏高英率领的英军出发过早，没有等待另外两支纵队同时行动。克林顿将军在离开纽约北上之前，曾要求威廉·豪将军增援部队，但威廉·豪将军当时正集中兵力攻占费城，无法派兵北上增援。

就这样，1777 年 6 月，柏高英首先自加拿大启程，7 月攻下了提康德罗加，然后继续前进。但是队伍在抵达哈得孙河 20 英里的地方时，遭到附近美军的袭击，行动受阻。结果，英军要经过 3 周才攻下爱德华要塞。可此时，英军在供应上又出了问题。于是柏高英便派出军队到附近大肆抢掠。当地农民纷纷起来抵抗，弄得英军进退失据，狼狈不堪。

英军的第二支队伍，动身较迟，当进军到摩瓦克河附近时，遇到当地居民的袭击，被迫返回加拿大。

当这两支队伍在摩瓦克河沿岸不断挨打的时候，英军的第三支队伍，克林顿率领的部队才最后出动。在他的队伍到达距离奥尔巴尼 60 英里的地方时，柏高英的部队已退到萨拉托加，尚未来得及安营扎寨，新英格兰的农民就个个手持武器，从四面八方赶到，与此同时，美军也抵达此地，将英军四面包围。弹尽粮绝的英军无路可走，不得不在 1777 年 10 月 17 日放下武器，向美军投降。

这之后，美国在法国的帮助下，在萨拉托加又重创英军。萨拉托加大捷是美国独立战争的重要转折点。法国为什么要参战，帮助美国打击英国呢？

其实，早在 1776 年 9 月，美国宣布独立后，就派富兰克林赶赴法国，目的是在于争取法国正式承认美国独立，以及与美国订立条约。

1776 年 12 月，富兰克林抵达巴黎后，就开始游说法国的军官们，他的言

美国独立战争浮雕像

论在法国军官中引起共鸣。可惜，美军在战场上的初期失利，使法国政府不相信美国的实力，不敢正式承认美国独立，也不敢与美国缔结条约。

当时，法国执行的是两面的外交政策：一方面，秘密以金钱和武器援助美国；另一方面又在英国面前表示中立。但是，1777年萨拉托加大捷扭转了法国的态度。这次大捷表明美国人有力量打败英军，并迫使其投降。

1778年法国同意与美国签订两个条约，一个是《友好商业条约》，法国答应给予美国以一切必要的援助，美国同意法国在西印度夺取领土。双方还约定：不与英国单独讲和，只有美国独立得到保证，才能放下武器。

1778年6月，法国终于参战。同时，西班牙也在法国的怂恿下参加反英战争，但是却比法国参战晚一年。最后，到了1780年，英国的另一个宿敌荷兰，也参加了反英战争。就在同年，普鲁士和俄国成立武装中立同盟，以抵制英国对于中立国的侵犯。不久，丹麦、瑞典及奥地利也加入了这个同盟。

这样，到1780年时，美英战争扩大为国际性战争。对于法国、西班牙、荷兰等国来说，这是争夺商业殖民霸权的战争；对于英国来说，这是反革命的战争；而对于美国来说，这是正义的解放战争。所以，英国完全陷入孤立。

法国、西班牙、荷兰参战后，战争便从北美扩大到东印度、西印度及欧洲。英国到处受敌，英国海军在法、西、荷诸国的攻击下，丧失了海上优势，这在很大程度上决定了战争的结局。

1781年8月，法、美联军秘密南下弗吉尼亚。与此同时，法国舰队也完全控制了战区制海权。9月28日，1.7万名法、美联军从陆海两面完成了对约克敦的包围。

在联军炮火的猛烈轰击之下，1781年10月19日，8000名英军投降，北美大陆战事基本结束。1782年11月30日，英美签署《巴黎和约》草案。1783

年9月3日，英国正式承认美国独立。

美国独立战争首次将欧洲启蒙运动的自由哲学思想大规模地付诸实践。战争中诞生的《独立宣言》在人类历史上第一次以正式文件庄严宣布了人民主权的原则。美国独立战争所体现的资产阶级的进步的政治精神给欧洲乃至全世界都带来了深刻的影响。

美国独立后，在1787年制定了一部宪法，历史上称之为"1787年宪法"。现在的美国宪法，就是以此为蓝本。根据宪法的规定，成立了联邦政府，华盛顿当选为美国第一任总统。

美国独立战争推翻了英国的殖民统治，使美国赢得了独立。同时，也为美国资本主义经济的发展开辟了道路，对欧洲和拉丁美洲的革命也起了推动作用。接下来，我们把目光移向欧洲的法国。

【档案 NO.47】

1787年美国宪法：1787年美国宪法是世界上最早制定的成文宪法，于1787年通过，1789年生效。该宪法包含一个简短的序言和7条本文，概括起来，比较进步的方面是确认了某些资产阶级的民主原则，主要是立法、行政、司法三权分别由国会、总统和联邦法院行使。这三权之间分立的状态十分明显，同时又保持着一种互相牵制、互相平衡的关系；联邦政府的权力要受法律限制，不能超越法律规定的限度；联邦宪法序言中显示出美国人民是宪法的制定者，但必须通过选派代表管理国家。

同时，宪法中还有某些反民主内容。包括：公开承认奴隶制，以法律形势确认了奴隶制度的合法性；轻率对待公民权利。宪法从特定意义上可以说是公民权利的保障书，可是获得独立后的美国却没有在宪法中规定关于公民的基本权利，制宪代表解释说这种权利在各州法律中已有规定。而事实上联邦宪法并未确认各州法律规定的关于公民基本权利的效力，即便是默认，但因各州规定不同，公民享受的权利地有所差异。

【档案 NO.48】

《巴黎和约》：又称为《美英凡尔赛和约》，是美国和英国为结束美国独立战争而缔结的和平条约。和约规定：确认美国疆界东起大西洋沿岸，西止密西西比河，北接加拿大五大湖区，南至佛罗里达北界；两国人民从此永久和平，停止在海上、陆上的一切敌对行动并互释战俘；英从美境内所有港口、地区、港湾撤出全部军队和舰只等。

35. 法国大革命

法国在 18 世纪末期，是欧洲大陆上典型的封建专制国家。农业占主导地位，但资本主义工商业已有较大发展，许多领域都在欧洲大陆各国中处于领先水平。然而腐朽的封建专制严重阻碍了资本主义的发展。

18 世纪末，法国的统治阶级已经非常腐朽，国王及王室成员穷奢极欲。国内政治腐败不堪，对外战争也屡遭失败。在与英国抢夺殖民地的战争中，法国丢失了大片海外殖民地，国际地位一落千丈，政府财政陷入崩溃。后又因参与北美独立战争，军费剧增，财政危机进一步加剧。从 1778 年到 1788 年的十年间，法国国内发生经济危机，生产萎缩，粮价上涨，社会更加动荡不安。这一切都表明，法国的旧制度已经陷入绝境，革命的爆发已不可避免。

迫于财政压力，法国国王路易十六决定召开中断了 175 年的"三级会议"。目的是通过这个会议讨论征税的问题。

当时，封建制的法国把国民分为三个等级。第一等级是僧侣，第二等级是贵族，第三等级是平民。

会议开始了，资产阶级代表要求政治改革，还要求改变陈旧的开会方法和表决方法，并宣布三级会议改为制宪会议。

路易十六本是一个昏庸顽固而又犹豫不决的人，整日沉湎于吃喝嬉戏，尤其喜爱打猎和摆弄钟表，对政事一点不感兴趣，在国务会上也打瞌睡。现在，他不得不召开三级会议，却没有达到目的。于是，路易十六压制革新的要求，暗地里调集军队，镇压集会群众。人民被激怒了，开始起义，攻向巴黎市区东部的巴士底狱。

巴士底狱是根据法国国王查理五世的命令，在 1382 年建造的。是一座按照 12 世纪著名军事城堡的式样、由 8 个高大的塔楼组成深沟高垒的军事要塞。

围墙高达 100 英尺，而且很厚，墙外围有 25 米宽的深水壕沟。由于地势险要，除非经过吊桥，否则无法攀登。在这里还驻有强大的守卫部队，配备着大量军火和弹药。

巴士底狱就像一只凶狠的巨兽，伏在地上，居高临下，俯视着巴黎。这座城堡原本是防御英国进攻的，因此才建立在城前，随着历史的发展和巴黎市区的不断扩大，便被抛在巴黎东部，失去了原来的军事意义。

16 世纪以来，巴士底城堡逐渐变成一座庞大的监狱，成为禁锢政治犯的重要堡垒。到了 18 世纪，一些反对封建专制制度的著名人物，以及那些倡导自由、平等的民主主义者，都被关进了巴士底狱，遭受残酷的迫害。巴士底狱成了镇压革命的工具，法国封建专制统治的象征。多少年来，人民一直仇视它，痛恨这座封建魔窟。

1789 年 7 月 12 日，巴黎起义的人民同军警发生冲突。13 日清晨，巴黎上空警钟长鸣，人民手持斧头、短刀涌上街头，冲入军火库和残废军人院，夺取了几万支枪和大量火药，再加上他们连夜赶制的 5 万多支枪，基本上已经把自己武装了起来。

武装的人群，攻占了一个个阵地。到了 14 日清晨，人民已经控制了主要街区，几乎夺取了整个巴黎。到了这天午后，在国王军队手里的，只剩下巴士底狱这座封建的堡垒了。

下午 4 时，起义群众向巴士底狱发起猛攻，一部分倾向革命的近卫军，带着他们的大炮前来助战。巴士底狱顿时烧成了一片火海。守卫巴士底狱的司令官命令守军还击，他们从屋顶上，窗户里向群众开火，塔楼上的大炮也跟着轰鸣起来，开始向起义者进行轰击。

起义群众十分英勇，当冲在前面的起义者被火力压住，无法接近巴士底狱时，大家就从周围的街垒还击。他们没有炮，就搜罗一些几百年前铸造的旧炮来参加战斗。但是，巴士底狱的围墙实在太厚了，起义者虽然献出了生命，倾泻了大批弹药，但仍无法攻破。时间一分钟一分钟的过去，战斗毫无进展。

正当起义者陷入困境时，一门巨炮运到了，有经验的炮手也来了，炮火向监狱猛烈轰击，打得守军抬不起头，一颗炮弹炸在吊桥的铁索上，吊桥猛然下落，起义者冒着守军的枪弹，冲进了巴士底狱，守军举起了白旗，巴黎革命人

攻陷巴士底狱

民攻占了巴士底狱。

此时，各地人民纷纷效仿巴黎，夺取了市政管理权，建立了国民自卫军；在农村，攻打地主庄园，焚烧地契。

7 月 14 日夜里，巴黎到处都是欢声笑语，人们张灯结彩，欢庆胜利。这一天，后来被定为法国的国庆日。

巴黎人民攻占了巴士底狱后，制宪会议实践自己的承诺。在 1789 年 8 月 27 日发表了《人权宣言》，提出"自由、平等、博爱"，这个具有历史意义的革命口号，并准备废除封建等级制。法国乃至欧洲各国的君主，听说了这件事后，非常恐慌，于是法国国王路易十六便和普鲁士国，以及奥地利国的封建势力勾结起来，企图进行武装干涉。

1791 年 6 月 20 日夜晚，路易十六与王后做好了逃出法国，借助普鲁士和奥地利的武装来镇压革命的准备，但他们到达边境时，被边境的官员发现，路易十六和王后束手就擒。

怒不可遏的群众把路易十六和王后押回巴黎，路易十六外逃的阴谋就这样失败了。

奥地利皇帝和普鲁士国王很着急，连忙发表了一个联合声明，号召欧洲各国君主联合起来，用武力干涉法国革命。

此时，路易十六和他的王后演了一出双簧。路易十六在公开场合声称，要保卫法国革命，对奥、普宣战。而王后则写了一封密信给他的哥哥奥利地皇帝。密告法军的作战计划。

1792 年 4 月，战争爆发。因为奥普联军了解了法军的部署，所以连战连捷，很快就打到了巴黎附近。

此时，法国资产阶级革命处在最危急的关头，全国各地纷纷组织起义军，奔赴巴黎前线抗敌。

9 月 21 日，法国起义军与普军在瓦尔密展开决战，起义军大获全胜。这场胜利成为法军由守转攻的转折点。

次日，法国起义军召开国民公会，决定废除君主制度，建立共和政体。1792 年 9 月 22 日，国民公会宣布法兰西共和国正式成立。1795 年，《马赛曲》被定为法国国歌。

之后，国民公会成为全国最高领导机关。会场上，执政党坐在右边，因为他们大多是吉伦特省来的资产阶级代表，人们称他们为吉伦特派；在野党坐在左边，因为他们经常在雅各宾教堂开会，人们称他们为雅各宾派。

两派的政治态度不一样。吉伦特派的权力是当初国王赋予的，政治态度趋于保守，雅各宾派则是在革命中形成的，政治态度激进。

吉伦特派和雅各宾派在如何处置路易十六的问题上，展开了激烈地争论。吉伦特派认为，国王是神圣不可侵犯的。因此，国民公会无权审判国王。雅各宾派则坚决要求严惩路易十六。

两派僵持不下，人们便对王室的经费和文件进行了清查。在王室中发现了一叠书信，打开一看，全是路易十六写给逃亡外国的法国贵族的信。信里清楚地表明，这些逃亡贵族勾结普、奥两国的军队来进攻法国。而路易十六则明确表示希望能重新掌权。

这样一来，路易十六叛国和镇压革命的行径暴露无遗了。

1793 年 1 月 15 日晚上，在法国议会厅，国王路易十六被定以"阴谋反对公众自由和危害国家安全"的罪名，之后他被推上了断头台。

路易十六被处死后，法国因为反法同盟大军压境，保王党暴乱，物价飞涨，粮食短缺而举步维艰。巴黎人民力挽狂澜，于 1793 年 5 月发动了第三次起义，把雅各宾派推上了统治地位。雅各宾派在首领罗伯斯庇尔的带领下，采取了一系列革命的措施，法国大革命因雅各宾派的专政而达到了高潮。但是，雅各宾派也留下了分裂的后患。接下来，法国国内的斗争愈发激烈。

【档案 NO.49】

《人权宣言》：规定私有财产是神圣不可侵犯的，任何人的财产不得受到剥夺，确认了财产的不平等，不仅首先维护了资产阶级的经济利益，而且维护了第一、第二等级的财产。这说明资产阶级革命不过是以新的剥削制度代替了旧的剥削制度，宣言所强调和保护的"一切人"的"权利、自由、平等"，在资本主义的历史条件下，只能是虚伪的。

36. 拿破仑帝国兴亡（一）

　　法国大革命轰轰烈烈，路易十六上了断头台。但是，国王的专制虽然被摧毁，人们迎来的却是雅各宾派的残暴专政。人民对民主有着强烈的渴求之心，所以凡是持有不同意见的人都被屠杀。法国成了一座巨大的刑场。人们之间的信任荡然无存，曾经作为原国民公会成员的几个人，害怕下一个被送上断头台的就是自己，在恐惧的驱使下，他们开始反攻已将他们过去的大多数同伴置于死地的雅各宾派首领罗伯斯比尔。

　　被称为"唯一的真正的民主派"的罗伯斯比尔企图自杀，但没有得逞。在人们匆忙地包扎好他被打烂的下颚之后，还是将其拖上了断头台。

　　反攻罗伯斯比尔的政变，史称"热月政变"。1794 年 7 月 27 日，这场暴力性质的政变终于结束，整个巴黎都欢快起来。

　　然而，法国的处境仍然十分艰难，急需强悍的人物来掌握实权。那些衣食不保的革命军队在德国、意大利、比利时、埃及与敌人进行了多场大决战，并最终获得胜利。在这些热血沸腾的战役中，产生了五名督政官，他们统治了法国五年之久。随后，大权落到一位名叫拿破仑·波拿巴的将军手中。

　　拿破仑，这个历史中大名鼎鼎的人物，其实并不是法国人，而是意大利人。他的家乡在科西嘉岛，这个地方曾是古希腊、迦太基以及罗马在地中海的殖民地，为了独立，长期处于斗争之中，到了 18 世纪中期，科西嘉人又想尽办法摆脱法国人。法国最初帮助科西嘉人争取自由，但之后却贪图利益而霸占了科西嘉岛。

　　在拿破仑生命最初的 20 年里，是个标准的科西嘉爱国者。他希望能够凭借一己之力，将祖国从法国人手中解救出来。但令人意想不到的是，法国革命接受了科西嘉人的独立要求。拿破仑最终拥有了法国国籍，并从埃纳军事学校毕业。

拿破仑在他不到 20 年的政治生涯中，就取得了令人瞩目的成绩。然而，这个身材短小的男人早年身体状况不佳。他的容貌丑陋，所以每当他在社交场合露面时，都显得不知所措。

拿破仑的成名一战，是他指挥一个炮兵连成功地围攻土伦。在那段时间里，他拜读了佛罗伦萨政治家马基雅维里的著作，对其教诲信服得五体投地。

1799 年 11 月，拿破仑发动了一场"雾月政变"。解散了当时的法国议会——元老院和五百人院，夺得政权，成了"执政府"。拿破仑独揽大权。从此，他成为法国至高无上的人物。

拿破仑执政后，加强了大资产阶级的统治。为了确保革命成果，对外，他打败了奥地利，粉碎了第二次反法同盟的进攻，解除了法国的威胁；对内，拿破仑建立起庞大的中央集权的官僚机构。从地方大员到基层官吏，都由中央委任。同时，拿破仑还镇压了王党复辟，取消了公民的言论、集会等自由。

然而，拿破仑对自己执政权力并不满足，为了改变这一局面，他先后两次修改宪法，把第一执政的职务变为终身执政，直至加冕称帝。

1804 年 12 月，拿破仑终于实现了最后的愿望——称帝，这标志着他的权力已经达到了顶峰。

拿破仑建立帝国后，首先进行了财政改革，以扭转督政府时期形成财政混乱的局面。拿破仑采取经济紧缩政策，有效地保护了关税，改进了税收结构，新成立了工商业部门和法兰西银行，这使得经济显著好转。在加强法制方面，拿破仑建立起资产阶级国家法制体系。

王党的势力一直是拿破仑严厉打击的对象，他始终认为对王党施恩，只能贻害无穷。逃亡国外的路易十六的弟弟，曾写信给拿破仑，请求回国。拿破仑断然拒绝，说如果想回来，必须以 10 万具尸体做代价。

在选拔将帅方面，拿破仑是不拘一格，他手下的元帅和将军绝大多数是 30 岁左右的年轻人，多半是从士兵中选拔出来。拿破仑的一生与"对外战争"这个词紧紧相关，他指挥过几十次战役，击溃过欧洲反法同盟军，保住了法国大革命的胜利果实。

帝国的实力逐渐强大后，拿破仑对外扩张的野心也随之膨胀，开始了对外侵略。法军所到之处，生灵涂炭、哀鸿遍野。

然而，在对外侵略中一路高奏凯歌的拿破仑，却在俄罗斯遭到痛击。

在讲述拿破仑帝国与俄罗斯生死大战前，先来看看俄国的情况。

17世纪中叶，俄国已是一个疆土辽阔的封建大国，但经济却十分落后。农奴制度在俄国仍盛行不衰，农民没有人身自由，饱受着贵族地主的残酷剥削，生活非常悲惨。手工工场虽然开始出现，但数量很少，而且工场内的主要劳动力是农奴；政治上实行沙皇专制制度，所有权力都集中在沙皇一人手中；文化教育更为落后，识字的人非常少，全国人民都笼罩在无知和愚昧之中。

1689年，彼得一世开始掌握俄国统治的实权。彼得率领庞大使团，赴西欧考察。他在经过柏林前，来到了英国和荷兰。还记得在童年时，他曾经在父亲的乡间别墅鸭塘里驾驶着一只自制的小舟，差点溺水身亡。这种对水的无比热爱延续到了他成年之后。从功利的角度来看，这种对水的眷念和渴望无意中透露了他妄图能为自己的内陆国家尽快开辟出一条通达公海的通道之心。

利用彼得外出考察之机，莫斯科城中的一些旧制度拥护者，开始对他全部的改革举措进行破坏。而彼得大帝的卫队——斯特莱尔茨兵团首先发生了叛乱，使彼得被迫以最快的速度返回国内。他自封为最高执法官，将所有参与兵变的成员统统实施绞刑，甚至有的人还被其残忍地分尸，整个兵团几乎没有留下一个活口。而叛变的始作俑者，彼得的姐姐索菲亚，被关押在一座修道院中。就这样，彼得的势力得到了巩固并且日渐发展。

然而，在彼得1716年进行第二次西欧考察时，叛乱事件再一次发生了。而这次，作为叛军首领的则是彼得那并不正常的儿子阿列克西。这一次，彼得同样又一次急匆匆地赶回国内。最终，阿列克西在牢房中被活活打死，而那些古老的拜占廷拥戴者在经过艰苦的跋涉之后，来到了位于数千英里之外的西伯利亚铅矿，那里成为了他们最后生活的地方。自此之后，直到彼得去世之前再也没有发生过针对他的大规模骚乱事件。在这样和平的条件下，他可以将自己全部的精力都致力于改革。

如果想为彼得列出一张改革年表，并不是一件易事。彼得大帝以令人无法想象的速度推进改革，而其中大多是依照个人意愿，并没什么规律和计划可言。他颁布各种政令的速度之快、数量之多令人难以置信。彼得似乎察觉到过去所发生的一切都是错误的，因而必须在最短的时间内改变俄国的现状。

彼得不仅是个改革家，还是一个杰出的军事统帅，他在军事学术方面富于创造和革新的精神。在位期间，陆海军实行严整统一的编制，实行严格的纪律和军人守则；他十分重视陆海军的技术装备革新；制定了一套适合民族特点的俄军传统的部队训练体制。

彼得一世毕生致力于加强俄国的军事力量，提高俄国在国际舞台上的地位。他继续了 1686 年开始的对土耳其的战争，于 1695 年至 1696 年举行亚速远征，巩固了俄国在亚速海沿岸的地位。为争夺波罗的海出海口，他发动了对瑞典的战争。1714 年 8 月，他亲率俄国舰队在汉科角海战中击败瑞典舰队，取得海军建立以来的首次胜利。9 月，俄国与瑞典签订《尼斯塔特和约》，夺取了大片土地，并取得波罗的海的出海口。10 月，俄国改国号为俄罗斯帝国。

在 1700 年至 1721 年的北方战争中，俄国获得全胜，取得了通往波罗的海的出海口，从而得以与西方建立直接联系。俄国开始跻身于欧洲列强之列。

到了 1812 年，俄罗斯强国遭到拿破仑的入侵，这是一场生死大战。

【档案 NO.50】

雾月政变：1799 年 11 月，拿破仑以解除雅各宾派过激主义威胁法兰西第一共和国为借口，开始行动，他派军队控制了督政府，接管了革命政府的一切事务，开始了为期 15 年的独裁统治。这一天是法国共和历雾月 18 日，所以，历史上称拿破仑在这天发动的政变为"雾月政变"，史上通称"雾月 18 日政变"。

【档案 NO.51】

彼得的改革的主要内容：削弱贵族势力，加强中央集权；引进西欧先进的军事技术，建立海军和新式陆军；鼓励发展工业，允许工场使用农奴劳动；推行学校教育，重视科学技术，提倡西欧的生活方式。

37. 拿破仑帝国兴亡（二）

从 1805 年开始，拿破仑指挥的军队接连挫败反法同盟的进攻，使法国成为欧洲大陆的霸主，粉碎了欧洲各主要封建国家复辟波旁王朝的阴谋，也从根本上动摇了欧洲大陆的封建秩序，沉重打击了各国的封建专制统治。但是，拿破仑战争也给欧洲各国人民带来了灾难，其侵略性质在战争后期愈发明显。法国每取得一次胜利，都要从战败国索取大量的赔款，并从占领地抢夺大量的金银财富、艺术品运回法国。同时，法国还将被占领国家和地区变成自己的原料供给地和商品倾销市场，欧洲各国人民均遭受了巨大的人力和物力损失。

经过几年的战争，法国成为一个拥有 130 个省，7500 万人口的大帝国，并且拥有众多的附庸国和同盟国。但是，帝国内部却掩藏着深刻的危机。

1804 年，拿破仑加冕做了皇帝，他征服四方的雄心更加膨胀，法兰西第一帝国的对外战争也更频繁了。1806 年，为了取代英国而成为欧洲的新霸主，他在柏林宣布了"大陆封锁令"，企图通过禁止英国商品进入欧洲大陆的办法迫使英国就范。没想到俄罗斯人在暗中不遵守大陆封锁令，法俄关系就此破裂。

拿破仑

1812 年 5 月 24 日，拿破仑率领来自几个不同国家的 60 万大军侵入俄罗斯。法军一路高歌猛进，在夺取斯摩棱斯克后，于 9 月 17 日在鲍罗金诺村同俄军主力展开了血战。法军共投入 13 万大军和 600 门大炮，在付出了 47 名将军和 4 万名士兵伤亡的代价后，才将该村占领。俄军的伤亡也十分惨重。

面对如此强大的敌人，俄军统帅库图佐夫制定了坚壁清野、保存实力、回避决战、诱敌深入、以空间换取时间再伺机歼敌的战略。

拿破仑也意识到了战线太长会有危险，想要寻找机会迅速结束这场战争，但苦于无法找到俄军的主力。俄罗斯实在太大了，法军越往东进，越感到供应困难。拿破仑的一名部下曾报告说，看不到居民，抓不到俘虏，拾不到一根蔓藤。我们虽在俄罗斯的心脏地带，但我们更像是汪洋大海中的一条船，既无指南针，也不知道周围发生了怎样的变化。

在两个月的艰苦跋涉之后，拿破仑的军队终于到达了俄国首都莫斯科，并将大本营驻扎在克里姆林宫。可此时的莫斯科却是一座空城。因为俄罗斯人早在法军进城之前，就已经把所有食品和衣被带走。当天夜里，正当几万名法军为轻易取得的胜利感到庆幸时，莫斯科总督罗斯托普钦命令几百名纵火者将一批燃烧弹投射城里所有易燃建筑物，顿时，莫斯科陷入一片火海当中。3 个昼夜的大火把莫斯科这座富有、美丽的城市烧成了一片废墟。

此时，严冬悄悄地来临了。深入莫斯科的法军缺吃少穿，开始抱怨起来。10 月 18 日，他们遭到俄军的伏击，伤亡 3000 余人。拿破仑开始担心自己的部队没有在战场上被打垮，却要在这严冬中冻死、饿死。

1812 年 10 月 19 日，拿破仑不得不发出撤军的命令。从第二天起，法国 14 万大军、5000 匹战马开始往回返。然而，他们既没有波斯大流士远征的威武，也没有蒙古军西征的气势，人们看到的只是几股无尽头的人流，夹杂着各式各样的车辆，载着掠夺来的财物——其中伊凡大帝巨大的十字架格外显眼，拿破仑准备把它带回去装在巴黎荣誉军人退休院的圆屋顶上。

俄罗斯冬日的严寒、泛滥的河水，可怕的风雪影响了法军退却的速度，衣服单薄、体力不支的法军士兵倒下就再也站不起来，顷刻间被白雪覆盖。拿破仑的军队艰难行进，直到 11 月 26 日才到达别列齐纳河。随后，俄国人开始了疯狂的反击行动，已慌乱无主的"伟大军队"被哥萨克人密不漏风地围困住。12 月中旬，第一批侥幸逃生的人才开始出现在德国东部。

可以说，这次失败是法兰西帝国由盛而衰的转折点。连年的对外战争使法国各阶层人民的生活每况愈下，农民、工人阶级及资产阶级对拿破仑政权的不满日益加剧，拿破仑政权的统治基础动摇了。就在拿破仑兵败俄罗斯后的一年，反法同盟军向法军发起进攻，拿破仑即将迎来他人生中最严峻的一次挑战。

1813年10月16日到19日，以英国、俄国、普鲁士为首的第六次反法同盟军与法军在莱比锡展开决战，法军全线崩溃。12月，拿破仑率领残兵败将逃回法国。

1814年初，反法联军攻入法国境内。同年3月，反法联军抵达巴黎城下。4月2日，巴黎元老院不得不废黜了拿破仑。4月4日，拿破仑被迫退位，被流放到厄尔巴岛。路易十六的弟弟即位，称为路易十八。波旁王朝复辟。

次年，拿破仑趁法国国内对复辟的波旁王朝的不满，逃出厄尔巴岛，率领1000多人在法国登陆。20日，拿破仑进入巴黎，路易十八仓皇出逃，拿破仑再度登上帝位。

拿破仑东山再起，使欧洲各国的统治者极度震惊，各国匆忙派出重兵，重建反法同盟，准备围攻巴黎。拿破仑也迅速组建了30万大军，只是军队的素质大不如前了。当时欧洲联军有70多万，拿破仑深知自己在军事上处于不利的地位。为此，他决心采取以攻为守、各个击破的战术，争取战场上的主动。

拿破仑迅速向北方转移，以便在敌军还未联合之前将其击败。但今时已非往日，他的身体状况早已一日不如一日，很容易疲劳，应该指挥先头部队进攻的时候，他却仍在床上呼呼大睡。与此同时，那些对他忠心耿耿的老部将也都先他而去了。

6月初，拿破仑率军攻入比利时。16日，他击退了布吕歇尔指挥的普鲁士军。但拿破仑的一个下级军官没有按照命令肃清剩余的全部残军。

两天后，即6月18日，是一个周日，拿破仑与惠灵顿公爵指挥的英军在滑铁卢狭路相逢。

滑铁卢总决战之前，拿破仑只率7万士兵、270门大炮，但这些大炮因为天下大雨而只有一小部分进入阵地。拿破仑将总预备队置于中央后方，并正确判断出英军弱点在其中段，所以拿破仑决定佯攻英军右翼而重点攻击中部。

上午11时，法军抢先开炮，向英军右翼乌古蒙堡垒射击，形成对峙。战斗到下午两点钟的时候，法军似乎看到了胜利的曙光。三点时，眼看着东方地平线上飞扬起一片片的灰尘，拿破仑认为那是增援的骑兵，此时即是将英军彻底击垮的最佳时机。到了下午四点，他仿佛才如梦初醒，那扬起的灰尘原来是布吕歇尔在一边叫骂一边将自己已疲劳过度的部队驱赶到战场。拿破仑的军队顿时方寸大乱，再加上后备军并没有能够及时支援，拿破仑只能命令手下尽力抗争，自己则逃之夭夭。

整个滑铁卢战役经过 12 小时的激战，以拿破仑彻底失败结束。这对拿破仑是致命一击，他再也没有还手之力。在百万联军压境的情况下，议会不敢再支持拿破仑，6 月 22 日，拿破仑宣布第二次退位，他的"百日帝国"土崩瓦解。

一个月后，拿破仑接到法国新政府的命令，限他在 24 个小时之内离开法国领土。

7 月 15 日，拿破仑登上"贝勒罗丰"号，并将佩剑交给霍瑟姆海军上将。接着，他在普利茅斯被转移到"诺森伯兰"号送往圣赫勒拿岛。在那里，他度过了生命的最后七年时光。

在那段时间里，拿破仑曾尝试着撰写自己的回忆录，他时常缅怀那些曾经辉煌的日子。然而，他的健康状况每况愈下，终于在 1821 年 5 月 5 日走完了人生的历程。曾经叱咤一时的拿破仑不是万能的上帝，也不是十恶不赦的恶魔，他是一个历史上少有的军事天才，他的历史贡献应该值得肯定。

【档案 NO.52】

百日帝国：1815 年 3 月 20 日，拿破仑从厄尔巴岛逃跑到法国，集结军队，把刚复辟的波旁王朝推翻，再度称帝；6 月 28 日，因为滑铁卢战役的失败，拿破仑再被流放到圣赫勒拿岛，波旁王朝再度复辟。拿破仑战争至此结束。拿破仑重返帝位总共 101 日，因此史称"百日帝国"。

38. 拉丁美洲独立战争

拿破仑帝国覆灭后，按照第一次巴黎和约的规定，反法联盟各国在 1814 年 10 月 1 日召开会议，处理拿破仑战争结束后的欧洲问题，这次会议持续了 8 个月之久，直到次年的 6 月 9 日才结束。

这次会议称为维也纳会议，在英国、奥地利、普鲁士和俄罗斯四大国的操纵下召开。出席维也纳会议的人们刚刚经历了一场大革命，被战争连续折磨了 20 年之久。

他们相聚的唯一理由，就是要为欧洲带来"和平"与"稳定"，并且他们认为这是人们最渴望和最需要的。这些人就是我们所说的反动势力。他们始终认为人们没有自理的能力，必须由他们来重新划分欧洲版图。

只有这样，他们的胜利才能维持长久，不过，他们的如意算盘最终还是落空了，原因并不在于他们居心叵测，而是由于在很大程度上，这些旧式人物沉迷于年轻时代的快乐生活，并盼望能够再次重温那段幸福时光。他们还没有意识到，许多革命的思想已经在欧洲得到了最大程度的普及，这是一种不幸。

法国大革命最显著的成果之一是它不仅教育了欧洲人，也教育了美洲人。人们知道，他们必须要掌握民族的自主权。

"民族"是人类社会正常发展不可缺少的，任何一个民族都渴望能够独立，任何一个试图制止这股潮流的人都会遭到失败。但是，谁也没想到，南美洲会成为第一个奋起反对维也纳会议的反动决议的地方。

在南美洲这块陆地上，受大革命影响最大的地方是哥伦布首航到达的海地。海地于 1520 年沦为西班牙殖民地，1679 年割让给法国，1791 年，杜桑·卢维都尔领导黑人奴隶在海地武装起义。1804 年 1 月 1 日，海地正式宣告独立，揭开了整个拉丁美洲革命的序幕。

　　海地革命的胜利，给西属拉丁美洲殖民地的人民树立了榜样。1810 年，西属拉丁美洲的独立战争开始。很快形成了三个中心：委内瑞拉、拉普拉塔、墨西哥。

　　1810 年，委内瑞拉爆发起义。7 月 5 日，委内瑞拉第一共和国成立。但是，西班牙殖民者于 1812 年攻占了该城，共和国被绞杀。1814 年 1 月，委内瑞拉重整旗鼓，继续战斗。1818 年 10 月，委内瑞拉第三共和国宣告成立。

　　独立战争的另一个中心地区，是拉普拉塔地区。1810 年 5 月 25 日，阿根廷布宜诺斯艾利斯市区爆发了起义。随后，巴拉圭革命者于 1811 年 5 月举行起义。1816 年 7 月，拉普拉塔各地代表聚会，正式宣布脱离西班牙，建立独立的"拉普拉塔联合省"。1826 年，联合省改组为阿根廷共和国。

　　拉普拉塔地区革命运动的杰出领导人是阿根廷民族英雄何塞·圣马丁。1817 年，圣马丁攻入智利。次年 2 月，智利宣告独立。

　　1820 年 9 月，圣马丁率领起义军在秘鲁登陆。1826 年 1 月 23 日，西班牙军最后的残余力量投降。至此，西班牙在拉丁美洲的殖民统治全部垮台。

　　独立战争的第三个中心是墨西哥和中美洲地区。1810 年 9 月 16 日，在墨西哥北部多洛雷斯爆发了农民起义，人数达 8 万余人。他们占领了墨西哥中部的一些城市，并乘胜向墨西哥进军。

　　1811 年初，起义军遭到敌人的伏击受挫。3 月，因叛徒出卖，起义军领袖伊达尔哥被俘后就义。伊达尔哥牺牲后，他的学生莫雷洛斯继续领导革命斗争。到 1811 年底，起义军解放了南部的大部分领土。1813 年 11 月 6 日，解放区通过了《墨西哥主权和独立宣言》，次年 10 月又颁布共和国宪法。殖民者紧急调集大军反攻。

　　1815 年，莫雷洛斯被捕牺牲。墨西哥人们仍然进行了不屈不挠的斗争。1824 年，墨西哥共和国正式宣告成立。

　　接着说说巴西，16 世纪中期，葡萄牙占领巴西后，在这里建立了封建制经济和种植园奴隶制度。1807 年底，葡萄牙被拿破仑军队占领，王室逃到巴西。葡萄牙王室在巴西实行重税政策，1816 年又发动入侵乌拉圭的战争，这激化了人民的反抗情绪。1822 年 9 月 7 日，彼得罗宣布巴西独立，自立为皇帝。但是，独立后的政权依然保留着种植园奴隶制度。后来，巴西人民经过几十年的艰苦斗争，终于在 1889 年推翻帝制，建立了巴西联邦共和国。

拉丁美洲独立战争的胜利，使拉丁美洲绝大部分地区摆脱了西班牙和葡萄牙的殖民统治，建立了民族独立国家。革命后，教会的权力受到限制，多数国家明令禁止奴隶制，也取消了农民对国家、地主和教会担负的无偿劳役。

然而，由于独立战争是在土生土长的白人地主和种植园主的领导下进行的，胜利后建立的白人政权，继续维护封建大地主的制度。因此，多数国家出现了独裁政权，对拉丁美洲国家的发展产生了不良影响。

接下来，我们再回到欧洲，看看英国的工业大革命。

39. 工业革命与欧洲革命

资产阶级统治在英国的确立，是英国工业革命的前提。英国通过剥削本国劳动人民、殖民掠夺和贩卖黑奴，使工业革命有了雄厚的资本。圈地运动又使得被剥夺土地的农民四处流浪，涌入城市，随时准备接受资本家的雇佣。这为工业革命的进行提供了充足的廉价劳动力。英国拥有广大的海外殖民地，不仅为英国提供了源源不断的廉价原料，也为英国提供了广阔的销售市场。

18世纪60年代，英国最早具有了进行工业革命的资本、劳动力、资源、市场这4个必要的条件，因此，一场对人类历史产生重大影响的工业革命就在英国首先开始了。

工业革命是从发明和使用机器开始的，机器的发明和使用，最早产生于棉纺织工业部门。珍妮纺纱机的发明是从飞梭引发的。1733年机械师凯伊发明了飞梭，使织布的速度大大加快，棉纱顿时供不应求。到了1765年，纺织工人詹姆

珍妮纺纱机

士·哈格里夫斯发明了手摇纺纱机，纺纱功效一下提高了18倍。他用女儿珍妮的名字命名这台机器为"珍妮纺纱机"。它被认为是工业革命的第一台机器，工业革命以此为起点开始了。

珍妮机虽然提高了纺纱速度，但纺出的纱并不理想，纱细而易断，为了克服这一弱点，有一个学徒出身的钟表匠阿克莱苦心钻研，在1769年发明了水力纺纱机，纺出的纱很结实，但是比较粗。

棉纺织业包括纺和织两个部门，纺纱环节的重大突破，把织布环节又抛到了后面，这就促使人们在这方面进行研究突破。有一个叫卡特莱特的钟表匠想，既然机器能用于纺纱，就一定也可以推广到织布。经过研究，他在18世纪80年代终于发明了水力织布机，提高织布效率40倍。4部机器中，除了珍妮机是以人力为动力的，其余3部都是以水力为动力的，而以水力为动力有很大的局限性。这就需要一种更方便而又更有效的动力来带动机器。

解决机器动力问题的人是学徒出身的瓦特。他于1785年制成了改良蒸汽机。它是把热能转变为机械能的装置。后来，不仅纺织工业采用机器生产和蒸汽动力，而且在冶金、采矿等部门也都进行了工业革命。到19世纪上半期，大机器生产基本上代替工场手工业，英国完成了工业革命。随即，法、美等资本主义国家也都相继完成了工业革命。

瓦特改良后的蒸汽机

随着工业的发展，交通运输被提上了日程。工业革命以后，大机器生产需要运进大批原料，并及时把堆积如山的产品运到各地，人力、畜力和简陋的运输工具就无法胜任了，于是交通运输的革新又被提上了日程。这方面的突破，首先发生在美国和英国，1807年，美国人富尔敦吸收前人的研究成果，造成世界上第一艘汽船。十几年后，美国轮船"大西"号横渡大西洋成功。从此，汽船开始在远洋航行中发挥重大作用。

1814年，英国人史蒂芬森发明了第一台蒸汽机车，这台机车在前进时不断从烟囱里冒出火来，因此被称为"火车"。

1830年，英国正式使用火车，从此，铁路交通飞速发展。

工业革命影响力巨大，首先就是推动了生产力的发展，巩固了资本主义统治的秩序。英国工业革命时期，国民生产总值增长了一倍，很明显，工业文明比农业文明优势巨大。

其次，工业革命是从技术革新开始的，却不同于一般的技术革命。它不仅给生产领域带来了巨大变化，更重要的是它引起了社会阶级关系的变化，使资本主义社会日益分类为两大直接对立的阶级：资产阶级和无产阶级，这是工业革命最重要的社会结果。

工业革命的扩展，使资本主义得到了发展，新兴的工业资产阶级力量日益壮大，但在政治上仍然处于无权或少权的状态，封建落后势力成为资本主义进一步发展的障碍。

另外，遭受外来压迫的东南欧各国希望结束外国统治，获得民族独立。而且，各国相继出现了农业欠收和经济危机，广大人民的生活更加恶化，阶级矛盾尖锐，社会动荡加剧。

1848 年，意大利各地相继爆发资产阶级革命，外国统治者被驱逐，揭开了 1848 年欧洲革命的序幕。

意大利革命在法国产生了很大影响。法国的七月王朝竭力维护金融资产阶级的利益。工商业资产阶级对此非常不满，在全国各地以办"宴会"为名，举行群众集会，宣传自己的主张。1842 年 2 月下旬，为了在巴黎举办一次大型的"宴会"，群众与军警发生冲突，并演变成武装起义。很快，起义军控制了巴黎的大部分地区。国王逃往英国。

革命推翻了七月王朝，建立了共和国，这就是法兰西第二共和国。法国二月革命把 1848 年欧洲革命推向高潮。

二月革命后，法国资产阶级窃取了革命的果实。在起义代表组织的"临时政府"中，资产阶级代表占据了一切要职。为了麻痹手中掌握着武装的工人，临时政府先是假意答应满足工人的一些要求，而后又故意挑拨农民、手工业者同工人的关系，并着手积蓄反革命武装，准备屠杀巴黎工人。

6 月下旬，愤怒的巴黎工人忍无可忍，发动了起义，这就是著名的"六月起义"。这次起义虽然失败了，但它是现代社会两大对立阶级的第一次伟大战斗，具有重要的历史意义。

革命相继席卷了欧洲的许多地区，在奥地利、维也纳和普鲁士的柏林等地，资产阶级和广大人民拿起武器，举行起义，反对专制统治。在匈牙利、捷克和罗马尼亚，人民群众为了反抗外族统治，争取民族解放，纷纷发动起义。其中影响最大的是匈牙利起义。起义军抗击了奥地利军队的多次进攻，赢得了匈牙利的独立。

在 1848 年欧洲革命中，广大工人、学生和市民成为革命的主要参加者，表现出极大的革命热情。

面对汹涌的革命浪潮，欧洲的封建君主们大为惊恐，资产阶级也害怕革命继续深入会危及自身的利益，于是组织各种反对势力反扑。沙皇俄国最为嚣张，派遣军队到各地帮助镇压革命和民族起义，扑灭了匈牙利革命。6月，法国资产阶级为了进一步巩固统治，镇压了巴黎工人起义。不久，代表金融资产阶级和大工业家利益的拿破仑政权，建立了法兰西第二帝国。1849年，欧洲的革命烈火基本被扑灭。

革命失败的原因主要有两点：第一，资产阶级的背叛和无产阶级在政治上、组织上的软弱。1848年，工人阶级已经作为独立的力量登上政治舞台，并且一直走在革命的最前列。但是资产阶级害怕革命继续深入会危及自身的利益，因而其革命性不断减弱，甚至背叛了革命。第二，以沙皇俄国为代表的欧洲各封建君主疯狂地镇压革命。

这场欧洲大革命是世界近代史上规模最大的一次革命，革命风暴波及除俄国以外的整个欧洲大陆。接着，我们看看大革命失败后的德意志。

【档案 NO.53】

七月王朝：又称"奥尔良王朝"。1830年七月革命后，资产阶级拥立奥尔良公爵路易·菲力浦为国王，建立王朝，代表金融贵族（大资产阶级）利益。随着法国工业革命的快速发展，工业资产阶级日益强大，也要求参政。1831年和1834年爆发两次里昂工人起义。1848年二月革命中该王朝被推翻。

40. 俾斯麦统一德意志

德意志在历史上曾经是一个长期分裂的国家,境内诸侯林立。

1848 年至 1849 年革命失败后,德意志各邦都恢复了反动的封建统治。19世纪五六十年代,资本主义在德意志普遍发展起来。资本主义农业关系的进一步发展以及工业品市场的扩大,都给资本主义工业的发展创造了有利条件。

资本主义经济愈加发展,国家统一的要求就愈加迫切。当时存在着两条不同的统一道路:一条是由无产阶级领导,通过自下而上的革命,推翻各邦王朝,建立统一的德意志共和国。另一条是由容克阶级领导,通过王朝战争,自上而下地建立统一的君主国。可以说,德国的统一是历史发展的必然趋势。普鲁士最后完成了自上而下的统一。在普鲁士实现德意志统一的过程中,俾斯麦起了关键作用。

俾斯麦是著名的政治家和外交家,也是普鲁士王国和德意志帝国宰相。1815 年出生在普鲁士一个大贵族地主家庭,他的性格强暴蛮横、凶悍粗野,崇尚武力。

1851 至 1858 年,俾斯麦担任普鲁士邦驻德意志联邦代表会的代表;1859 年,任驻俄大使;1861 年,改任驻法大使;1862 年,得到国王威廉一世的赏识,出任普鲁士宰相兼外交大臣。

俾斯麦对普鲁士统一德意志的能力深信不疑。他的哲学是:"强权胜于真理。"他认为武力是取得政治和外交成就的基石。他曾反

俾斯麦

复对普鲁士人说："当代的重大政治问题不是用说空话和多数派决议所能决定的，而必须用铁和血来解决。德国所指望的不是普鲁士的自由主义，而是他的武力！"这就是著名的铁血政策。它是俾斯麦通过王朝战争实现德国统一的政策。

俾斯麦代表容克地主和大资产阶级的利益，竭力主张以强权和武力统一德国。依靠"铁血政策"，俾斯麦先后发动了普丹战争、普奥战争和普法战争，自上而下的统一了德国，尽管统一后的德国保留了普鲁士的封建势力及其军国主义传统，但统一毕竟是一个进步的历史事件。

1864年，德意志与丹麦在石勒苏益格—荷尔斯泰因发生领土纠纷。俾斯麦联合奥地利发动了对丹麦的战争，丹麦惨败。双方签订协定，石勒苏益格划给普鲁士，荷尔斯泰因划给奥地利。

奥地利是普鲁士统一德意志的最大阻力，所以对奥战争是不可避免的。1866年6月，普鲁士挑起了普奥战争。意大利为了收复威尼斯也对奥作战。普鲁士军队很快占领德意志北部和中部各邦。

同年7月3日，普军在捷克的萨多瓦村附近重创奥军。经过调停，8月23日，普、奥签订和约，规定：旧德意志联邦解散；奥国承认普鲁士成立北德意志联邦（由美因河以北各邦组成）；把施勒斯维希、霍尔斯坦、汉诺威和法兰克福等地划归普鲁士，威尼斯归还意大利。此后，普鲁士于1867年成立了北德意志联邦，普鲁士国王为联邦元首。奥地利皇帝为了增强国势，于1867年兼任匈牙利国王，组成了奥匈帝国。

经过普奥战争，普鲁士统一了德国的整个北部和中部地区，只有德意志南部紧邻法国的四个小邦国仍旧保持着独立。俾斯麦想兼并这四个小国，但他知道，法国也有同样的想法，不打败强大的法国，德国的统一将不可能实现。同时，俾斯麦对法国境内的富裕地区阿尔萨斯和洛林早已垂涎三尺。所以，俾斯麦铁血政策的第三步，就是进行普法战争，打败法国。经过充分的准备，1870年7月19日，普法战争爆发。战争爆发后，一方面，由于法国的孤立和军事上的失误；另一方面，由于普鲁士制订了周详的作战计划，不到一个半月，法国就被击败。9月2日的色当战役，拿破仑三世当了俘虏，法国投降，普军大获全胜。普鲁士军队开进巴黎附近的凡尔赛宫，宣布以普鲁士为首的德意志帝国成立。普鲁士国王威廉一世为德意志帝国皇帝，俾斯麦为首相。德意志的统一完全实现。

统一后的德国成为欧洲和世界的强国，导致国际政治格局发生重大变化。因为受铁血政策的影响，德国逐渐成为世界战争的策源地。作为欧洲一个后起之秀的国家，德国更需要海外殖民地，而殖民地一般来讲，被一些欧洲老牌国家瓜分，所以德国被欧洲称为问题儿童，经常对别国挑衅。

【档案 NO.54】

容克地主：容克原指无骑士称号的贵族子弟，后泛指普鲁士贵族和大地主。起源于16世纪，第二次世界大战后基本消亡。在德国文献中容克被分为作战容克、宫廷容克、议院容克和乡村容克等不同类型。

41. 美国南北战争与巴黎公社

德意志统一战时，美国也在进行一场战争。那就是美国历史著名的南北战争。

18 世纪，美国独立战争后，建立了联邦制，由资产阶级与种植园奴隶主联合执政。不过南北两地依旧各行其道，南方，在种植园经济的基础上，发展着黑奴制；而北方，则发展了资本主义的自由雇佣制。

到 19 世纪中叶，这两种对立的经济制度之间的矛盾发展到了不可调和的地步。南部奴隶制度成为美国社会经济发展的主要障碍。

1860 年，以呼吁维护联邦统一，反对奴隶制扩张而著称的林肯，当选为美国第 16 届总统。南方奴隶主感到大权旁落，于是开始制造分裂，蓄意发动叛乱。1861 年初，南方各州脱离联邦，成立"南部各州同盟"，定都里士满。4 月 12 日，南方叛军炮击联邦军驻守的萨姆特要塞，公然挑起国内战争。4 月 15 日，林肯被迫宣布南方为叛乱州，征召 7.5 万名志愿军，为恢复联邦统一而战。

战争开始后，无论在人口、工业生产、财政金融、交通运输、军事力量，还是政治上，北方均占有绝对优势。然而战争初期，联邦军队却频频失利。这是因为南方军队有备而来，取得了主动权，更是因为林肯政府将最敏感的奴隶制存废问题搁置在了一边。

1861 年 7 月，在离华盛顿 40 公里的马那萨斯城发生第一次会战，联邦军被人数较少的南方军击败，华盛顿几乎失守。此后，群众举行了示威游行，要求解放奴隶，分给农民土地，挽救危局。

1862 年 9 月 23 日，林肯发表预备性的《解放宣言》。宣布：假如在 1863 年 1 月 1 日以前，南方叛乱者不放下武器，叛乱诸州的奴隶从那一天起获得

自由。消息传到南方后，成千
上万的奴隶逃往北方。英国工
人阶级也展开了支持北方的运
动，迫使英国政府放弃了原来
的干涉计划。

美国南北战争

林肯政府还实行了一系列
的革命措施和政策。比如在
1862 年和 1863 年两年中，实
行武装黑人的政策，成千上万
的黑人报名参加北方军队，其中主要是南方逃亡奴隶。

1862 年 5 月颁布的"宅第法"规定：一切忠于联邦的成年人，只要交付
10 美元的登记费，就可以在西部领取 160 英亩土地，在土地上耕种 5 年后，
就可以成为这块土地的所有者。

林肯政府严厉镇压反革命分子，清洗军队中的南方代理人。1863 年开始
实行征兵法，以代替募兵制，从而增强了北方的兵力。同时，林肯调整了军事
领导机构，实行统一指挥，任命有卓越军事才能的格兰特为全军统帅。

1863 年，北方在军事上出现转机。同年 7 月 1 日的葛底斯堡大捷，成为
内战的转折点。战争的主动权转到北方军队手中。1864 年，北方军最高统帅
格兰特采用新的战略方针：在东、西两线同时展开强大攻势。东线以消耗敌人
力量为主要目标；西线用强大兵力深入敌方腹地，切断"南部同盟"的东北部
与西南部的联系。

1864 年 9 月，西线谢尔曼将军麾下的北方军，一举攻下了亚特兰大。两
个月后，北军开始了著名的"向海洋进军"，彻底摧毁了敌人的各种军事设施，
沉重地打击了敌人的经济力量，使南方经济陷于瘫痪状态。

在东线，格兰特将军统帅北方军把敌军逼到叛乱"首都"里士满附近。
1864 年 11 月，林肯以绝对多数再度当选总统，南方败局已定。

1865 年初，奴隶纷纷逃亡，种植园经济濒于瓦解。北方海军实行的海上
封锁，几乎断绝了南方与欧洲的贸易。同时，在南方内部也出现反对派，许多
小农加入"联邦派"，从事反战活动。南方逃兵与日俱增，粮食及日用品匮乏。

1865 年 4 月 3 日，联邦军队攻克里士满。6 天后，南方军陷入北方军的重重包围之中，被迫投降。

美国南北战争以北方的胜利而宣告结束，美国恢复统一。

美国统一，德意志统一，而 19 世纪中叶的法国却很不平静。1870 年 7 月 19 日，法国对普鲁士宣战，遭到惨败。同年 9 月 4 日，法国人民举行革命，推翻了第二帝国，成立了"国防政府"。

此时，普鲁士军队继续向法国内地推进，法国成了防御侵略战争的一方。"国防政府"屈辱求和，普军长驱直入，包围了巴黎。10 月 31 日，法军投降。巴黎人民极为愤慨，又爆发了试图推翻叛国政府的第二次起义。不幸的是，起义被镇压了。

然而，这两次起义使无产阶级和人民群众受到了实战的锻炼。爱国热情高涨的巴黎工人冲破政府的限制，仅三个星期就组成了 194 个营队。1871 年 2 月，巴黎无产阶级革命武装正式成立了国民自卫军中央委员会。

1871 年 1 月 28 日，"国防政府"同普鲁士签订了割地赔款的停战和约。2 月 17 日，梯也尔上台。由于消除了后顾之忧，法国资产阶级便集中全力对付国内特别是巴黎的工人武装。

3 月 8 日至 17 日，梯也尔政府向巴黎增调了 2 万名政府军，准备夺取国民自卫军的大炮，逮捕其中的中央委员会成员。18 日凌晨，政府军占领了蒙马特尔停炮场，枪声惊醒了附近的居民。大炮被抢的消息迅速传开。该区的国民自卫军战士立即集合起来，包括许多妇女、儿童和老人在内的人民群众，也一起拥上蒙马特尔高地。偷袭的政府军很快就被国民自卫军击溃。

这时，巴黎的武装起义迅速展开。国民自卫军和人民群众自动拿起武器，建筑街垒，布置岗哨，派出巡逻队，集中分散的大炮。中央委员会领导武装起义，占领了部分地区。中午以后，国民自卫军开始向巴黎市中心挺进。22 时许，国民自卫军进入市政厅，升起红旗。至此，中央委员会控制了巴黎全城，推翻了梯也尔政权。3 月 28 日，巴黎公社进行了普选，一个崭新的无产阶级国家政权诞生了。

为了镇压革命力量，梯也尔一方面纠集反动军队的散兵游勇；另一方面请求普鲁士首相俾斯麦释放战俘，重新拼凑和整顿了军队。此时，巴黎东面和北面的 15 万普军压境，西面和南面的凡尔赛军队伺机反扑，形势对公社极为不利。

但是，公社方面却疏于防范，4 月 2 日清晨，凡尔赛军炮轰巴黎，向巴黎城西的纳伊桥发起进攻。炮声震醒了巴黎，公社执行委员会当机决定进攻凡尔赛。次日清晨，公社匆忙调集 4 万人，分 3 路向凡尔赛进军。由于公社领导对军事形势盲目乐观，对大规模军事行动缺乏准备，致使出击部队各行其道，导致战斗的失利。

4 月 6 日，凡尔赛军与东面和北面的普军，对巴黎形成了包围之势。公社方面仅有 1.6 万人的作战部队，以及 4.5 万人的预备部队。但公社战士无所畏惧，与敌人浴血奋战。4 月 7 日，西线 5000 名装备很差的部队，同比自己多 9 倍的敌人激战。17 日，250 名公社战士在贝康城堡抗击 5000 名敌军，敌军进攻了 6 个小时。

在南线，公社战士为守卫炮台而顽强战斗。到了 4 月底，公社守住了巴黎西线和南线，消耗了凡尔赛军的力量。5 月初，公社调整了巴黎防御部署。凡尔赛军发起全线总攻。公社虽然加强了军事指挥，但大局已难挽回。

5 月 21 日下午，凡尔赛军进入巴黎。一场震撼世界的巷战开始了。为保卫公社政权，公社战士奋起抗敌，他们在街道和广场筑起街垒，同敌人进行殊死的战斗。27 日，敌军开始围攻最后两个工人区。在拉雪兹神父墓地，200 名公社战士与 5000 名凡尔赛士兵展开肉搏。战至傍晚，大部分公社战士壮烈牺牲，被俘战士全部被枪杀在墓地的一堵墙前。这堵墙后来被称为"公社社员墙"。

28 日，公社战士坚守的最后一个街垒被攻克。巴黎人民的武装起义被凡尔赛军血腥镇压了下去。

巴黎公社是一个划时代的伟大革命，在国际工人运动史上留下了不可磨灭的功绩。

接下来，我们将目光移向亚洲，看看日本的改革。

【档案 NO.55】

林肯：出生在肯塔基州一个农民家庭，从 7 岁开始帮助父母放牛、开地和砍柴。年岁稍大一点，又当过雇农、船夫、小店铺里的伙计，后来又当过乡邮递员和土地测量员。他一生在学校学习的时间加起来不到一年，但是他刻苦勤学，利用一切机会向人请教，终于通过自学成为一位博学的人。因为阅读范围甚广，特别努力钻研法律，结果当上了伊利诺伊州的律师。他曾4次被选进伊利诺伊州立法会议，而且在联邦众议院中担任过一届众议员。1856年，他加入共和党。1860年，当选为美国总统。

42. 日本明治维新

19 世纪后半期，继欧洲和美洲的资产阶级革命之后，亚洲的日本也出现了一次在政治、经济、思想文化等领域的全面革新运动。这场以推行资本主义新政为目的的资产阶级革新运动，开始于明治年间，所以史称"明治维新"。

在此之前，日本是落后的封建国家。在 1603 年，德川家康消灭了各地的割据势力，在江户设置幕府，建立了德川家康家族的统一天下。名义上，首脑是天皇，但实权已落在德川家族手中。德川幕府实际上对外代表国家，对内主持政府，根本不把天皇放在眼里。

德川幕府掠夺土地，并把土地分封给 270 家叫作"大名"的封建领主。大名又把领地分割成更小的单位，分赐给自己的家臣——武士。

幕府推行闭关自守政策，不同其他国家建立任何关系。德川幕府以为这样就可以长治久安了。但是，他们万万没想到，18 世纪后期，随着商品经济的发展，新兴的地主阶级和商业资本家为了争得政治上的地位，对幕府制度产生了强烈的不满，而广大的人们群众反抗的情绪日趋高涨。接连爆发的农民起义和市民暴动，严重地动摇了幕府的统治。

正当此时，西方列强大举入侵日本。幕府屈服于列强的炮火，连续与列强签订了许多不平等的条约和关税协定。大批农民和手工业者因为外来廉价商品的涌入而破产。

民族矛盾和阶级矛盾迅速激化，反对幕府的斗争接连发生。1865 年 12 月，长州藩倒幕派击败保守派，随后，萨摩藩倒幕派的大久保利通等人，也控制了藩权。不久，这两股力量结成倒幕联盟，成为全国倒幕运动的核心，他们实现政治、经济改革，加强自己的实力，与幕府军队抗衡。

这一年的 12 月，压制倒幕派的孝明天皇去世，不满 15 岁的明治天皇即

明治天皇

位。明治天皇虽然年幼，但颇有见识，对幕府将军把持朝政十分不满。他决定与倒幕派联合，一起推翻幕府的统治。

明治天皇写了一份"讨幕密诏"，交到大久保利通等人手里。德川家族的首领德川庆喜听到风声，感到形势对自己不利，决定先发制人，主动辞职。西南各诸侯一眼就看出，这是对方的缓兵之计。于是，他们把自己的部队调集到京都附近，准备发动宫廷政变。

1868年1月3日，西南各诸侯率兵包围皇宫，解除了德川幕府驻扎在后宫警卫队的武装。他们簇拥着年少的明治天皇，召开御前会议，宣布大权全归天皇掌握。明治天皇随即颁布诏书，决定建立由他领导的新的中央政府。

德川庆喜连夜退居大阪，集中全部兵力，向京都进犯。政府军在京都附近伏击。夜半时分，双方展开厮杀、幕府军士气低落，而政府斗志旺盛，越战越勇。

与此同时，改革派提出"减免租税、四民平等"的口号，把农民和商人都争取到自己一边。因此，各种军用物资源源不断地由市民群众送到前线，并有许多市民直接参战。幕府军纷纷投降。德川庆喜仓皇撤退，逃到江户。政府军迅即包围江户。

日本明治维新后的钱币

德川庆喜见大势已去，向明治天皇投降。统治了日本长达200多年之久的德川幕府垮台。

明治政府开始新的统治，提出推向资本主义新政的基本方针。从1868年至1873年，新政府开展了大刀阔斧的维新运动。

维新运动的主要内容是：收回封建地主领地，取消封建身份等级制，扶植资本主义工商业、破除封建主义旧文化。这些有利于发展资本主义的改革措施，使日本摆脱了沦为殖民地的危机，走上了资本主义的道路。日本由一个落后的封建社会，逐步转变为独立的资本主义强国。

但是，由于当时日本资本主义的发展水平不高，资产阶级的力量较为软弱，尚未形成独立的政治力量，因为国家的领导权落在中、下级武士手中。他们虽然资产阶级化了，但仍保留着浓厚的封建主义因素，使日本逐步发展成为军事封建的帝国主义国家。

【档案 NO.56】

日本武士：一般是职业军人，是幕府将军统治人民的主要工具。"士、农、工、商"被划在武士之下，受到等级身份制度的严格限制。还有30多万被称作"非人"和"秽多"的贱民，被排斥在士、农、工、商之外，过着悲惨的生活。

43. 第二次工业革命

19世纪五六十年代是世界资本主义发展的高潮期。欧洲主要国家及亚洲的日本开展的资产阶级民族民主运动，确立了资产阶级世界范围内的统治地位。在这个基础上，资本主义各国从70年代开始，发生了第二次科技和工业革命。

第二次工业革命是以电力的广泛应用为特点的，使世界跨进了电气时代。

1866年，德国工程师西门子制成发电机；1870年，比利时人格拉姆发明了电动机，电力开始被用来带动机器，成为补充和取代蒸汽动力的新能源。

随后，电灯、电话、电焊、电钻、电车、电报等，如雨后春笋般涌现出来。各种电动生产资料和生活用具的出现，产生了对电的大量需求。

1882年，法国学者德普勒发现了远距离送电的方法。同年，美国著名发明家爱迪生在纽约创建了美国第一个火力发电站，把输电线联接成网络。电力作为一种新能源的广泛应用，不仅为工业提供了方便而廉价的新动力，而且有力地推动了一系列新工业的诞生。以发电、输电、配电为主要内容的电力工业和制造发电机、电动机、变压器、电线电缆等一系列电气设备工业，迅速发展起来。

到了1883年，内燃机的发明成为这一时期的重大成就。其实，在1876年的时候，德国人奥托就制造出了一台以煤气为燃料的内燃机。时隔7年，又是德国人，一个叫戴姆的工程师又制成了以汽油为燃料的内燃机，马力大、重量轻、体积小，效率高，可以作为交通工具的发动机。

1892年，又一名德国工程师狄塞尔发明了一种结构更简单，燃料更便宜的内燃机，就是我们熟知的柴油机，柴油机虽然比使用汽油的内燃机笨重，但却非常适用于重型运输工具。

由于内燃机的发明解决了交通运输工具的问题，在这一领域发生了一次革命性的变革。

19世纪80年代，一种新型的交通工具——汽车诞生了。在以前的很长时间里，人们所使用的最快的交通工具是马车。世界上最早的一

第二次工业革命中发明的汽车

辆以蒸汽为动力的"汽车"，出现在法国。它的时速只有5公里，而且每过15分钟就得停下来休息一会儿，想出车祸都难。尽管当时的试验并未完全成功，但却迈开了人类研制汽车的第一步，为后来实用型汽车的出现打下了基础。

后来，瓦特对蒸汽机成功改进和伏特发明了电池，促进了实用型蒸汽汽车和电动汽车的出现。1802年，英国人特里维切克又制造出一种时速为10公里的蒸汽汽车。接着，各种各样的蒸汽汽车不断制造出来。许多国家都建立起汽车工业。

随后，以内燃机为发动机的内燃机车、远洋轮船、飞机、拖拉机和军用装甲车等也陆续出现了，并带动了相应的新兴工业部门的发展。内燃机的发明还推动了石油开采业的发展，加速了石油化学工业的产生。

实际上，美国在内战前夕的1859年，已经在宾夕法尼亚州发现了石油，钻出了第一口油井，但石油最初只用于照明。随着内燃机的广泛应用，开始大量开采石油。1870年，全世界生产的石油只有80万吨；到1900年就猛增至2000万吨。

在19世纪晚期，化学工业的建立也是应用技术的一项重大突破。人们开始从煤焦油中提炼氨、苯、人造染料等化学产品。人造染料成本低，性能好，很快就代替了天然染料。化学工业不仅采用化学方法进行原料加工，而且采用化学方法合成物质。1884年，法国人夏尔东发明了人造纤维，后来人们开始用粘胶丝来生产人造纤维。化学工业的另外一个重要部门，是与炸药有关的工业。炸药是1867由诺贝尔发明，到了19世纪80年代，无烟火药的技术得到

改进，并在军事上广泛应用。

新的技术革命也推动了一些老工业部门的发展。最突出的是钢铁工业。1856年英国人贝塞麦发明的"吹气精炼"操作方法，很快得到推广。从19世纪60年代起，许多国家都修建了贝氏转炉。

1864年法国人马丁和德国人西门子兄弟同时宣布发明了平炉炼钢法。平炉不仅可以熔化生铁和熟铁，还可以熔化废钢，使之变成优质钢。

到了19世纪末，平炉炼钢法比贝氏炼钢法得到更广泛的应用。但是，这两种炼钢法都不能使用含磷的矿石。1875年，英国冶金师托马斯成功地解决了这个问题。他发明的碱性转炉，使用含磷矿石也可炼出优质钢。冶炼技术的不断改进使钢的质量明显提高，产量持续增长。从1868年到1900年，英国、美国、法国、德国等四国的钢产量由24万吨增加到2355万吨。钢逐渐取代了铁，成为基本的工业原料和重要的建筑材料。

由此可见，第二次工业革命与第一次工业革命，有很大的不同。回顾第一次工业革命，有一个明显的特点，就是科学和技术没有真正地结合。许多技术上的发明，都不具备科学理论知识，只是工匠依据实践的经验而取得的成果。譬如，珍妮纺纱机的发明者哈格里夫斯，原来是一名织工，后来做了木匠；再譬如骡机的发明者克伦普顿是个纺纱工兼织工。只有发明蒸汽机的瓦特，具有一定的科学知识，初步地将科学与技术结合起来。

再看第二次工业革命期间，几乎所有工业部门，都受到科学新发现的影响。在19世纪，自然科学特别是热力学、电磁学、化学等方面的新发展，开始与工业生产紧密结合起来，在技术上取得一系列重大的突破，并带动了相应的许多新兴工业部门的兴起。

总之，在第二次工业革命的时候，科学成为推动生产力发展的一个重要因素。

另外，第一次工业革命发生于英国，重要的新机器和新生产方法都是在英国发明的。就世界范围来看，是以英国为中心，通过技术的逐步传播来带动后进国家。进程缓慢，又不平衡。

第二次工业革命则不同，几乎同时发生在几个先进的资本主义国家。英国虽然也有一些重要的发明，如前面提到的合成染料、贝氏炼钢法、托马斯碱性炼钢法等等，但是，内燃机、柴油机、汽车、发电机和电动机的发明和改进，却大部分是德国人干的。像缝纫机、打字机、电话等，则是美国人干的。

所以，新的技术和工业革命一开始就超出了一国的范围。一句话，规模是广泛的，发展过程是迅猛的。其影响远比第一次工业革命广泛和深远。而且在工业生产领域内部引起一系列的变革，生产力被极大地推动，为资本主义向比较成熟的阶段——垄断阶段的过渡，准备了充分的条件。

44. 垄断、同盟与协约

　　第二次工业革命极大地促进了生产力的发展，人类社会进入电气时代。电力工业、石油开采业、石油化工业、汽车制造业等重工业迅速发展。这样一来，生产关系也随之变化，产生了垄断组织。

　　所谓垄断组织，就是指资本主义大企业之间，为了独占生产和市场，以获取高额利润而联合组成的垄断经济同盟。

　　垄断组织的形式多种多样，比如"卡特尔"，是生产同类商品的大企业，通过签订关于产品价格、销售市场、生产规模等协定建立的垄断组织。

　　又比如"托拉斯"，听到这个词，你也许会想到"连锁店"。其实，这是由若干生产同类产品的大企业，或产品有密切关系的大企业，合并组成的垄断组织。

　　还比如"康采恩"，是共同依赖某一大企业或产品有密切关系的大企业，合并组成的垄断组织。

　　另外，还有"辛迪加"，是同一生产部门的少数企业，通过签订统一销售商品的采购原料的协定建立的垄断组织。

　　19世纪末20世纪初，资本主义正式进入垄断阶段，由于各国的社会经济和历史条件不同，垄断组织发展的程度和形式也很大差异。比如美国的垄断组织，主要采取"托拉斯"的形式。这同美国工业生产的集中程度有密切关系。美国的许多企业是在采用当时最新技术的基础上建立的，创业之初规模就很大。它们在竞争中拥有优势，很快挤垮了技术落后的中小企业，把生产集中到自己手中。这样，同一部门的少数大企业，为了垄断销售市场和加强竞争能力，又进一步采取合并的形式组成"托拉斯"，确立了它们的垄断地位。

　　德国垄断组织的发展程度，仅次于美国。由于德国农村保留了大量封建残余，国内市场狭小，它作为较晚兴起的资本主义国家在扩大国外市场方面又面临激烈的竞争，因而解决销售市场问题十分紧迫。德国虽然也在生产集中的基础上形成了许多大企业，但还存在着大量的中小企业。这些条件，使得在产品销售上进行垄断联合的"卡特尔"成为德国垄断组织最普遍的形式。

再看英国，由于19世纪末20世纪初经济的发展速度缓慢，占优势的纺织业等旧工业部门的生产集中程度较低，以及拥有庞大的殖民地为资产阶级带来高额利润等因素的影响，垄断化的进程比较缓慢，垄断组织的发展程度也比美国和德国要低。就垄断组织的形式而言，由于英国奉行自由贸易政策，其垄断组织一般都是经过激烈竞争，由若干家大企业合并改组为大股份公司，并进行一系列兼并活动后形成的生产上的联合。然而，英国的垄断组织在工业部门中的发展是不平衡的。在重工业方面，特别是新兴工业中发展较快，垄断程度也比较高，并开始出现跨部门的垄断联合企业；在轻工业方面，特别是在棉纺和棉织这两个部门中，甚至尚未形成垄断组织。

和英国一样，法国向垄断阶段过渡时，工业生产的发展也是比较缓慢的。法国中小企业比重很大，工业生产集中程度较低，因而在垄断组织的发展速度和程度上也比不上美国和德国。

再说俄国，资本主义起步虽然晚，但在19世纪末20世纪初也开始进入垄断阶段。在俄国，"辛迪加"成为垄断组织的主要形式。这是因为重要工业企业一般都分别掌握在不同国别的外国资本主义家手中，它们在生产上难以联合组成"托拉斯"；而政府的大批订货和保护关税政策，又使资本家争夺订货的国内的市场的斗争异常激烈，于是它们便组成"辛迪加"，以调节彼此间的矛盾。早在19世纪80年代，俄国就出现了一批垄断联合组织，如铁轨工厂联合，铁板、铁丝和铁钉工厂联合，桥梁工厂联合等。

而亚洲的日本，经济发展水平虽然比欧美先进国家落后得多，但它的近代工业一开始就操纵在得到政府特殊保护与扶持的少数特权资本手中。这类特权资本原来就广泛从事商业、金融、运输、工业生产等各部门的活动，以后它们又在对外侵略战争和殖民掠夺中膨胀起来，很快便转化为垄断资本。它们大多数采取"康采恩"的形式，其主要代表是三井、三菱、安田、住友等从事"多角经营"的财阀。

从以上分析，可以看出，老牌国家英国和法国，经济发展相对缓慢。新兴的美国和德国经济发展相当快，工业总产值超过英、法而位居世界第一和第二。俄国和日本经济也迅速发展。这就刺激了帝国主义列强对世界霸权和殖民地的掠夺，列国之间的竞争也愈演愈烈。与此同时，各方为了寻找同盟者，以壮大自己的力量并压倒对手，在欧洲便逐步形成了对立的两大帝国主义军事集团：同盟国和协约国。

同盟国又称为"三国同盟"，即德国、奥匈帝国与意大利三国所订立的军事同盟。19 世纪末期，德国与俄国的关系日趋紧张，德国担心俄国和法国结盟对付自己，便加紧拉拢奥匈帝国。

1879 年 10 月 7 日，德国与奥匈帝国缔结了对抗俄国的《德奥同盟条约》。其实，德国的真正目的是为了孤立法国。在同奥匈帝国结盟以后，德国又开始拉拢意大利。

经过多方讨价还价。1882 年 5 月，德、奥、意三国在维也纳签订了同盟条约。条约规定：如果意大利遭到法国进攻，德国和奥匈帝国应以全力援助，如果德国遭到法国的进攻，意大利也要担负同样的义务；如果缔约国的一国或者两国遭受法、俄的进攻，缔约三国应协同作战。

但是，意大利却保留了一个条件，如果英国进攻德国或奥匈帝国，意大利则不予援助。这个条约的有效期虽然只有 5 年，但后来三国 4 次续订。这样，三国同盟最终形成。

再说协约国。又称为"三国协约"。指的是英、法、俄三国针对"三国同盟"，所缔结的互保性军事同盟。

"三国同盟"形成后，法、俄两国为了对付共同的敌人，在 1892 年签订了秘密军事协定：如果德国或意大利进攻法国，那么，俄国应用所有的军队进攻德国；同样，如果他们进攻俄国，法国也用所有的军队与德国作战。

不久，两国政府正式承认同盟生效。与此同时，出于对德国势力日益膨胀的畏惧，英国感到自己的地位受到越来越大的威胁，便决定放弃传统的"光荣孤立"政策，开始向法靠拢。

1904 年 4 月，英国和法国签订了瓜分殖民地的协约。这个协约的主要内容是，法国不干涉英国在埃及的行动，英国承认法国在摩洛哥有维护安宁和协助改革的权利。

通过协约，英法两国的矛盾解决，双方利益趋于一致。此后，英俄两国为了对付共同的对手德国，也开始调整相互之间的关系。

1907年8月，英国和俄国在圣彼得堡签订了分割殖民地的协定。这个协定划定，波斯东南部为英国的势力范围，北部为俄国的势力范围，两者之间是一个中立地带，对英俄两国平等开放；俄国承认阿富汗在自己的势力范围之外，并允许英国代替阿富汗的外交。英国则声明不变更这个国家的政治地位；尊重西藏的领土完整，不得干涉它的内政，只可经过中国政府中介与它交涉，因为西藏是中国的领土，这项内容很明显是对中国主权的侵犯。这样，所谓的"三国协约"最终形成。

"三国同盟"与"三国协约"形成之后，两大集团之间互相竞争，最终导致了第一次世界大战的爆发。

【档案 NO.57】

《德奥同盟条约》：规定如果其中一国遭到俄国的进攻，两国应以全部的军事力量实行互助；如果其中一国遭到另一国家进攻，缔约国的另一方应对其盟国采取善意的中立。但是，如果进攻的国家得到俄国的支持，缔约国双方应共同作战，直到共同议和为止。

45. 巴尔干争端："一战"导火索

欧洲两大军事集团形成以后，列强在重新瓜分世界问题上展开了激烈的争斗，主要表现为两次摩洛哥危机的发生。

摩洛哥地处北部地中海和大西洋沿岸，扼守直布罗陀海峡，战略地位十分重要。法国对摩洛哥垂涎已久，进入 20 世纪后，法国便加紧向摩洛哥扩张。

1905 年 1 月，法国向摩洛哥提供了一个行政、军事、财物等方面进行改革的方案，但遭到德国的反对。同年 3 月，德国皇帝威廉二世发表煽动性讲话，提出各国在摩洛哥地位绝对平等。这事实上否认了法国的特殊利益。由此，导致法国和德国矛盾加剧，出现了第一次摩洛哥危机。最后，德国未能压制住法国，只好暂时放下对摩洛哥事务的干涉，第一次摩洛哥危机宣告结束。

1908 年，摩洛哥发生宫廷政变，法国乘机占领了摩洛哥的卡萨布兰卡，从而使德、法两国的关系再度紧张。之后，德、法两国就摩洛哥问题达成暂时协议。德国承认法国在摩洛哥的平等商业利益。但是，1911 年春天，当摩洛哥首都非斯爆发人民起义时，法国以保护侨民和恢复秩序为借口，派炮舰开赴阿加迪尔港，并将军舰上的炮口对准了阿加迪尔，进行威胁，从而形成了第二次摩洛哥危机，德法关系再度紧张。随着矛盾的发展，巴尔干成了欧洲的火药桶。

巴尔干半岛，位于欧、亚、非三洲的会合处，是各种势力斗争的交合处。1912 年 3 月，保加利亚和塞尔维亚签订了军事同盟条约；同年 5 月，保加利亚又和希腊签订了同盟条约；8 月，门的内哥罗也加入了此同盟，从而形成了巴尔干同盟。

1912 年 10 月 9 日，门的内哥罗首先对土耳其宣战，接着，保加利亚、塞尔维亚和希腊相继对土耳其宣战，第一次巴尔干战争全面爆发。

战争爆发后，土耳其军队连连失利，它在巴尔干的领土几乎丧失殆尽，后被迫求和，并请求欧洲列强调停。

在欧洲列强的调停下，1913 年 5 月，土耳其与巴尔干同盟签订和约，巴尔干同盟四国获得了大片领土，土耳其在欧洲的领土几乎全部丧失，仅仅保存了伊斯坦布尔及海峡以北的狭小地区。至此，第一次巴尔干战争使原来受土耳其奴役的国家的人民摆脱了民族压迫。

巴尔干同盟虽然取得了对土耳其战争的胜利，但由于分赃不均，联盟内部产生了严重的分歧。1913 年 6 月 1 日，塞尔维亚和希腊结成反保同盟，罗马尼亚随后也加入进来，并准备随时对保加利亚作战。

在奥匈帝国的纵容下，保加利亚先发制人，于 6 月 29 日向塞尔维亚和希腊宣战。此时，罗马尼亚、门的内哥罗和土耳其，也向保加利亚发起进攻。第二次巴尔干战争爆发。

一个月后，保加利亚战败求和。第二次巴尔干战争结束。

经过两次巴尔干战争，这一地区的人民基本摆脱了土耳其的民族压迫，同时也推动了奥匈帝国统治下的被压迫民族的解放战争。

由于波斯尼亚和黑塞哥维那人民要求摆脱奥匈帝国的统治，与塞尔维亚合并，建立一个大塞尔维亚国家，致使奥匈帝国和塞尔维亚矛盾加剧。

奥匈帝国不仅极力阻止塞尔维亚的扩张，而且企图消灭年轻的塞尔维亚国家；俄国为了对抗奥匈帝国，竭力支持塞尔维亚；德国则支持奥匈帝国。这样一来，就进一步加剧了两大帝国主义集团对巴尔干的争夺。致使巴尔干成为第一次世界大战前最敏感的战争火药库。

列宁曾说过一段话：资本主义把大量土地集中在个别国家手里，把最后一块土地都分割完了，再要瓜分，再要扩大领土，就只有牺牲别人，为了一个国家而牺牲另一个国家。要解决这个问题，只有使用武力。因此，世界掠夺者之间的战争就不可避免了。两大帝国主义军事集团为了瓜分世界，疯狂扩军备战，不断制造战争危机，它们都想利用手段打击对方，壮大自己。

奥匈帝国认为，塞尔维亚是它扩展的障碍。因此瓜分塞尔维亚，甚至全部吞并塞尔维亚，粉碎大塞尔维亚主义，是奥匈帝国的既定国策。

1914 年 6 月底，奥匈帝国在波斯尼亚举行以塞维尔亚为假想敌的军事演习，向塞尔维亚进行挑衅，引起塞尔维亚民族主义者的极大愤慨。一个名为黑手党的塞尔维亚民族主义军人团体，决定以刺杀皇储费迪南为手段，打击奥匈侵略者的气焰。

1914年6月28日，奥匈帝国皇储、狂妄的军国主义者、军人党首领费迪南偕同妻子，亲自到萨拉热窝，检阅第十五、十六兵团，并指挥演习。在检阅完军事演习后，费迪南夫妇乘坐敞篷汽车前往波斯尼亚首府——萨拉热窝市政厅，当车队驶过萨拉热窝狭窄的街道时，隐蔽在路旁的塞尔维亚青年普林西波疾步上前，连发两枪，一枪射中费迪南头部，一枪穿透费迪南妻子的腹部。这对奥匈帝国的皇储夫妇双双毙命。萨拉热窝事件引爆了欧洲的火药桶。

萨拉热窝事件爆发后，尽管塞尔维亚政府并未参与谋杀活动，奥匈帝国仍以此为借口来发动战争。奥匈帝国的意图得到了它的同盟国德国的支持。有了德国支持，奥匈帝国更是有恃无恐。

1914年7月23日，奥匈帝国向塞尔维亚政府提出十项条款的最后通牒，并限48小时内答复，通牒要求制止一切反奥活动，惩办进行反奥宣传的公民，由奥匈当局派人共同追捕和审判萨拉热窝事件的凶手等。尽管塞尔维亚接受了全部要求，奥匈帝国仍于7月28日悍然对塞尔维亚宣战。

俄国难以容忍奥匈帝国的扩张，在奥匈帝国对塞尔维亚宣战以后，俄国政府便于7月30日发布了军事动员了。法国出于自身利益，决心支持俄国。

7月31日，德国政府向俄、法两国同时发出最后通牒，要求俄国停止军事动员，要求法国在未来冲突中保持中立，但遭到两国拒绝。于是德国分别于8月1日、3日先后对俄、法宣战。

8月1日，德军占领卢森堡，2日下午，又向中立国比利时发出最后通牒，要求准许德军假道过境进攻法国。比利时拒绝了德军的无理要求，同时呼吁英、法、俄诸国保护它的中立地位。英国要求德国尊重比利时的中立，但遭到拒绝。

8月4日，英国对德国宣战。8月5日，门的内哥罗加入塞尔维亚方面作战。8月6日，奥匈帝国正式向俄国宣战。

欧洲战争爆发后，在极短的时间内便蔓延到远东和近东，日本为扩张在东亚的势力也趁火打劫。8月15日，日本向德国发出最后通牒，要求德国军队立即撤出中国和日本的领海，在9月15日之前，把德国租借的胶州湾和青岛移交给日本。但是，德国拒绝了最后通牒，日本便于 8 月 23 日对德国宣战。

从 1914 年 7 月 28 日起，仅三个月的时间，奥匈帝国和塞尔维亚的冲突就演变成为世界大战。到 1918 年，以德国、奥匈帝国、土耳其为一方，俄、法、英、日、比利时、塞尔维亚等国为另一方，共有 31 个国家参加了战争，从而出现了战火蔓延至亚洲、非洲和美洲的首次世界规模的战争。

【档案 NO.58】

斐迪南：奥匈帝国皇储，奥皇弗朗茨·约瑟夫一世之侄。1889 年皇太子鲁道夫自杀，斐迪南被立为哈布斯堡王朝皇储。1898 年任奥军副总司令。1908 年，他极力主张吞并波斯尼亚和黑塞哥维那，加深了俄与奥匈之间的矛盾，导致波斯尼亚危机。他极力反对南斯拉夫独立，主张把奥匈二元帝国，改组为奥地利、匈牙利和克罗地亚三元国家。

46. 欧洲战事

　　欧洲大陆是第一次世界大战的主要战场。共有四条战线。西线：英、法、比军队与德军对抗；东线：俄国军队与奥匈帝国、德国军队作战；巴尔干战线：塞尔维亚、门的内哥罗以及罗马尼亚、希腊等国家军队与奥匈帝国、保加利亚的军队作战；意大利战线：意大利军队对抗奥匈军队。其中，西线和东线起决定性作用。

德国陆军元帅施里芬

　　位于比利时、法国北部和德国边境的西线，从北海延伸到瑞士边境，长约700公里。1914年8月初，德国按照施里芬的计划，首先，在西线发起进攻。

　　施里芬计划是德国陆军元帅施里芬在担任总参谋长期间所制定的德国东、西两线作战的战争计划，即集中优势兵力在西线，用4~6星期的时间击溃法国。然后，挥师东进，与俄军交锋。在3、4个月内打败俄国，结束战争。

　　战争开始后，由小毛奇将军指挥的70多个师的德国部队，猛攻法国，迅速逼近巴黎。法国统帅重新部署兵力，加强了巴黎的保卫。9月，两军在马恩河流域长达200公里的战线上展开会战，这就是著名的马恩河战役。

　　法、英六个集团军，德国五个集团军，共约150多万人参加了战役，战斗十分激烈。法军伤亡14万人，德军伤亡22万人，结果德军战败，退至艾纳河一线。这次战役扭转了巴黎的危势，稳定了西线，遏制了德军迅速推进，并使德军六周内打败法国的计划宣告破产。德国统帅小毛奇也因为这次战役的失利而被撤职，由法尔根汉取而代之。到 12 月，战争从运动战转为阵地战，形成相持局面。

在东线，尚未动员完毕的俄军，于 8 月中旬向东普鲁士发动进攻。德军不得不从西线抽调一部分军队去对付俄军。从 8 月底到 9 月中旬，兴登堡指挥的德国军队利用俄军缺乏配合作战的弱点，先在马祖尔湖地区歼灭了俄国第二集团军，然后攻下了俄国第一集团军司令部所在地斯特尔堡。

9 月 13 日，俄军退出东普鲁士。与此同时，俄军挫败了奥匈军队，截至年底，东线交战双方军队在阵地里对峙，呈胶着状态。

在南线巴尔干战场上，从 8 月至 12 月，奥军曾三次攻入塞尔维亚，并两度占领贝尔格莱德，但由于塞尔维亚军队的顽强战斗，共歼灭奥军 28 万人，于 1914 年底把奥军全部赶出国境。此后，塞尔维亚战线进入沉寂状态。

经过 1914 年的战斗，德军的速战决策破产，从总的形势和力量对比看，在战略上开始处于不利地位。

进入 1915 年，德国打算占领俄国的大片领土，迫使它退出战争，然后控制巴尔干半岛，打通通往土耳其的道路。根据这一战略构想，从 1915 年 1 月到 9 月，德军在东线发动强大攻势，占领了俄国大片领土，并使俄国在东

"一战"中，毒气弹爆炸的情景

线损失了 170 万人的兵力，俄军损失惨重，但德国没有达到迫使俄国同它议和的目的。

1915 年 5 月，英、法、俄把意大利拉入协约国集团参战。从此，欧洲战场上的意奥边境又形成了一条新的战线。6 月至 11 月，意奥两军对垒，意军损失了 30 万人，但没有取得进展。

1915 年 10 月，在巴尔干战线，德、奥、保联军共 65 万人发动对塞尔维亚的进攻，塞尔维亚陷落，与同盟国的领土连成一片。

1916 年是大战关键性的一年，交战双方最大限度地调动本国的人力、物力投入战争。德国把重点放在西线，以法国凡尔登要塞为目标，发动了强大攻

势。凡尔登在法国的东北边境，是巴黎的前卫，也是法军全线的枢纽。

1916 年 2 月 21 日，德军以强大的火力，猛击凡尔登，法军殊死抵抗，到 9 月德军攻势停止。这一战役，双方伤亡近 80 万人。因此，这次战役又有凡尔登"绞肉机"之称。凡尔登战役是第一次世界大战的转折点。此后，德军军力开始衰落，逐渐陷入内外交困的境地。

为了减轻凡尔登的压力，牵制德军，英法军队按照预定计划，于 7 月 1 日发动了索姆河战役。9 月，英军首次把新式武器坦克投入战斗，战役持续到 11 月中旬，索姆河战役和凡尔登战役一样，都是巨大的消耗战。几个月中双方伤亡惨重，各损失约 60 余万人。

英、法军队虽未达到预定的夺回失地的目标，但牵制了德军对凡尔登的进攻，使战局朝着有利于协约国的方向转化。

两次战役以后，协约国集团人力、物力资源的优越性开始表现出来了，它们的军事装备已经赶上了同盟国，而军力则继续超过同盟国。1916 年，协约国军队共有 425 个师，而同盟国则只有 331 个师。

战争进行的前两年，由于英国的海上封锁，德国舰队一直无法出击。为了突破封锁，改善自身处境，德国决定进行海上进攻，由此导致了"一战"期间最大的一次海战，史称日德兰海战。

1916 年 5 月 31 日至 6 月 1 日，英、德两国海军在北海的日德兰海岸进行了大规模海战。

5 月 30 日这天，英国海军司令杰立克一封接一封地收到军事密报，密报上说，德军的战舰"留佐"号，率领着 5 艘战斗巡洋舰，向日德兰海岸进发。

杰立克得到密报后，决定派贝蒂中将率领一支较弱的舰队迎战德军舰队。杰立克部署，英军在短暂的炮击后，就退向潜伏在远处海面的主力舰队，然后诱敌深入，一举歼灭德国舰队。

杰立克命令贝蒂，立即率领 4 艘战列舰和 6 艘战斗巡洋舰作为前锋，迅速驶向日德兰岛西北部海面。自己亲率 24 艘战列舰，3 艘战斗巡洋舰和许多辅助舰船殿后。

然而，让杰立克没有料到的是，德国舰队的此次出击，是德国公海舰队司令舍尔海军上将的一个计谋。他的作战方案是：以"留佐"号为诱饵，诱使英国海军出击，而"留佐"号等在进行象征性反击后，就马上后撤，把英国舰队引进德军的大舰队射程内，然后加以围歼。

两支敌对的舰队居然采取了类似的作战方案。

关于"留佐"号的军事密报，正是舍尔司令故意暴露给英军的。目的是让英国海军判明方位，前来迎击，而舍尔则率领大舰队，在"留佐"号后面80公里的海面上航行。为了迷惑英国海军，德国军港的无线电台继续用舍尔的旗舰的呼号广播，使英军以为公海舰队的主力仍在本土港内。

5月31日下午2时，英、德两支庞大舰队的前锋，都驶到日德兰西北部的海面上，双方相距仅有50多公里，但谁也不知道对方就在近前。

双方在相距近2万米的时候，德军率先开炮。接着，英军的舰队予以还击。德国12英寸口径大炮的威力，虽然比不上英国13英寸和15英寸的口径的大炮，但是，德国海军的射击技术却大大超过英国海军。

这次海上遭遇战，英国出动军舰151艘，德军出动101艘。结果，英军损失了14艘，德军损失了11艘。尽管英国损失大于德国，但仍掌握着制海权，德军想要突破英国海上封锁的希望破产。

1917年1月9日，德国皇帝威廉二世在御前会议上做出最终决定：命令自2月1日起，对协约国和中立国和船只全力实行不加警告、一律攻击的无限制潜水艇战。从2月至5月的四个月中，协约国及中立国方面的商船被击毁近千艘，受到严重损失。

面对这种局面，协约国积极研制反潜武器和舰艇，并对商船采取护航措施，很快挽回了被动局面。德国迫使英国就范的企图没有得逞。

在1916年的几次重大战役中，同盟国各国都遭到严重地挫折，形势越来越不利。协约国虽然未能击溃同盟国，但均是力量日益增强，战略主动权已经转移到协约国手中。

1917年，两大军事集团处于僵持状态，无明显转机，各交战国也已经筋疲力尽。就在此时，一贯奉行"孤立主义"的美国参战了。

第一次世界大战爆发后，美国没有马上参战，而是静观事态的变化，以坐守渔翁之利。但是，德国在潜艇中击沉了12艘美国商船。以此为借口，美国于1917年4月6日向德国宣战。

美国参战对战局产生了积极的影响。首先，它使许多中立国家，如中国、巴西、印度等纷纷宣战，加入到协约国集团一方，从而扩大了协约国的阵营，形成对同盟国的绝对优势。其次，美国在军事上直接援助协约国集团，有助于协约国取得战争的最后胜利。比如，美国海军参战是德国无限制潜水艇战失败的重要原因。另外，在财政和军需供应方面，美国不仅完全中止了对德奥的军火供应，而且大幅度提高了对协约国的贷款。同时，大量军用物资源源不断地运往欧洲战场，从物质上为协约国的胜利创造了有利条件。

但是，就这个时候，协约国中的俄国却退出了战争，原因是因为俄国国内开始的一场大革命。接下来，我们就说说俄国革命。

【档案 NO.59】

凡尔登战役：第一次世界大战期间，德法两国在凡尔登地区进行的具有决战性质的大会战。德国人认为凡尔登是巴黎和法军阵地的枢纽，是协约国西线的突出部分，对德军造成了威胁。1916 年 10 月 24 日，法军转入反攻，发动了两次进攻，收复了原防守阵地。12 月 28 日，凡尔登战役结束。该战役是一战中规模最大、时间最长的战役，法军伤亡 40 多万人，德军伤亡近 35 万人。

47. 俄国大革命

　　第一次世界大战进行到 1917 年的时候，本来就饱受压迫和奴役之苦的俄国人民已不堪战争的重负，为了获得土地、和平和面包，他们再次革命。

　　俄历 1917 年 1 月 9 日，俄国的许多城市为"流血星期日"12 周年，举行了反战示威游行。2 月 23 日，彼得格勒的纺纱女工抗议买不到面包而罢工游行。这场反饥饿的运动到 2 月 25 日已发展成为全市的总罢工。

　　面对罢工浪潮，沙皇诏令军队一天之内将"首都骚乱悉行制止。"沙皇的倒行逆施，激起了群众更猛烈的反抗。2 月 27 日，工人开始夺取武器，并广泛建立了武装纠察队，首都卫戍部队的士兵也纷纷倒向人民一边。工人、士兵共同行动，一天之内就占领了整个首都，沙皇政府的大臣和将军也被逮捕。

　　2 月 28 日，彼得格勒军区残部被迫撤走，首都的武装起义取得胜利。此后，许多地方的工人、士兵也纷纷起义，推翻了当地政府。2 月 30 日，沙皇尼古拉被迫退位。统治俄国 300 多年的罗曼诺夫王朝彻底垮台了，这场革命史称：二月革命。

　　二月革命后，俄国首都出现了两个政权：苏维埃政权与临时政府。苏维埃政权背后，是工农的支持，拥有实权，但却只是辅助性政权。而临时政府掌握着各级权力机构。一山不容二虎，随着形势的发展，势必要有一个政权消亡。

　　在这种复杂的形势下，1917 年 4 月，长期流亡国外的列宁回到了彼得格勒。他在党的会议上作了称为《四月提纲》的报告。这份《四月提纲》指名了俄国革命的方向。列宁指出，俄国革命必须从资产阶级民主革命向无产阶级社会主义革命过渡；无产阶级和贫苦农民必须夺取政权，建立苏维埃共和国。列宁还号召布尔什维克党积极准备新的革命。

1917 年 7 月，俄军在前线的进攻遭到惨败。消息传到彼得格勒以后，工人和士兵满腔怒火。他们走上街头，游行示威，要求全部权力归苏维埃，游行遭到临时政府派的血腥镇压，史称"七月革命"。两个政权并存的局面不复存在，临时政府掌握了全部权力，开始大肆逮捕布尔什维克和革命群众。布尔什维克的活动转入地下。列宁再度流亡国外。

8 月，布尔什维克党召开代表大会，确定了武装起义的方针。9 月，俄军最高总司令科尔尼洛夫下令，向彼得格勒推进，企图武力镇压革命力量，建立军事独裁政权。在布尔什维克党的领导下，科尔尼洛夫的叛乱被粉碎。国内阶级的力量对比发生了巨大的变化。临时政府的支柱——军队瓦解。布尔什维克党的威信空前提高，革命形势日趋成熟。布尔什维克党决定通过武装起义把政权交给无产阶级政党领导的苏维埃掌握。

1917 年冬，俄国人们掀起了新的革命浪潮，武装起义的时机成熟。11 月 6 日晚，列宁来到彼得格勒的斯莫尔尼宫，亲自领导武装起义。11 月 7 日（俄历十月），彼得格勒武装起义开始了，革命群众迅速占领了彼得格勒的主要桥梁桥梁、火车站、邮电局、国家银行和政府机关等战略要点。晚上，革命群众占领临时政府的最后堡垒冬宫。资产阶级临时政府被推翻，彼得格勒武装起义取得了胜利。

当起义军攻打冬宫的时候，全俄工兵代表苏维埃第二次代表大会于 11 月 7 日晚在彼得格勒的斯莫尔尼宫开幕。大会通过了列宁起草的《告工人、士兵和农民书》，宣告"各地全部政权一律转归工农兵代表苏维埃"。8 日，大会一致通过了和平法令，谴责帝国主义战争的罪行，建议各交战国缔结不割地、不赔款的和约。大会批准了苏维埃政府的成立。政府骨干包括人们委员会主席列宁，内务人民委员李可夫，外交人民委员托洛茨基，民族事务人民委员斯大林。代表大会最后选举了自己的领导机构——全俄中央执行委员会。

在彼得格勒起义的影响下，到 1918 年 3 月，全国各地相继建立了苏维埃政权，苏维埃俄国的首都也从彼得格勒迁到莫斯科。

十月革命的胜利具有伟大的历史意义。它为当时处于同样遭遇的各国无产阶级树立了榜样。毛泽东曾高度评价这场革命："十月社会主义革命不只是开创了俄国历史的新纪元，而且开创了世界历史的新纪元。"

【档案 NO.60】

流血星期日：1905 年 1 月中旬，彼得堡上百家工厂的工人相继罢工。彼得堡的工人组织"彼得堡工厂工人大会"，决定组织一次和平请愿活动。1 月 22 日（俄历 1 月 9 日）各路请愿队伍共有十几万人向冬宫进发。沙皇政府预先在通向冬宫的一些路口、桥头和冬宫广场布置了大批军警。进入冬宫广场的和平请愿队伍，还没来得及送交请愿书，就遭到列队于冬宫墙下的军警的枪击和砍杀。到中午，请愿人群中被打死打伤的有 4600 多人，其中惨遭杀害的至少有 1000 人。

48. 巴黎和会：《凡尔赛和约》

1917 年，俄国十月革命建立了苏维埃政权。次年 3 月，俄国宣布退出第一次世界大战，这一举动，直接受益的是德国。德国可以将几个师从东线调入西线。德国统帅部因此决定，作最后孤注一掷的努力。以当时最强大的战争攻势在西线发动进攻，希望在美国军队抵达欧洲前结束战争。

然而，德国倾其全力在西线发动的五次攻势却连遭失败，德军损失 70 万人，元气大伤，再也无力发起进攻。加之协约国联军发起多次反击，取得了战争主动权。截至 9 月底，协约国联军突破德军防御阵地，德军主力瓦解，败局已定。

在巴尔干战场上，协约国军队也于 9 月 15 日发起进攻，从 9 月底至 11 月初，保加利亚、土耳其、奥匈帝国先后在投降书上签字。至此，德国陷入绝境。11 月 3 日，基尔港水兵起义，并很快辐射到全国，许多城市建立起工兵代表苏维埃。11 月 9 日，德国首都柏林爆发革命。次日，德国皇帝威廉二世逃亡荷兰。

1918 年 11 月 11 日上午，在巴黎东北贡比涅森林联军司令的列车上，两名德国代表签订了停战协定。当日上午 11 时，西线停火生效，延续四年多的第一次世界大战以同盟国的失败告终。

第一次世界大战结束不久，帝国主义列强就着手拟定对德国的和约，重新瓜分世界。

1919 年 1 月 18 日，战胜国与战败国媾和的巴黎和会在凡尔赛宫召开，参加会议的有 27 个国家的代表，包括中国。在此之前，美国、英国、法国、意大利和日本五大战胜国已经举行了非正式会谈，为控制会做了安排。实际出席和会的共 32 个国家，美国总统威尔逊、英国首相乔治、法国总理克里蒙梭、意大利首相奥兰多，以及日本首相都亲率代表团出席和会，可谓盛况空前。但他们却把苏俄和战败国德国、奥匈帝国、土耳其和保加利亚排斥于和会之外。

与会国的代表很不平等。美、英、法、意、日五国各有 5 名全权代表,可以出席一切会议,其他国家只有 1~3 名全权代表,只能出席与他们有关的会议。和会的组织机构更是强权政治的产物,其决策机构为最高委员会,最初由五大国的政府首脑和外长组成,因而也叫"十人会议",后来又缩小为由美、英、法、意四国首脑组成的"四人会议",而实际操纵作用的由威尔逊、乔治和克里蒙梭组成的"三巨头"会议,他们有权决定和会的一切重大问题。五大国外长则另组"五人会议",以协助决策、解决次要问题。和会还设有若干专门委员会,它们虽然由有关国家的代表组成,讨论和审议某些专门问题,但同样要受到大国的支配。至于由所有代表参加的全体会议,其作用不过是举手通过最高委员会已做出的决定。正如和会主席克里蒙梭所说:"只有五大强国先行决定了一切重大问题,然后举行会议。"

在长达五个多月的会期中,美、英、法、日、意等战胜国,都想多分得一些利益,削弱战后与自己争霸的对手,所以彼此之间矛盾重重,勾心斗角,闹得不可开交,有时甚至达到以退会相威胁的程度。

和会讨论的中心问题,就是对德国的和约问题。但几乎每一个决定做出之前,大国之间都有一番较量。在对德国的领土处理上,英国在美国的支持下,坚决反对法国肢解德国和兼并萨尔矿区的计划,迫使法国妥协。在战争赔款方面,英、美又联合反对法国的巨额赔款方案,双方最终因无法确定具体赔款数额,而把该问题交给由孟梭主持的专门委员会去讨论。在裁减和限制德国军备方面,法国要彻底摧毁德国军备,英国则要求摧毁德国海军,美国却几乎不想削减德国的军事实力,最后各方不得不做出让步,问题才算解决。在对待德国殖民地问题上,英国和日本主张直接兼并,美国则坚持以托管或"委任统治"的方式解决,最后美国的意见占了上风。

在经过了几个月的讨价还价之后,几个战胜国最后拟定了对德国的和约。根据和约,德国必须交出八分之一的国土,十分之一的人口和 300 万平方公里的全部殖民地,承担 1320 亿马克的战争赔款。同时,废除德国普遍兵役制,解散德国总参谋部,陆军总数不得超过 10 万人,海军不得超过 1.5 万人,舰只总数不得超过 36 艘,不准拥有主力舰和潜水艇,不许建立空军,不许建立

德国人游行反对《凡尔赛和约》

军校，不得拥有军用飞机、坦克和重炮等进攻性武器，拆除德国西线军事工程。

这份和约，满足了英、法等国的贪欲，却在德国引起了愤怒。在德国《凡尔赛和约》被视为"耻辱和约"。

对于《凡尔赛和约》，历史上有两个人做出了中肯的评价。一个是列宁；一个是法国元帅福熙。

列宁说，《凡尔赛和约》不过是强盗和掠夺者的条约，他们把德、奥抢劫一空，弄得四分五裂。剥夺了这两个国家的全部生活资料，让孩子们挨饿，甚至饿死。

法国元帅福熙则认为，签订《凡尔赛和约》不是和平，而是20年的休战。福熙的话，与其说是评价，不如说是预言，因为恰好在20年后，第二次世界大战爆发了。

另外，《凡尔赛和约》的所谓受益者之间，其实也产生了激烈的矛盾。在"一战"期间，英、法和俄国为了拉拢意大利参战。曾许诺说，战后共同瓜分敌国。然而，根据《凡尔赛和约》，英国独得140万平方公里的新殖民地，法国得到130万平方公里的领土，而意大利却只分到了10万平方公里的贫瘠土地。意大利因此认为英国和法国背信弃义，由此怀恨在心。

再说日本，它的主要目标在远东，想独占德国在中国山东的权益。这一要求虽然遭到了美国的反对。但是，日本以拒绝签署和约相威胁，美国和日本之间的利益冲突加剧，为了抑制日本的扩张，1921年11月，美国、英国、法国、日本、意大利、比利时、荷兰、葡萄牙、中国在华盛顿召开了九国会议。会议缔结了关于中国的问题的《九国公约》，迫使日本将山东的权益和胶济铁路归还中国，撤出日本军队。日本认为自己受到了压制，因为对美国等西方强国心怀仇恨，为日后的太平洋战争埋下了伏笔。

总之，《凡尔赛和约》是帝国主义重新瓜分世界的真实记录。英、法、日等国的主要目标基本实现，而美国夺取世界霸权的计划遭到了失败。因此，美国没有在和约上签字。和约签订了以后，构成了"凡尔赛体系"。帝国主义列强经过 5 年的时间，在欧洲、近东和非洲确立了资本主义世界的新秩序。

【档案 NO.61】

《凡尔赛和约》：共分 15 部分，440 条，第一部分是《国际联盟盟约》，规定国际联盟是维护世界和平的国际组织；其余则是有关处置德国的条款。条款十分苛刻，内容主要涉及疆界、赔偿、殖民地和限制军备等四个方面。按照和约，德国丧失掉原有领土的八分之一，和十分之一的人口；德国的海外殖民地也被英、法、日、比等国瓜分。和约还规定限制德国军备，解除德国的武装，废除普遍义务兵役制等。

49. 法西斯兴起：罗马——柏林轴心

《凡尔赛和约》签订以后，英国仍然在欧洲大陆玩均衡的策略，打的主意是不让法国强大，也不让德国的实力过分削弱，而是在法国和德国的对抗中，坐收渔翁之利。

美国在"一战"后，则成了暴发户，利用欧洲的战争做军火生意。一战前，美国还是一个债务国；"一战"后，摇身一变成为了20多个国家的债主，俨然成为世界经济的巨人。《凡尔赛和约》签订后，美国并不关心法国和英国能否拿到德国的赔款，它担心的是德国会不会破产。如果德国一旦破产了，美国就丧失了自己在欧洲的巨额债务。同时也会丧失牵制英、法两国的一支力量。

德国自然很清楚这其中的利害关系。于是，德国利用英、法和德国之间的矛盾，不断掀起废除《凡尔赛和约》的运动，消极抵制战争赔款。这样一来，德国的实力逐渐恢复，这引起了法国的不安，欧洲的形势有了新的变化。

1925年10月，英国、法国、比利时、意大利在瑞士小城罗加诺举行了"巩固欧洲和平"的会议，通过了"罗加诺公约"，规定德国、比利时相互保证不破坏彼此之间的边境现状。然而，对于德国与其东邻波兰、捷克之间的边境则不予保证、"罗加诺公约"在法律上抬高了德国的地位，承认德国作为大国重新登上世界政治的舞台。而作为第一次世界大战战胜国的法国，却需要依赖别国的保证，才能维护自身边境的安全。而在法国的南面，还有一个邻居——意大利。

第一次世界大战结束后不久，意大利一位铁匠的儿子——墨索里尼在米兰组建了一个打手队伍，名字叫"战斗法西斯"组织。这个组织的成员都穿黑衫，所以又称为"黑衫党"。，墨索里尼认为，黑衫是吃苦耐劳的标志，

而"法西斯"一词，源于古罗马高级官吏执法的标志，大棒中插着一把斧

头。棒子象征人民，斧头象征领袖。墨索里尼的"战斗法西斯"组织的成员，基本都是失业的退伍军人。1920年的时候，这个组织只有150余人。

由于"一战"结束后，意大利的经济困难，政治动荡。墨索里尼的法西斯宣传得到了意大利军界、工业家和中产阶级的拥护。因此组织得到统治阶层的资助，人数激增，到了1922年，法西斯党徒已达到32万之多。在这个过程中，墨索里尼将"战斗法西斯"更名为"国家法西斯党"，并建立起党内的个人独裁。

1922年10月15日，4万多名全副武装的法西斯党徒在那不勒斯集结，向意大利的首都罗马进军。企图以武力夺取政权。10月20日，法西斯总部下令全国总动员，发表对意大利国民的檄文，劝告军警不要阻拦他们。他们的目标只是为了推翻腐朽的政权，会保护工农的正当权利。在法西斯党暴徒的威慑下，意大利的军警大部分保持中立的态度，没有阻击法西斯党。所以，法西斯党只遇到少数共产党领导的革命群众的阻击和反对，但由于革命群众的力量过于悬殊，很快就被法西斯暴徒残酷地镇压了下去。

10月29日，在工业家们的劝诱和墨索里尼的镇压之下，意大利国王屈服了，任命墨索里尼为意大利总理。就这样，法西斯专政在意大利确立了。

墨索里尼上台后，独揽大权，他集总理、外交、海、陆、空军部长于一身，真正成为了他曾梦寐以求的"恺撒大帝"。为了巩固法西斯统治，墨索里尼手下的"黑衫党"开始公然绑架和杀害政府中的反对派，对无辜的群众进行恐吓、抢劫、勒索和骚扰。几乎每天都有血战发生。

同时，法西斯党徒还袭击工会，焚烧报馆，殴打和枪杀进步人士和共产党人。在大选中，法西斯党徒威胁说，谁不投他们的票，都将遭到致命的报复。

1926年，墨索里尼颁布了一系列的法令，除了法西斯党徒及其所属的工会、报刊外，其他政党、工会、社团、报刊一律查封和解散。这样一来，大批反法西斯人士遭到迫害。

1927年，在美国资本的援助下，墨索里尼政府实行了货币制改革。从1925年到1929年，4年时间，美国向意大利输出了5亿多美元的贷款和直接投资。在墨索里尼的政治高压和西方国家的经济输血之下，意大利的工业生产得到了迅速地发展，1923年至于1929年间，意大利的钢产量增长84%，发电量增加了一倍。

墨索里尼膨胀了，他不顾意大利国小力薄的情况，开始计划扩张。妄图将地中海变成意大利的内湖，建立"大罗马帝国"。因此墨索里尼将侵略的矛头指向了地中海沿岸和非洲的广大地区。

墨索里尼的第一个侵略目标，是亚德里亚北岸的港口阜姆。"一战"前，阜姆属于匈牙利，战后被划归南斯拉夫。墨索里尼执政后，于1924年威逼南斯拉夫订立了割地条约，进而出兵占领了阜姆港。1934年，墨索里尼又出兵占领了东非小国阿比西尼亚，1936年，意大利退出国联。1936年至1939年间，意大利与德国联手干涉西班牙内政，颠覆了西班牙的民选政府，帮助法西斯分子佛朗哥夺取政权，建立独裁政府。1937年，墨索里尼又与纳粹德国，建立了"罗马——柏林轴心"。成为希特勒发动第二次世界大战的主要联盟者。那么，德国纳粹党又是怎样形成的？希特勒又怎样夺取政权的呢？请看下篇——

【档案 NO.62】

墨索里尼：出生于意大利弗利省普雷达皮奥区，一个远离铁路线的贫穷地方，父亲是个铁匠，母亲是个教师。墨索里尼从小喜欢读书，崇拜历史伟人。墨索里尼进入学校后，认为自己受到了不公正的待遇，选择退学。退学后回到铁匠铺，喜欢听父亲和一些革命者讨论政治问题。1902年，19岁的墨索里尼到了瑞士，结识了一批革命家，使他由于政治活动而被驱逐出境。1911年，墨索里尼因反对意大利在利比亚对奥斯曼帝国的军事行动，在监狱中度过了5个月。1912年，墨索里尼成为意大利社会党的领导成员和党报的记者。1914年11月5日墨索里尼在米兰创建了右翼干涉主义报纸《意大利人民》，思想上从极左转向极右。1915年墨索里尼退出了意大利社会党。他亲自参加义勇军，在1917年2月23日的一次训练事故中负重伤。1919年墨索里尼在米兰发起成立"战斗的法西斯"组织。

50. 纳粹元首希特勒

说到德国纳粹党，首先要提到希特勒。

希特勒出身寒微，父亲是奥地利海关的一名低级税吏，他们居住的小镇靠近德奥边境。希特勒在读中学时成绩很差，尚未毕业就退了学。他喜欢绘画，一心想当一个画家。1907年，18岁的希特勒兴致勃勃地来到首都维也纳，报考美术学院。但他的画技并无过人之处，结果未被录取。不久，他父母相继去世。希特勒生活无着，便在维也纳流浪。

这个身材瘦削、面色饥黄的年轻流浪汉，穿着一件破旧的黑大衣，足蹬一双破皮鞋，整天踯躅街头。他自命不凡，既不想学什么手艺，也不去找份正经的职业干，宁愿到贫民窟的施粥站去乞讨一点食物，过着穷困潦倒的日子。有一阵子，他靠卖画为生。他临摹别人的作品，绘制了一些拙劣的风景画片。有时也为小店铺老板画招贴画，为狐臭粉之类商品做广告。

希特勒早在中学读书时，就倾心于狂热的日耳曼民族主义。在维也纳期间，生活经历使他变得性情乖僻、冷漠孤傲，他开始对政治感兴趣，阅读了不少有关德国历史和反犹太人的著作。

就这样在维也纳浑浑噩噩地过了几年之后，到1913年春，希特勒感到这里已没什么奔头，便离开维也纳，来到德国的慕尼黑。他指望能在慕尼黑找到发迹的机会。但结果使他大失所望，他只能干些临时油漆工之类的活，以打发饥饿的日子。

1914年，第一次世界大战爆发，希特勒欣喜若狂，竟跪倒在地感谢上帝赐福，给了他这次发迹的机会。他立即志愿报名参军，被编在巴伐利亚步兵团当士兵，开赴西线。这一次希特勒还是没能发迹。仅在1917年由传令兵升为下士。希特勒原以为德国必胜无疑。但是，德国在1918年战败求和，希特勒的梦想也随之破灭。

战后，希特勒又回到慕尼黑，进入巴伐利亚军区的"政治训练班"学习，在那里遇到了罗姆上尉。罗姆是训练班负责人，是一个狂热的复仇主义者和种族主义者，而且心狠手辣。希特勒和他臭味相投，两人很快就成了一对亲密朋友。几个月的训练结束后，希特勒被派到军区政治部当侦探。

1919年9月的一天，希特勒奉命去调查慕尼黑一个名叫"德国工人党"的政治团体。晚上，他来到一家啤酒馆参加它的集会，到会的才20多人。会上，就巴伐利亚邦闹分裂的问题展开了激烈的争论。希特勒听着听着，忍不住站起来发表意见。他反对巴伐利亚从德国分离出去，而主张建立一个强大的统一的民族主义的德国。他的话说得十分尖锐，引起了众人的瞩目。

散会后，有个戴眼镜的人追上希特勒，朝他手里塞了一本小册子。希特勒随手装进衣袋，回到政治部。他向上司汇报，说"德国工人党"和其他许多政治团体一样，没有什么异常情况。

第二天早晨，希特勒想起了那本小册子，翻开一看，作者就是那个戴眼镜的人，名叫安东·德莱克斯勒。他看了一会儿，惊异地发现，小册子里所写的正是自己在过去几年中确立的许多思想观点。希特勒顿时感到来了劲，一口气把小册子全读完了。当天下午，他突然收到德莱克斯勒给他的一张明信片，通知他已被接受参加"德国工人党"，并要他出席晚上的委员会会议。

这突如其来的通知，可把希特勒难住了。他在自己的房间里不停地踱来踱去，苦苦思考着该做出何种抉择。最后，他终于横下心来，决定舍弃俸禄，投身政治活动，以图将来出人头地。这一步成了希特勒日后飞黄腾达的起点。

"德国工人党"是个不起眼的小政党，希特勒以他不凡的组织能力和富有煽动性的演说，很快地扩大了党的队伍和影响，他自己也操纵了党的领导权。

1921年，希特勒在罗姆的帮助下，把党的名称改为"国家社会主义德国工人党"，它的德语缩写音译就是"纳粹"。

纳粹党既有极端的反动性、侵略性和冒险性，又具有极大的欺骗性，它以消灭共产主义为目的，但又以"社会主义"相标榜，提出了工人分享企业利润、实行土地改革等蛊惑人心的口号。它赤裸裸地鼓吹民族沙文主义、扩张主义和复仇主义，公然提出要通过战争夺取"生存空间"，建立独霸亚非的大日耳曼帝国。

纳粹党一出笼就受到德国垄断资产阶级的赏识。一些旧军人和右翼团体也纷纷加入纳粹党。1922的7月，希特勒在党内确立了"领袖原则"。从此，这个维也纳的流浪汉当上了纳粹党的元首，拥有了至高无上的独裁权力。

希特勒当上纳粹元首后，为了对政敌实行恐怖手段，收罗一批旧军人组成"冲锋队"，由罗姆当首领。冲锋队员都身穿褐色制服，他们开始是用拳头和橡皮棍在纳粹党集会上维持秩序，捣乱其他政党的集会，后来他们从国防军那里得到武器，成为希特勒压制政敌和群众的打手。希特

墨索里尼与希特勒

勒又想到，纳粹党必须有一种引人注目的象征和一面旗帜：经过反复考虑和试样，他设计了一面旗帜红底白圆心，中间嵌个黑"卐"字。他得意地对党徒们说："红色象征我们这个运动的社会意义，白色象征民族主义思想，'卐'字象征争取胜利斗争的使命。"不久，他又为冲锋队和党员的制服设计了"卐"字臂章。就是这个"卐"字，后来成了令人望而生畏的纳粹党和纳粹德国恐怖的标记。

随着纳粹党影响扩大，许多苦于无用武之地的旧军官、贵族子弟、下等文人、政客、无赖杀人犯等，纷纷投于希特勒的门下，表示愿意为他效劳。

只要对他忠诚和有用，希特勒一概拉入党内。戈林、戈培尔、赫斯、鲍曼、希姆莱等人，就是在这个时候先后加入纳粹党的。他们在希特勒的麾下如鱼得水，大展身手，日后都成为了第三帝国的显要人物，希特勒羽翼渐丰，便蠢蠢欲动，竟异想天开地要夺取政权了。

1923年，希特勒和罗姆、戈林等人经多次谋划，制订了一个政变计划。他们准备夺取正在闹分裂的巴伐利亚邦政权，然后向柏林进军，推翻中央政府。到10月份，一切准备工作都做好了，希特勒的心情既紧张，又激动。

11月8日晚上9点钟光景，在慕尼黑市郊一家名叫贝格勃劳凯勒的大啤

酒馆里，几千名市民一面喝着啤酒，一面在听巴伐利亚邦长官卡尔发表演说。突然，一群纳粹冲锋队包围了会场，希特勒在罗姆和戈尔等人的簇拥下，走进大厅。几个冲锋队员用枪把卡尔和另外两名巴伐利亚邦高级行政官押到一个小房间里。希特勒跳上一张桌子，挥舞着手枪，高声宣布说，巴伐利亚邦政府和全国政府已经被推翻，国防军和警察营房已经被占领，我是新帝国政府元首，我的军队在"卐"字旗下从郊区向市区挺进！

其实，这全是一派胡言。但是，在混乱中谁也弄不清这到底是怎么一回事。

希特勒喊叫了一阵之后，来到拘押卡尔等三人的小房间，劝告他们同自己合作，一致宣布"革命"，并参加他的新政府。可是，三巨头谁也不愿同希特勒合作，他们一言不发，保持沉默。希特勒见劝服不了他们，便掏出手枪，穷凶极恶地吼道，我的手枪里有四颗子弹，如果你们不肯和我合作，三颗就给你们，最后一颗留给我自己！

三巨头也真沉得住气，不管希特勒怎样威胁，还是默然无语。希特勒在情急之中，脑子突然一转，大步冲到外面大厅里，跳上讲台，对着神情疑虑的市民们大声宣布，三巨头已经同意和他合作，他的军队要向柏林进军了！希特勒的这通煽动居然产生了效果，许多市民信以为真，竟欢呼起来。

9日清晨，希特勒和戈林等人率领一支约3000人的冲锋队从啤酒馆出发，向慕尼黑市中心行进。他们想通过武装游行来争取军队和市民的支持，然后再占领全市。当这支队伍在"卐"字旗的引导下来到慕尼黑军区司令部时，把守在那里的警察不准他们通过。双方僵持了一会儿，便动起了干戈。在警察卡宾枪的猛烈扫射下，几十名纳粹党徒被击倒在地，其余的人四散逃窜。戈林走在队伍最前头，他的大腿中弹，后来逃入一户人家躲藏。希特勒在枪响后，赶紧趴在地上，等枪声一停，立即爬起来往后跑，跳上一辆汽车，飞也似地逃往他的乡间别墅。希特勒精心筹划的这次政变，在几分钟内就失败了，纳粹党徒有14人被打死，50人受伤。

没出几天，希特勒和大多数纳粹党头目相继被逮捕。但由于德国军人集团中的一部分人支持纳粹党，许多人又被释放，希特勒也仅被判处5年徒刑，这对叛逆罪来说是最轻的惩罚。啤酒馆政变虽然失败了，但希特勒在德国的名声却更响了。

【档案 NO.63】

万字纹："卍"字在梵文中意为"吉祥之所集"，佛教认为它是释迦牟尼胸部所现的瑞相，有吉祥、万福和万寿之意，唐代武则天长寿二年（693年）采用汉字，读作"万"。顺时针的"卐"字，被德国纳粹选用，成了邪恶的标志。

51. 慕尼黑阴谋

　　啤酒馆政变失败，希特勒入狱。在狱中，希特勒不甘寂寞，他整理了自己的思想，写下了《我的奋斗》一书。他在书中大肆宣扬民族优劣论，说日耳曼人是主宰世界的优等民族，应当统治其他"低等"种族，他尤其蔑视和仇恨犹太人。他借反对凡尔赛和约的民族压迫的幌子，极力鼓吹复仇主义和扩张主义，把自己打扮成拯救德国人民的"民族英雄"。他还主张以"领袖原则"取代民主政治等。全书共有700多页，可谓又臭又长。

　　希特勒虽说被判了5年刑，但只坐了13个月零20天的牢就被释放了。他一出狱，便假惺惺地向巴伐利亚当局保证，从此以后一定"安分守己"，不再乱说乱动。可他心里却在想，君子报仇，十年不晚，我定要叫你们看看我希特勒的厉害！一年多的铁窗生涯，使希特勒变得更加老练、刁钻了。

　　希特勒出狱后，戈林、罗姆等一班助手很快又回到他的身边，各奔东西的纳粹党徒们也纷纷汇集拢来，他们对"元首"更加崇拜了。尽管希特勒野心勃勃，但他不敢再轻举妄动。他一面重新整顿纳粹党和冲锋队，一面窥测方向，伺机东山再起。

　　从1929年开始，整个资本主义世界爆发了经济危机。德国受到迅猛而惨重的打击，生产停滞，企业纷纷倒闭，300万工人被抛向街头，工人斗争的烈火燃遍德国。内外交困的德国垄断资产阶级再也不能照旧统治下去了，他们深感建立在议会制基础上的"软弱政府"已经毫无作用，必须抛弃它，代之以法西斯独裁统治，以便对内镇压人民革命，对外用大炮坦克去夺取殖民地。在这种形势下，希特勒的纳粹党愈来愈为德国垄断资产阶级所瞩目。

　　希特勒也看到大干一场的时机到来了，但这一次他学乖了，他吸取了啤酒馆政变失败的教训，决定不能采用冒险暴动形式，而要通过合法的途径来夺取政权，他到处进行宣传，大讲人民的疾苦、民族的仇恨和政府的无能，并向人们许下种种美妙的诺言。希特勒凭他的三寸不烂之舌，蒙骗了一大批中小资产阶级、公务员和失业工人。到 1930 年，纳粹党迅速发展到 38 万人，冲锋队也发展到 10 多万人，成了比国防军还要庞大的一支武装力量。在这年 9 月的国会选举中，纳粹党获得的议席由 12 席猛增到 107 席，一跃而为全国第二大党。在新国会的开幕式上，以戈林为首的纳粹党议员一律身穿褐色制服，排成队列，趾高气扬地进入会场。

德国垄断资产阶级看到希特勒竟有这般能耐，都把宝押在他的身上。每出售 100 吨煤，就抽出 5 马克给纳粹党，一年竟达 600 万马克。其他的垄断资本家也纷纷解囊，为纳粹党提供经费。

希特勒对主子的意图心领神会，他在 1931 年同垄断资本巨头和军队头目多次密谈，筹划在德国建立法西斯专政。在 1932 年的总统选举和国会选举中，纳粹党在全国各地散发了数以千万计的各种宣传品，大小头目和冲锋队全部出动，希特勒抖擞精神四处发表演说。甚至坐飞机一天到 10 多个地方进行"飞行演说"。靠着垄断资本家给的大笔经费和采用欺骗、威胁的手法，纳粹党获得 1370 万张选票和 230 个议席，成为全国第一大党。劳苦功高的戈林当选国会议长。垄断资产阶级感到把希特勒推上台的时机已经成熟，他们联名上书兴登堡总统，要求让希特勒组阁。

1933 年新年伊始，柏林寒流滚滚，阴森凄冷。形形色色的政变谣言四处流传。1 月 4 日，希特勒同前总理巴本进行密谈，商定推翻执政才一个月的施莱彻尔政府，由希特勒出任总理。但是兴登堡这位年迈的总统一向看不起希特勒。为了打开通往总理府的最后一道门，希特勒经垄断资本巨头牵线，同总统府幕后实权人物、总统的儿子奥斯卡进行了勾搭。经过这番密谋策划，兴登堡只好同意把权力交给那个"奥地利下士"。28 日，施莱彻尔内阁倒台。30 日，在德国总理府，兴登堡把总理的印章授令纳粹党魁希特勒。巴丁出任副总理。入夜，25000 名纳粹党徒如痴如狂地举行火炬游行，"卐"字旗在火海中狂舞，"恢复帝国光荣"的喊叫声响成一片，希特勒站在总理府的窗台前，望着这番情景，内心狂喜不已。他得意扬扬地宣称，他所建立的第三帝国将历经千年而不衰。

希特勒终于出山了。他上台后，经过一段时间的休整，羽翼日趋丰满的德国开始向外扩张。

1934 年，德国试图吞并奥地利，但以失败告终。1936 年 3 月，意大利陷入侵略埃及的战争而不能自拔，英国与法国又推行绥靖政策。德国利用这个时机，重新占领了莱茵非军事区。与此同时，希特勒积极谋求与奥地利合并。

1938 年 3 月 12 日，德军开进奥地利，奥地利灭亡。

在吞并奥地利之后，德国开始觊觎有着优越战略地位的捷克斯洛伐克。1937 年 6 月，希特勒制订了侵略捷克斯洛伐克的"绿色方案"。1938 年 4 月，希特勒唆使日耳曼人党，要求苏台德区"自治"，并于 5 月在德捷边境集结军队，进行武力威胁。

9 月 12 日，希特勒在纽伦堡发表演说，公开宣布要援助苏台德日耳曼人党。当晚，苏台德地区发生暴乱，出现"九月危机"，局势再度紧张。

三天后，英国首相张伯伦赴德国与希特勒会谈，不惜一再退让，表示英国承认苏台德地区脱离捷克斯洛伐克。

希特勒在英法一再退让的情况下，更加得寸进尺。9 月 23 日晚，希特勒给张伯伦一份备忘录，并附有地图。要求捷克人最迟在 9 月 28 日完全撤出苏台德地区，并将其割让给德国。

为了保存自己，并将纳粹祸水引向苏联，英国与法国不顾弱小民族的利益，于 1938 年 9 月，在捷克斯洛伐克代表缺席的情况下，英法德意四国首脑在慕尼黑的褐色"元首宫"举行会议，史称"慕尼黑会议"，又称"慕尼黑阴谋"。

9 月 30 日凌晨，与会各国签订了《德国、联合王国、法国及意大利间的协定》，即《慕尼黑协定》。协定规定：1938 年 10 月 10 日前，将苏台德地区以及捷克南部，与奥地利接壤的地区割让给德国。

希特勒不费一枪一弹就得到了他想要的东西。慕尼黑会议是几个大国互相勾结，以牺牲弱小国为代价，谋求与法西斯势力妥协的国际阴谋。但是，事与愿违，英、法两国在慕尼黑表现出的绥靖政策，反而助长了法西斯国家侵略扩张的野心，把欧洲逐步推向了战争的边缘。

《慕尼黑协定》签订后，丘吉尔曾经对张伯伦说，要你在战争和耻辱之间进行选择，你选了耻辱，但是你将来还是要进行战争！

事情的发展正如丘吉尔所言，英法还没有来得及享受来自慕尼黑的"体面的和平"，战争的烽烟就已经高高燃起。

慕尼黑协定签字以后，希特勒立即着手吞并整个捷克斯洛伐克的活动。1936年3月16日，德军完全占领了捷克斯洛伐克，德国的力量大大增强。同时，由于英法的绥靖政策德国的野心也越来越大，开始将目光投向对其有着重要的战略地位与经济优势的波兰。

1939年5月，德国与意大利签订了《德意友好同盟条约》，表示缔约国一方一旦发生战争，另一方当竭尽全力予以支援。

为了避免战争，遏制德意法西斯的嚣张气焰和野蛮行径，1939年4月到8月，英、法、苏三国进行了缔结互助条约的谈判。谈判期间虽然苏联曾经一度为建设欧洲安全防御体系而努力，但因为英法两国缺乏诚意，最终失败。于是，苏联不得不停止与英法的谈判，转而与德国于1939年8月签订了《苏德互不侵犯条约》。与苏联签订此条约后，德国避免了东西两线作战的危险，便开始集中全力侵犯波兰。

【档案 NO.64】

绥靖政策：用牺牲别国的利益安抚侵略者，以换取和平和安全的政策。英法美等绥靖主义者，不惜以牺牲弱小国家利益为代价，来维护自身的利益（也有恐战情绪），求得一时苟安，谋求同侵略者妥协，妄图将"祸水东引"至苏联，坐收渔利。历史证明，绥靖政策是一种纵容战争、挑拨战争、扩大战争的政策。它无法满足法西斯国家的侵略野心，却鼓励了侵略者冒险，加速了第二次世界大战的爆发。

$52.$ 闪电战入侵

可以说，入侵波兰是希特勒征服欲望的自然发展。他在吞并了奥地利和捷克斯洛伐克之后，将波兰作为下一个侵略的目标。德国与波兰相互间的敌意，使两国的关系僵化。两国都在边界部署了重兵，战争一触即发。

实际上，早在 1939 年 4 月，德国就开始制订入侵波兰的计划。当时，希特勒命令德国总参谋部制订行动计划，这个计划就是 5 个月后实施的"白色方案"。

"白色方案"的核心就是德军采用新型多军种合成作战。而波兰的地势十分平坦，很适合机械化行动。

1939 年 9 月 1 日凌晨 4 时 45 分，德国空军出动近 1400 架战斗机、轰炸机以及俯冲式轰炸机飞越波兰边境。这些飞机的任务只有一个，就是对波兰进行全面摧毁。

波兰的军事目标和民用目标都遭到疯狂而猛烈的打击。机场、交通枢纽、铁路，都惨遭轰炸。波兰出动战斗机，进行抵抗。但是，波兰空军的实力远远不及德军，很快败下阵来。

与此同时，德国的地面部队对波兰展开攻击。地面部队由南方和北方两个集团军群组成。分为左、中、右三路，向波兰首都华沙推进。在地面作战中，波兰暴露出两个致命的弱点：其一是由于边防线过长，从而布防也过长；其二，战争开始后，波兰派出 30 个步兵师。然而，其中 13 个都是骑兵旅。惨烈的情形可想而知——波兰骑兵手执长矛向德军装甲部队发起冲击，他们试图突破德军的装甲部队，换来的却是惨重的伤亡。

德军的推进速度之快，令世界震惊，在德军装甲部队通过瓦尔塔河时，英国和法国才要求德国撤军。然而，德国根本不予理睬。

9月3日上午11时，英国首相张伯伦宣布，英国向德国宣战。

可是，德军仍然势不可挡地推进。一周后，德军第四装甲师已经推进了241公里。华沙告急，波兰誓死防守。但是，一切都是徒劳无益的，9月10日，德国空军对华沙发动猛烈

"二战"中的德国摩托化师

轰炸。波兰政府不得不下令军事撤退。此时此刻，波兰军队也陷入德军逐渐收紧的包围圈中。

在波兰遭到全面轰炸的5天后，德国向波兰发出最后通牒，要么投降，要么被包围。然而，华沙军队决不投降，他们背后有10万人民支持，他们选择继续战斗。

9月17日，这是一个让波兰人绝望的日子。就在这一天，德军南北两个集团军群，在弗沃达瓦会合，完成了对华沙的包围。波兰军队企图向西逃脱。然而，就在此时，一个致命的消息传来——苏联白俄罗斯方面军和乌克兰军共60万人，越过波兰东部边境，向西进攻。

这是苏德事先约定好的。两国在签署《苏德互不侵犯条约》时，还私下协定了一个秘密条约。这个条约没有公诸于众，其内容就是瓜分波兰。

西部，波兰军队已然没有还手之力；东部，又有如狼似虎的苏军。波兰政府最终逃往罗马尼亚。

9月25日，德军地面部队向华沙发动攻击。次日，德国空军轰炸华沙。9月27日，华沙驻军再也无力抵抗，于第二天向德军投降。

人口多达3500万的波兰就这样在苏德两军的蹂躏下被消灭了。

此次战役，德军入侵的速度之迅猛，足以让全世界震惊。然而，德军入侵波兰的战争，并不是真正意义上的"闪电战"。准确地说，是一种传统的两翼包抄战术。德军采用钳形攻势切断并孤立了波兰军队。而钳形攻势的先锋部队，则是德军上将古德里安和霍普纳率领的新型装甲军。

古德里安是陆军战术"闪电战"创始人。他指挥德军突入波兰边防线，其后从波美拉尼亚快速前进，直抵维斯杜拉河，切断波军通往波兰"走廊"的退路。

波兰战役，历时四周。波兰军人战死6万余人，伤残13万余人，被德军俘69.4万人，被苏军俘虏21.7万人。而德军战死1万余人，伤残3万余人，失踪3400人。

在波兰，纳粹政权露出了狰狞的面目。就在德军进攻波兰的同时，德国向波兰派出了15支立即执行小组，这15支小组也称为"特种部队"，主要由纳粹党卫队员和纳粹安全警察组成。党卫队特别行动队最初是1938年德奥合并后，为了消灭奥地利的政治反对派而组建的。

安全警察在波兰的任务是"与敌对分子战斗"，实际上是对犹太人、波兰军人和波兰知识分子进行恐怖活动。在进入波兰两个月内，"立即执行小组"屠杀了大约15000人——这也是德军1941年入侵苏联后上演的更为恐怖的大屠杀的前奏。

苏联内务人民委员会，是苏联方面执行类似任务的组织。1940年3月，斯大林签发命令，处决了25000多名波兰人。其中，最为臭名昭著的是卡廷森林屠杀了4000名被俘的波兰军官。

再说德国入侵波兰后，一切正如希特勒所料，盟国虽然对德宣战，但不会采取任何行动。这样，在攻下波兰后，他就可以将主力转向西线的战役了。然而，东欧的战斗远远没有结束。波兰被瓜分后，苏联和芬兰开始了一场冬季战争。

【档案 NO.65】

闪电战：将先进的火力和机动作战理论，与最先进的空中和地面武器有机地结合在一起。速度是成功的主要原因。"闪击波兰"的战役中，德军利用准确的情报，向波军防御弱点进行攻击，火速向预定目标推进，并不顾忌侧翼的安全。

53. 冬季战争与空虚备战

德国不断扩张，让苏联惶恐不安。于是，苏联便想在第三帝国的北面建立一道防御阵地。构建这道阵地，只有一个办法，就是控制波罗的海国家。

波罗的海国家中，有三个小共和国，以前都属于沙皇俄国。沙皇俄国灭亡后，他们独立了出去。这三个小国家就是拉脱维亚、立陶宛、爱沙尼亚。他们弱小无力。苏联便威逼他们签订所谓的相互防御的条约。防御是托词，实际上，就是苏联在这些国家内驻军。三个小国自然无力抗拒。只得听任苏联的摆布。但是，这些小国是口服心不服，不由心生埋怨。

除了三个小国之外，苏联还想在芬兰驻军。芬兰以前也属于沙皇俄国的一部分。但是，芬兰不像三个小国那样孱弱无力，他们断然拒绝了苏联的要求。

苏联的要求有两条，一是让芬兰割让卡累利阿南部地区；二是允许苏联红军在芬兰本土驻军。芬兰拒绝苏联后，感到危险，于是把部队调集到边界上，以抵御苏军的突发进攻。

果不其然，正如芬兰所料，苏军在 1939 年 11 月 30 日，对芬兰的赫尔辛基发动了突然袭击。论兵力，芬兰与苏联相距甚远。这次战争，苏联动用了100 万大军，芬兰却只有 30 万人，其中后备役军人占了百分之八十。

显然，这是一场以弱对强的战役。仅从军事实力看，芬兰是必败无疑的。然而，事实与理论分析截然相反。苏芬之间的这场战争，着实令人大跌眼镜。

芬兰的兵力虽然大大小于苏联，但是，他们战斗力却丝毫不逊色于苏军。按照苏联领袖斯大林的预想，一个月之内定可全面占领芬兰。然而，让他没有想到的是，苏军仅仅拥有一个优势，而芬兰却拥有天时和地利的双重优势。

此时，已是寒冬。芬兰人自然更适应当地的气候，也更熟悉地形。他们就利用这两大优势，顽强与苏军抗争。不可思议的情况出现了，从北部进攻的苏军推进了一点，便遭到阻击而无法继续向前，南部进攻的苏军更惨，他们没有占到任何便宜就被击退了。而在曼纳海姆防线的苏军主力部队也遭到芬兰人的痛击。更要命的是，芬兰还有滑雪板部队，这支部队采用游击战术，袭击了企图穿越芬兰中部的苏军纵队。

战斗打了一个星期，苏军简直被打蒙了。芬兰人不断猛攻，将苏军分割为一块一块，进行吞食。2 万余苏军不是被冻死就是被击毙。

苏联只好暂停进攻，进行重新组合，之后再次攻击芬兰。这一次，苏联任命铁木辛哥为元帅。这位元帅，曾历经平定国内反革命叛乱和反对外国武装干涉的战争，由普通士兵逐渐成长为著名的苏联元帅，被西方军界视为苏联的"战争明星"，作战经验可谓丰富。

同时，苏联又向前线增派的 50 万大军，誓死要拿下芬兰。

这是一场消耗战。苏军的目标是突破曼纳海姆防线。苏军的进攻非常猛烈，54 个师每天进攻 4 到 5 次。

然而，即便如此，芬兰军队也抵抗住了苏军猛攻。苏军伤亡很惨重，却没有退却的意思，统帅下达了命令——要不惜一切代价，达到预定目标。一次又一次的猛攻，进行了整整一个月，芬兰军的防线终于被撕开。芬兰军先是撤退，然后被迫求和。

此时，气温低至零下 50 度。苏军付出了 25 万余人阵亡的代价，其中，无数战士是被冻死的。而芬兰军，死亡是 2.5 万余人，比苏军少 10 倍，但是，终因寡不敌众，芬兰人不得不签署了停战书，答应了苏联的一切要求。

苏芬战争，虽然苏军达到了目的，但付出了极其惨重的代价。从这方面来说，苏军是失败的。正是由于这次战役，给德国人造成了一个错觉，那就是进攻并占领苏联是可行的。包括希特勒本人也这样认为。因此，与其说苏芬战争是苏联侵驻芬兰的军事行动，不如说是第二次世界大战的一个伏笔，这个伏笔导致了希特勒后来的错误决定。

再说德国入侵波兰后，英国和法国袖手旁观。之前，他们曾向波兰承诺，要保证波兰的安全。在德国攻击波兰后，1939 年 3 月，英法也确实对德宣战。然而，8 个月过去了，英、法两国却始终按兵不动。

英、法两国在西线部署了 115 个师，却眼睁睁看着苏德瓜分波兰。事实上，此时德国在西线仅有 23 个师，实力与英法悬殊极大。德国在东线进攻波兰的时候，英法若能对德开战，德国将陷入腹背受敌的艰难境地。遗憾的是，由于英、法两国死守绥靖政策，德国异常顺利地击溃了波兰。

关于这一点，早在希特勒预料之中。英、法绝不会先动手。德国更不会。德国在占领波兰后，为了欺骗世界舆论，麻痹英、法等西欧国家，希特勒亲自导演了一场声势浩大的"和平"骗局。他信誓旦旦的承诺、滔滔不绝的演说，以及报刊广播不惜笔墨的报道都力图使人相信，只要英、法承认德国对波兰的吞并，就能确保欧洲其余部分维持现状，并能实现英、法梦寐以求的"体面的和平"。然而，在迷雾和谎言的背后，德国侵略扩张的野心却一刻也没有停止过。

于是，一个有些滑稽的场面出现了。法国和德国一些部队的士兵下河洗澡，互赠德国啤酒和法国葡萄酒。这幅景象完全不像是备战，更像是在搞联谊会。

前线的士兵无聊到极端，法国政府还专门设立了一个"娱乐服务处"，负责前线军人们的娱乐生活，让前线的士兵们打扑克、踢足球。同时，法国还向英国远征军运送一种新型飞镖靶盘。

时间就这样一天天过去，到了 1939 年，也就是苏联与芬兰鏖战的时候，法国很多家庭的主要劳动力被征了兵，因此经济困难。即便是在工作的人，也很难拿到薪水。空袭警报时常把城市居民从睡梦中惊醒，然后背着第一次世界大战时期的防毒面具，在街上游荡。这是一个无比空虚的冬天，法国人的心里充满茫然和莫名的恐惧。

与法国普通平民相比，德国人的生活却丝毫没受到影响。他们的军工生产没有超过战前的水平，民用生产也就没受到削减，工作时间自然也就没有延长。尽管因为扩军，男性劳动力有所短缺，但德国政府并没有动员妇女参加工作。所以，德国的普通军民没有感受到真正的战争。战争只是报纸和新闻电影上的东西。

同样，英国方面也没有发动战争。英国首相张伯伦不希望打仗，他希望看的是德国内部产生内部争斗，希特勒下台。然而，张伯伦盘算错了，希特勒侵略奥地利、捷克斯洛伐克和波兰，屡获成功，他在德国的威望与日俱增，一呼百应。

按希特勒的想法，在击溃波兰之后，立即就要在西线发动进攻。事实也是如此，1939 年 9 月 27 日，希特勒就下达了西线进攻命令。作战计划也很清晰——击溃法国，迫使英国投降。而且要快，因为英法两国的经济潜力比德国强大很多。10 月 19 日，德军各军种司令部正式接受一个命令，这个命令就是闪击法国的"黄色方案"。然而，战争却始终没有打响。

在西线，除了英法两国，还有比利时、荷兰和卢森堡等中立国。但是，希特勒指示，德军在发动西线进攻时，根本不用考虑这些中立国的因素。那么，德军为何迟迟不开战呢？

其主要原因在于军火的短缺。在波兰一战中，德军进攻甚猛，运输汽车折损了百分五十以上，弹药库存严重不足。到 1939 年底，德军的备用弹药只够打 28 天的仗。此时，德国的工业远远不能满足德军的军火需要。

希特勒不得不一再推迟进攻的时间。先后推迟了 30 次。一直拖延到 1940 年初。

英、法两国实际上是给了德军一个喘息的机会。德国人利用这段宝贵的时间，加快生产军事装备和弹药。增补新型坦克 680 辆，增配陆军野战炮 1368 门，增配反坦克炮 1630 门，增加作战飞机 1500 架。增加军员 330 万人。新建立 15 个军，31 个步兵师，9 个后备警备师。

当然，在这段空虚的备战时间里，英国和法国也在加强防御体系。两国都自认为建立好了一个坚固的防御体系。1939 年冬天来临的时候，英国 40 万远征大军，越过英吉利海峡，抵达法国和比利时边界阿拉斯和里尔附近的阵地。英军在这里修建弹药库，挖掘战壕。

法国则建立了一条著名的马其诺防线。这条防线从 1929 年开始建造，以当时主管建造这条防线的法国陆军部长马其诺的名字命名。这条防线花了 12 年时间才建成，耗资数十亿法郎。

马其诺长达 750 公里，从瑞士边境一直延伸到比利时边境，防线上有许多构造完善的坚固堡垒。按照设计，敌军是无法用常规的攻击方式攻破这道防线的。

法国人对自己的防御布局相当满意，南有马其诺防线，固若金汤；北有阿登山区，丛林密布，难以逾越。在马其诺防线的背后还驻扎了几十万英法联军。试问，德军怎么打进来？

因此，法国人非常迷信自己建立起来的马其诺防线。法国总理勃伯鲁姆说，这个工事虽然不是进攻的，但防御绝对没有问题。法军统帅也说，马其诺防线是法国的英吉利海峡。意思是，像天堑一样可靠。

但是，法国人没有想到，他们迷信的马其诺防线有两大弊端。其一，由于政治原因，马其诺防线并没有延伸到比利时边界。这条防线的各个堡垒大部分是不相连的，而且，许多堡垒还是第一次世界大战前修建的；其二，法国把大批部队配置在这条漫长的防线上，机动部队却少得可怜。

法国人这种只防守不图进攻的军事思想，是非常落后的。他们迷信自以为坚不可摧的防线，认为防御是比进攻更有利的作战方式。这种落后的思想，将让他们在后来的战争付出沉重地代价。

不过从作战理论上讲，法国人的这种防守思想也没有错。分析一下英法和德军的军力即可知道。当时，英法联军共有147个师，3700辆坦克，3800架作战飞机，14500门火炮；而德军有141个师，2445辆坦克，3100架飞机，7558门火炮。从这个数字可以看出，英法联军的优势并不算大。如果对战，不一定能战胜德国。但是防守就不一样了，德军必须拥有大于英法联军三倍的兵力，才能够进攻。这种3∶1的理论比例，倒过来算，英法联军的优势就更强大了，他们足以抵挡德军几个百师。事实上，德国仅仅有141个师。

因此，在英法看来，他们是高枕无忧的，德国方面也没有任何要进攻他们的迹象。然而，军事理论和实际战争是两码事。拿中国宋朝来说，曾经著有一本叫作《武经七书》的皇家军事教科书，军事理论更强大了吧。然而，宋军却被不会书写任何军事理论和兵法的蒙古铁骑打得落花流水。

所以，战争光有军事理论是不行的。所谓军事理论和兵法，需要很多东西支撑。其一是经济实力和潜力；其二是武器装备，这显示出军队的强弱；其三是士气，也就是我们通常所说的逢敌必亮剑的"亮剑精神"；其四是民心，军队背后没有老百姓的支持，仗是没法打的，一旦开战，也无法持久与敌人抗衡；其五是国家机制，有没有一种凝聚力，把全国的各种力量集中在一起。这五个环节都做实了，军事理论和兵法才会真正发挥出作用和奇效。

英法在经济实力、武器装备等方面都不差，但他们恰恰差在士气上，只知一味防守，这种思想，让他们忽视了进攻性作战，也不研制进攻性武器。装甲兵作战的理论最早是英国和法国人发明的，但却没有引起英法高层的重视。在英法高层看来，坦克只不过是一种辅助作战的兵器罢了。而德国则相反，希特勒和他的将领们非常重视装甲兵机械化作战。

如此一对比，尚未开战，胜负似乎已经显现出来。然而，这时的希特勒并没有对英法发起进攻，他先要解决那些中立小国。

【档案 NO.66】

西墙：德国西部的防御工事，于第二次世界大战爆发前18个月修建。由14000多个碉堡、火炮阵地和防空壕组成，从瑞士边界经由上莱茵河地区、巴拉丁、萨尔河直至亚琛，绵延600多公里，这在当时的宣传电影中曾被大力渲染。这些建筑消耗了730万吨混凝土，180万吨钢筋以及1800多万吨碎石和其他装填材料。

【档案 NO.67】

1939年第二次大战力量对比表

	人 口	人均收入（美元）	作战飞机（架）	主力军舰
同盟国				
法国	41 600 000	248	735	155
波兰	34 862 000	92	390	9
英国	47 692 000	498	1144	315
轴心国				
德国	68 424 000	487	2765	74
意大利	43 779 000	157	1500	241
日本	70 590 000	81	1980	212
中立国				
美国	129 825 000	520	800	366
苏联	167 300 000	188	5000	215

54. 威悉河演习

苏联和芬兰在 1939 年冬季发生战争时，希特勒一直在密切关注邻近的中立国。他发现，盟国可能会利用中立国挪威来控制德国。

挪威一直是兵家必争之地，峡湾蜿蜒曲折，航道隐蔽，进可突入北大西洋，扼制海上交通，退可藏兵百万，控制北欧的战略资源。早在 1940 年，时任英国海军大臣的丘吉尔就宣布，将在挪威水域布设水雷，其目的很明显，要切断从挪威北部港口城市纳尔维克到德国的铁矿石运输线。要知道，德国每年要从瑞典和挪威进口 1100 万吨铁矿石。

铁矿供应线是德国战争机器的生命线，这条生命线一旦被切断，德军的军火工业将会陷入崩溃，德军也不可能进行任何战争。

其次，1939 年，苏芬战争爆发，英法就想组织远征军援助芬兰，德国认为，如果英法远征军援助芬兰，必定要从挪威、瑞典过境，一旦从挪威、瑞典过境之后，为了维护它的交通线的安全，英法要在瑞典和挪威驻兵。这是德国不能允许的。在苏芬战争中，苏联取得了胜利，抢占汉科半岛。希特勒想到，苏联有可能借助于芬兰控制住整个北欧。所以，无论从英法，还是苏联，在围绕苏芬战争中可能产生的两个后果，都是希特勒所无法接受的。于是希特勒决定，在解决西欧之前，先把丹麦和挪威敲掉。

于是，希特勒下令制定了代号为"威悉河演习"计划，其中，占领丹麦的行动被称为"南威悉河演习"，入侵挪威的行动被称为"北威悉河演习"。

希特勒在 1940 年 4 月 9 日下令发动攻击。这一天，恰好是丘吉尔下令在挪威布设水雷的第二天。德国认为，这是英国公然破坏挪威的中立。希特勒以此为借口，出兵挪威合情合理。在外界看来，德国的反应是不可思议的，英国头天埋雷，德国翌日便出兵，为何会如此迅猛？实际上，希特勒下令对挪威发动攻击的时间，早在 1940 年 3 月就制定了。他的命令与丘吉尔的命令，只不过是一种巧合。

要打挪威，先攻丹麦，丹麦和挪威都紧邻德国。而丹麦是进军挪威的跳板。战争一开始，德国方面就发出消息，为了粉碎英国破坏丹麦和挪威的中立，德国国防军正在接管两国的军事防御。

德军进攻的速度之快，丹麦全然没有招架之力。他们军队仅有 1 万 5000 多人，其中有 8000 人是新兵，在一两月前才应征入伍，组成了 5 个小的编制师。飞机也很陈旧，只有 190 架旧式飞机。由于实力过于悬殊，丹麦除了在北石勒苏益格地区和德军短暂交火以外，几乎没有做任何抵抗。德国则以空军与摩托化步兵的组合，长驱直入。

1940 年 4 月 9 日 9 时 20 分，德国发出即将轰炸丹麦首都哥本哈根的消息。当晚，收到威胁的丹麦议会一致赞成政府向德国投降。就这样，德军在 4 小时内摆平了丹麦。这次战争，德军仅仅阵亡 2 人，受伤 10 人。

占领丹麦，对德国来说好处极大，第一是有了进攻挪威的跳板；第二是为德国海军提供了在北海和大西洋作战的基地，同时，确保了瑞典的钢铁通过波罗的海进入德国这一重要供给线的侧翼安全。可谓一举两得。

接下来，德国就要全力以付对付挪威了。就在占领丹麦的这一天。德国向挪威发出了令其投降的通牒。一面通牒，德军一面发动进攻，这一次德国动用了陆海空三军。派出 7 个师共 14 万人，1300 架战斗机和 2 艘战列舰，7 艘巡洋舰，14 艘驱逐舰，8 艘雷击舰，35 艘潜艇，以及大量运输船进行支援。挪威危在旦夕。

1940 年 4 月 9 日凌晨 4 时 20 分，德国驻哥本哈根使节向丹麦政府递交了最后通牒，要求丹麦立即接受"德国的保护"，限定 1 小时内答复。5 时 20 分，德国驻奥斯陆的使节又向挪威政府递交了相同内容的最后通牒。而此时德国舰队已逼进挪威各主要港口，并已从海上和陆路向丹麦发起了进攻。丹麦人几乎没有抵抗，海军一炮未发，陆军只被打伤 20 人，4 小时后便接受了德国的最后通牒。然而，挪威政府却答复说："我们决不屈服！"

5 时 50 分，德军在挪威沿岸的各主要港口实施登陆，同时出动 800 架作战飞机和 250 架运输机，从空中压向挪威。挪威军队还没充分动员，仓猝抵抗。

在纳尔维克，当 10 艘德国驱逐舰迫近港湾时，港内 2 艘挪威古老的装甲舰"艾得斯伏尔德"和"挪奇"号向德舰发出信号，要他们说明身份。

德军派人乘汽艇向挪舰招降，但挪舰表示坚决抵抗。于是，德军舰队发起攻击，2 艘挪舰先后被鱼雷击沉，300 名挪威水兵全部阵亡。

上午 8 时，纳尔维克被德军占领。在特隆赫姆，守卫该港的挪威第五师师长遵从吉斯林的号令，未做任何抵抗便交出了这个海港。

在挪威第二大港口卑尔根，海岸炮台向逼进的德舰开炮，重创德轻巡洋舰"葛尼斯堡"号和 1 艘辅助舰。但其他德舰上的士兵却登陆，在中午前占领了该港。"葛尼斯堡"号当晚被英国轰炸机炸沉。

西南海岸的斯塔万格和附近的苏拉机场也于中午落入了德军之手，德军由此获得了在挪威的前线空军基地，掌握了挪威南部和中部的制空权。

南部海岸的克里斯丁海岸炮台两次击退了由德轻巡洋舰"卡尔斯卢合"号率领的德国舰队的进攻。但这些炮台很快就被德国空军炸毁，港口于下午 3 时左右陷落。但"卡尔斯卢合"号在当晚离开港口的时候，被英国潜艇用鱼雷击中，损伤严重，最终沉没。

德国出动了 1300 架战机，占领挪威的机场，而英国飞机实在有限，最大规模的空袭也只能出动 100 架飞机，而且是 300 英里以外飞来。因此，英国空军的增援徒劳无益。

陆军方面，德军第一六三师和第一九六师所属部队仅用了 8 天时间，就推进了 290 公里，控制了至关重要的南部地区。英国援军虽然登陆，但是十分仓促，防御阵地也是简单粗糙，根本无法抵挡装备精良、训练有素的德军。因此，遭到惨败。

到了 5 月 1 日，英军在安道尔森尼斯登陆的两个旅，只剩残兵败将，他们只得重新回到军舰上，撤离战场。中部和南部的挪威军也只好放弃抵抗，向德军投降。

英法军队接连惨败，被迫在 6 月 8 日撤出挪威。6 月 10 日德军占领了挪威全境。希特勒扶植挪威前国防部长吉斯林上台，组成傀儡政权。

战后盘点，在整个挪威战役中，德军共伤亡 5700 人，损失驱逐舰 10 艘，巡洋舰 3 艘，潜艇 4 艘；英法和挪威军队共伤亡 5000 余人，英国损失航空母舰 1 艘，巡洋舰 1 艘，驱逐舰 7 艘，法国损失驱逐舰 1 艘。

德国的损失不算小，但德国在丹麦和挪威之战取得的胜利，给其他欧洲小国敲响了警钟。占领挪威和丹麦后，德军兵临瑞典边界。瑞典也本是中立国，但此时在外交也只能全面倒向德国。答应德国通过瑞典的领土向纳尔维克地区和芬兰北部运送军队和物资。

罗马尼亚也同意向德国提供廉价的石油。意大利领袖墨索里尼则受到了鼓舞，他扩大征兵，加入了对法国的宰割。

占领丹麦和挪威之后，希特勒的下一步，自然是发动西欧战争，入侵法国。对于即将发动的这场战争，作战计划早已制订完善，这就是接下来要说到的"黄色方案"，也称为"曼斯坦因计划"。

【档案 NO.68】

维悉河演习方案指令：

领袖兼国防军最高司令　柏林

国防军指挥局 / 国防处　1940 年 3 月 1 日

1940 年第 22070 号绝密文件

一、斯堪的纳维亚半岛局势的发展，要求做好以国防军部分兵力占领丹麦和挪威（"威悉河演习方案"）的一切准备。

二、授权第二十一步兵军军长冯·法尔肯霍斯特步兵上将（"第二十一集群"司令）负责准备并指挥对丹麦和挪威的行动。

三、越过丹麦国界和在挪威登陆，必须同时进行。必须尽最大努力尽快为此做好准备。如果敌人抢先对挪威采取行动，必须能将己方的反措施立即付诸实施。

四、占领丹麦。第二十一集群的任务：出敌不意地占领日德兰半岛和菲英岛，继而占领西兰岛。此外，在最重要的支撑点有安全保障的情况下，应尽快突至斯卡根和菲英岛的东部海岸。在西兰岛，必须先占领若干个支撑点，作为尔后占领行动的出发阵地。

五、占领挪威，第二十一集群的任务：通过从海上实施空降，突然占领最重要的海岸地段。登陆部队和尔后向奥斯陆增调的兵力，其海运工作由海军负责准备和组织实施。必须做好快速构筑挪威海岸防御工事的准备工作。在实现占领之后，空军应组织对空防御，应利用挪威的基地对英国实施空中战争。

六、第二十一集群应不断向国防军统帅部报告准备情况并呈递一份关于准备工作进程的时间表。此外，还应确定从下达关于"威悉河演习方案"的命令到开始行动所需的最少时间。

（签字）阿道夫·希特勒

$55.$ 曼斯坦因计划

德国入侵西欧的计划，很早就制订了。最开始，是根据第一次世界大战的形式制订的。效仿 1914 年的"施里芬计划"，是一种开放式的进攻。这份作战计划的战略野心并不大，目标仅在于占领比利时和法国北部的工业区。然而，希特勒却不同意这份作战计划。

这份作战计划，最初时把德军整编为三个集团军群，要求范布隆克军配备主要的坦克部队的 B 集团军群，主攻荷兰、比利时，然后沿海岸线攻击。希特勒对此有疑虑，更糟的是，这个方案可能会导致静态消耗战，就像当年希特勒在"一战"战壕里打的一样。希特勒提出要向联军的中心发起进攻，几个月过去了，最高统帅部又制订了几套方案，但只对黄色方案进行了少许更改，希特勒都不满意。

希特勒认为，如果向南进攻，穿越阿登山林地带，效果会更好。但是，当时几乎所有德军统帅部将领对希特勒的想法都持否定态度。只有一个人与希特勒不谋而合，他就是曼斯坦因。

曼斯坦因当时任德军 A 集团军群参谋长，他研究了阿登地区的地形后，制订了一套令希特勒满意地作战方案。这个方案，就是定型的"黄色方案"，也称为"曼斯坦因计划"。

方案是这样的：德国 3 个集团军。其中，西线 A 集团军，由龙德施泰特指挥，从盟军防御最薄弱的色当实施突破；这个集团军共 45 个师，其中包括 7 个坦克师，3 个摩托化师。

北线为 B 集团军，由包克上将指挥，其任务是占领荷兰，突破比利时防御。实际上，这是一个诱饵，将英法联军，尤其是法国大军引至北线，以牵制盟军的兵力。

南线为 C 集团军，由冯·李勃上将指挥，任务是对马其诺防线和莱茵河一带发动进攻。这同样是迷惑战术，攻是佯攻，目的就是牵制法国军队。同时，C 集团军还要负责保障突击集团的南翼。

另外，还有强大的德国空军，全力支援和保障陆军各兵团。

一切都很好了。但是，这个计划存在一个极大冒险性。要打赢这次战役，成败的关键在于是否能够突破阿登山区。阿登山区是一个丛林密布、山路崎岖、狭窄艰险的地带。

因此，法国陆军总司令甘末林预计，德军根本不可能穿越阿登山区。在甘末林看来，德军只可能从北线——比利时、瑞士北面或者南面发动突击。正因为这个错误的判断，英法盟军被派去比利时平原，而远离了法国边境的地区。

这样分析就很清楚了。盟军计划打的是持久阵地战，而德军要打的是闪电战。

希特勒了采纳了"曼斯坦因计划"。同样极力赞成这个方案的还有古德里安，他对自己的坦克部队信心十足。他坚信无坚不摧的坦克部队可以快速击溃法军的防御。还有一个事实不容忽略，就是德军和盟军的实力对比。当时，德军有 4000 架飞机，而盟军有 3000 架，德军的空中优势比较明显。坦克数量，盟军为 3383 辆，德军总共只有 2335 辆，从数量上看，德军的坦克逊色于盟军。但是，德军将坦克组成的装甲部队，用作主要进攻的利剑。盟军则不然，他们把装甲师当作辅助武器。对装甲部队的建设自然是轻视的。

再说空军，德国空军由大机群和空军师组成，在装甲师进攻时，迅速以战斗机和俯冲轰炸机给予空中支援。这种作战方式叫立体突进。

在德国空军中，最令人生畏的是"斯图卡"俯冲轰炸机。它足以取代大炮，在坦克战和需要扼守的战略要地织起火力网，提供近距离空中支援。

在经过了充分的论证和几次演习之后，"曼施坦因计划"得到确认。最后确定担任突击的两个装甲军（古德里安的第十九装甲军和赖因哈特的第四十一装甲军）组成一个装甲集群，由克莱斯特将军指挥；

"二战"时期德国"斯图卡"轰炸机

其中第十九装甲军将担任安德内斯攻击战的矛头。而第十五装甲军，则位于集团军群右翼担任辅攻。而此时，法军还不知道，他们即将遭到毁灭打击。虽然情报机构知道德军的调动情况，但他们并不理解这些情报是何等重要。一场惊心动魄的闪电战就这样上演了。

1940 年 5 月 11 日，德军的 1800 辆坦克出人意料绕过坚固不可摧的马其诺防线，从阿登山区一举突破几十万英法联军的防线，迅雷一般的杀向巴黎。驻扎在法国北部的英法联军措手不及，面临着被合围的巨大危险。

仅仅两天时间之内，德国坦克先锋就杀到了法军的马斯河边的色当防线，双方最高统帅都意识到色当能否守住决定法兰西战役的最终胜负。

法国最高统帅甘末林将军认为，色当防线除了有马斯河的天然屏障以外，还有极其坚固的要塞和强大的要塞炮。德军如果渡河，必然受到要塞重炮的打击。所以德军必须首先摧毁这些要塞，不过要想攻下这样的要塞，必须使用超大口径的重炮。

甘末林和法国军事高层估计：这类重炮在阿登山区非常难以运输，至少要使用八匹马拉拽，按照他们的速度最快也要晚于坦克部队四天到达。这个时间足够英法联军把主力转移，抵抗德国的军队，挫败德国人的全部阴谋！

5 月 13 日德军开始强渡马斯河，色当法军立刻按照预先布置用要塞炮进行轰击。由于战前要塞炮就对射击地域做过精确测量，射击极为准确，德国的小船又怎么能抵挡这样的重炮，一艘艘在河中被打得粉碎。德军开始败退，一切似乎都按照法国人的预想发展。就在法军士兵正要高喊庆祝的时候，天边突然出现了一片黑云。

很快，法国军官发现这是德军的轰炸机，但是他们并不紧张。色当要塞建设的时候特别针对过高空轰炸修建，所有火力点都巧妙设计，它们可以有效地躲避高空轰炸，高空的飞机根本无法对付他们。

但是，出乎他们预料的是，这些德军轰炸机突然发出尖叫声，从高空猛烈俯冲下来，把一枚枚重型炸弹准确地投到一个个法军要塞火力点上，将它们炸得粉碎。这样恐怖的轰炸持续了 5 个小时，色当要塞被摧毁，法国军队四散逃走，德军随即渡过马斯河，装甲部队随即长驱直入，一路击溃法国军队的零星抵抗。

德军突破色当后，法军命令精锐第三装甲师，在5月14日上午攻击色当的桥头堡，但直到天黑也没有攻下来，而且既没有炮兵支援，也没有步兵支援，法军第二集团军司令亨奇格将军下令停止进攻，并将这个装甲师的坦克分散到他的步兵队伍里，这支唯一可以抵抗德国坦克的联军部队就这样解散了。

亨奇格还决定收拢他的左翼部队，以阻止德军突袭法兰西东部，这就使色当防线的裂口从八公里扩大到25公里。除马斯河以外，德国坦克还跨越了蒙泰梅和迪南，重创了克拉普的第九集团军。跨越了迪南的是第七装甲师，由48岁的少将隆美尔率领。

5月15日晚上，古德里安的装甲师已经打通了向西的道路。但就在这天晚上，科莱斯特担心古德里安过于冒进，命令他停止前进，让他的部队就地扎营，古德里安强烈地反对此项命令，要求继续前进24小时，以便扩大桥头堡。得到同意后，一向大胆的古德里安，抓紧时机又推进了80公里，俘虏一万人，缴获100辆坦克，而仅仅付出阵亡35人，伤59人的代价。

5月16日天黑时，古德里安再次接到停止前进的命令。无论是希特勒还是他的最高统帅部都没有料到法军竟败得如此之快，他们一直担心法军将对脆弱的左翼发起强大的反攻，所以希特勒坚持让古德里安等待步兵赶上，以便形成侧翼掩护。

当古德里安的坦克在南面切割法军防线时，北面的德军也取得了优势，5月12日和13日，第一次坦克大战在威尔道普展开，法国第一军的两个轻型机械化师，与德国第三第四装甲师的主力正面遭遇，德国坦克还有斯图卡轰炸机支援。第一天，法军坦克打得不错，但战斗持续过程中，德国人的战术使他们能对法军坦克机动制胜。到5月13日晚上，法军坦克撤退了，德军在马斯河上的突破，使甘末林的整个战略体系彻底破产。

眼看着大溃败的前景，法国总理雷诺在5月15日一大早打电话给丘吉尔说，我们已经输掉了这场战争。

【档案 NO.69】

"斯图卡"俯冲轰炸机：被称为"尖啸死神"。斯图卡机体非常牢固，能以80°的角度向下急剧俯冲。它所装备的自动计算装置可正确计算出开始俯冲和拉起机头的时机，在前翼梁下装有一对俯冲减速板，而其肥大的主起落架在飞机俯冲时也起到减速的作用。这些特点使斯图卡具有极高的轰炸精度，圆径误差在 25 米以内。在斯图卡的机头冷却进气口装有一个空气驱动的发声装置，在俯冲时发出类似空袭警报的凄利的尖啸声，在炸弹还没落下以前，已对地面的人的心理造成极大的冲击，加强了打击效果。

56. 敦刻尔克大撤退始末

上文说到，德军跨越阿登山脉、突破色当、马斯河防线，逼近英吉利海峡。这时候，盟军在比利时的部队，以及法国南部的部队拦腰截断。

德军推进速度快得令人难以想象。1940 年 5 月 24 日，德军距离英吉利海岸上的最后一个大港敦刻尔克，只有大约 20 公里了。

当时，英国的远征每天需要的 2000 吨弹药，以及军需供给，都要从英国海运过来，然后经敦刻尔克上岸。而驻守在运河的盟军，只有 6 个步兵营，一门炮都没有。他们要抵抗德军的坦克兵团，显然是不可能的。如果德军继续前进，一举攻占了敦刻尔克，那么，北方的盟军集团就会被包围，面临全军覆没的危险。

然而，就在此时，希特勒却下达了一道命令：禁止前进，撤回先头部队，只许执行侦察和警戒任务的部队继续前进。

这条命令让古德里安非常意外，在他看来，这条命令是英国最愿意听到的。他询问总部，究竟是怎么回事？得到的回答是："元首的命令不可更改。"

48 小时以后，希特勒才又发出命令，让部队继续前进。而这 48 个小时，对于已经陷入敦刻尔克包围圈的盟军来说，无疑是一个逃生的好机会，也可以是说上帝对他们的眷顾。于是，英法盟军开始了大撤退。虽然，大撤退的航线处于德国空军的威胁之下，但没有德军炮火的的封锁，相对来说是比较安全的。

我们来看看盟军大撤退的记录：

5 月 28 日，撤退 17804 人；29 日，撤退 47310 人；30 日，撤退 53823 人；31 日至于 6 月 1 日，撤退 132000 人。整个敦刻尔克大撤退，共撤退了 33.8 万盟军。敦刻尔克大撤退，被称为人类战争史上的奇迹。

然而，造成这个奇迹的关键，是希特勒下达的那道"禁止部队前进"的命令。在军事专家看来，这是违反军事常识的命令，而且是在最为关键的时刻下达的。那么，希特勒为什么要下达这样一条让人匪夷所思的命令呢？根据历史专家的分析，大致有四种因素。

　　第一个因素是军事因素。西线作战开始后，德军推进速度过快，一方面打乱了英法盟军的作战时间表；另一方面也打乱了德军的作战时间表。德国 A 集团军群的总司令龙德施泰特担心，部队在纵深推进后，后勤的补给会跟不上。这样一来，德军就很有可能遭到法国境内的英法盟军的南北夹击，如果是这样，德军就是腹背受敌。

　　于是，龙德施泰特把这个情况，向希特勒做了汇报。希特勒当即意识到问题的严重性。马上和龙德斯泰特交换了意见，旋即下达了让古德里安部队停止前进的命令。

　　第二个因素是经验因素。说是希特勒根据第一次世界大战的经验，担心坦克部队陷入弗兰德的沼泽地，他为了保存坦克师的实力，以备后面和法国南部的军队作战，所以，下达了停止前进的命令。

　　第三个因素的内部因素。这个因素与德国空军总司令戈林有关。当时，他提出，由自己率领的德国空军去解决敦刻尔克的英法联军。值得一提的是，戈林当时不仅是德国空军总司令，而且是纳粹党的副领袖。他向希特勒报告了自己的提议。希特为了巩固戈林的地位，所以认可了戈林的提议。随即命令陆军停止前进，而让空军向敦刻尔克包围圈中的英法盟军进行空袭。

　　接到这一命令后，古德里安非常气愤。他认为，希特勒下达这道命令，主要是为了满足戈林的虚荣心。

　　可是，让人很意外的是，德国空军也没有发挥全部的力量。德国空军连续几天在敦刻尔克上空俯冲轰炸，英国皇家空军将所有可以动用的战斗机，都投入到了战斗中。这让德国空军不能毫无顾忌地轰炸敦刻尔克的舰船。所以，一些德国将领说，希特勒下令陆军部队停止前进，同时也制止了德国空军。如果真是如此，那么希特勒的奇怪命令，肯定还有其他原因，这就是后面要说到的第四种因素，政治因素。

　　希特勒一直想诱降英国。他不想和英国拼死血战。一方面是因为在纳粹的种族理论中，英国人是高等人种，不属于被消灭的对象。另一方面，要登陆英伦三岛，对德军来说确实非常困难。所以，与其去挑战这一困难，不如"议和"，所以才下达了停止前进的命令。

然而，究竟是哪一种因素，谁也说不清。这是"二战"历史上的一大谜团。

48 小时以后，希特勒了又发出命令，让古德里安的陆军继续前进，而德国空军则转移了空袭目标，开始对巴黎等地进行大规模空袭。然而，此举已为时过晚，被围英法联军已大部撤回英国。

当然，敦刻尔克大撤退成功的原因，绝不仅仅只是因为希特勒的"停止前进令"。实际上，早在德军以排山倒海之势向法国西北部挺进之时，英国人就已经发现，德军进攻的目标并不是巴黎，而是英吉利海峡一线。德军的意图非常明显，就是要将英国远征军包围在法国大陆，使之孤立无援，陷入绝境。

于是，英军制订一项代号为"发电机行动"的撤退计划。这个计划预计在法国沿海的加来、布伦、敦刻尔

敦刻尔克大撤退中的盟军

克 3 个港口，每天各渡送 1 万人回英国，以保存远征军实力；而且在可能的情况下，泽布腊赫、奥斯坦和纽波特港口也要加以利用。海军很快便筹集了 30 艘渡船，12 艘海军扫雷船和其他可以利用的船只，其中包括横渡海峡的一日游游艇、6 艘小型沿海商船以及部分前来英国港口避难的荷兰渔船。

1940 年 5 月 26 日，"发电机行动"计划开始执行，英国海军使用 1000 多艘舰船，突破了德国的空中封锁，赶往敦刻尔克地区。此时，英国还从各个港口码头派出来了各种民用船只，连渔船和游艇、邮轮都有，总共近 9000 艘。这些船只从南岸或泰晤士河入海处的上百个小泊位出发，穿越英吉利海峡，驶向对岸。

在大撤退行动开始之前，盟军的愿望或者说预算，是救出大约 5 万人。而

实际上，在 9 天的行动中，最终有 33.8 万余人撤到了英国海岸。根据《丘吉尔回忆录》中的记录，其中法军超过了 10 万余人。这确实是一个奇迹，虽然英国为此付出了损失 110 余架飞机的惨痛代价，但德国空军损失更大，它不但损失了 150 余架飞机，而且未能阻止住登船行动，使盟军为后来的战争保存了巨大的有生力量。

【档案 NO.70】

敦刻尔克：法国东北部靠近比利时边境的港口城市。敦刻尔克是排在勒阿弗尔和马赛之后法国的第三大港口。它也是一个工业城市，主要行业包括钢铁、食品加工、炼油、造船和化工。

57. 德法谈判

敦刻尔克大撤退后，英国远征军也撤离了，法军更无法与德军对抗。此时，法军只剩下了71个师，而且人员和装备已经在战斗中遭到了重创，德国则拥有140个师，差不多是2比1的比例。并且，德国将140个师重新编组部署，准备突入法国纵深，歼灭法军的残余兵力。

就在敦刻尔克战事结束后的第二天，也就是1940年6月5日清晨，德国空军对索姆河防线的法军实施了猛烈轰炸。4天之后，隆美尔指挥的德军前锋，抵达鲁昂郊区。

此时，法国第十集团军溃败。就在同一天，德军龙德施泰特集团军在香比尼发动进攻。

6月10日，古德里安的坦克部队击溃了法国守军。法国政府放弃了首都巴黎，宣布巴黎为"不设防的城市"，开始四处流亡。最初，法国方面打算把政府安在图尔，但只待了4天，就被赶到了波尔多。法国政府官员疲惫不堪。法国已无力阻止德军占领法国全境了。

6月14日清晨，德军开进巴黎，法国政府大厦的楼顶上，飘起了纳粹卐字旗。当天，英国停止派遣增援部队，并且将法国境内的英军全部撤回本国。

这时候，最让英国首相丘吉尔担心的是法国的殖民地，尤其是北非地区，落入德国人手中。要防止这一情况的发生，最好的办法只能是组织法国流亡政府来控制法兰西帝国。另外，法国舰队的归属也让英国非常担忧，如果德国掠取了法国舰队。那么，德英双方在海上的实力对比将会改变。毫无疑问，英国会面临极大的威胁。

因此，英国方面千方百计劝阻法国投降。丘吉尔建议，将英、法两国联合成为一个宪法统一、国籍统一、政府和议会统一的"牢不可破的同盟"。

但是，丘吉尔没有想到，这时的法国内部，分为两派，其中一派就是投降派，而且已经占据了上风。投降派是以贝当元帅和魏刚为首。他们断然否决了丘吉尔的提议。就在这天夜晚，法国总理雷诺向总统提交了辞职书。随即，贝当接任总理，组建了新的法国政府。

新的法国政府，被称为贝当政府。一成立就召开了一次内阁会议，会议时间很短，只有10分钟，没有反对意见，一致决议是向德军投降，请求德军停战。德国这边还没有给出明确的答复，贝当就等不及了，他开始发表广播讲话，让法国军民停止抵抗和战斗。在贝当号召和命令下，法国军队放弃了本土所有2万人以上的城市。

德国得知贝当政府希望停战，却不给法国一个答复，反而加快了进攻的速度。古德里安的部队继续推进，先后占领了法国的圣迪齐埃、朗格勒、贝桑松、蓬塔利斯和贝尔福等城市。而隆美尔的部队从西边侵入，占领了布勒斯特、圣纳泽尔、南特和瑟堡等城市。

一直到6月20日，德国才答应与法国谈判，派出代表团前往图尔。在此之前，德国起草了停火协议。协议的前言是希特勒亲自口授的。目的有两个，一是让法国心服口服，从心里接受德国的条件，所以他夸奖了法国一番，说法国人勇敢，自己非常尊敬；其二，说德国其实主要针对的英国，而不是法国。所以在前言里，希特勒很有耐心地解释了德国与英国作战的必要性。

双方的谈判选在在贡比涅森林里的雷通火车站。选择这个地方，是有来由和历史意义的，早在"一战"时期，也就是1918年11月11日，作为战败国的德国，在雷通火车站的一节白色车厢内，被迫接受停战条件。这节车厢放在博物馆里，德军将它搬了出来。意思很明确，德国人要雪耻。

车厢外是一条林荫道，道中有座法国人竖立的胜利纪念碑，上面雕着一只跌落的德国鹰。德国鹰被卐字旗盖住了，又在林荫道上安排了一个仪仗连。希特勒到来之后，检阅仪仗队，参观了用"卐"字旗盖住的纪念碑和碑文，碑文上刻的是1918年法国战胜德国的胜利事迹。

还是当年的车站，还是当年的车厢。据说，车厢内部也和当年一样，一个包厢被改建成了会议室。里面放了一张大桌子，四周围摆放着椅子。不过有一点不一样，这次谈判法国代表团迟到了，因为沿途遇到逃往的军队，交通堵塞，所以不能及时到达，谈判时间不得不推迟了。

德国这边，收到法国代表团赶来的消息，希特勒、戈林、勃劳希契、雷德尔、里宾特洛甫等人钻进车厢等候。

1940 年 6 月 22 日下午 14 时，法国代表团出现了，代表团长是亨茨格将军，团员有陆军的帕里佐将军、空军的贝热雷将军、海军中将勒吕克和诺尔大使。

法国代表团一行人进入车厢，希特勒和他的部下默默地从座位上站起身。这阵势让法国代表团吃了一惊，他们没想到德国上层集团的首脑全部会出现在这里。

希特勒示意法国代表入座。谈判开始，先是宣读德国起草的停火协议前言，接着宣布内容。大致的内容是：德国占领法国的大部分国土。德国占领军费用由法国政府承担。法国南部仍由贝当政府管理。

这份停火协定有德语和法语两个文本。法语文本交到了法国代表团团长亨茨格手中，其中还有一份已被占领和未被占领的法国地区分界线的法国地图。

停火协定书递交后，希特勒、戈林、勃劳希契、雷德尔等人起身离开火车，留下一些工作人员和翻译与法国代表团谈判。

希特勒走后，法国代表团团长亨茨格请求，与波尔多的法国政府电话联系，因为停火条款将决定法国人民的命运，所以有必要通知法国政府。而且 1918 年德国代表团在谈判的时候，也同样被允许过同政府联系磋商。

与法国政府联系之后，亨茨格代表法国政府签署了停战协定。至此，西线战役以德国的胜利，法国的惨败而告终。这场战役中，法军战死了 8.4 万人，被俘 154.7 万人；德军战死了 27074 人，伤残 1 万余人，失踪 1.8 万余人。

58. 英德大空战

　　法国放下武器投了降，希特勒认为，在不要求割让领土的前提下，英国就会缔结和约，从而结束战争。于是，希特勒通过瑞典国王向丘吉尔提出了议和的试探。没想到，却遭到了丘吉尔的断然拒绝。

　　这让希特勒很意外。就军事实力来看，英国可用的兵力不过 26 个师，很多武器装备也在敦刻尔克撤退时丢失了。坦克数量，英国本土只有 217 辆，空军装备，战斗机 446 架，轰炸机 491 架。防空的部队的火炮则只有编制的一半。唯一强悍的是，英国的海军实力高于德军。另外，就是外援问题，丘吉尔是一直希望美国参战，可美国政府始终犹豫不决。只是给英国提供了一些武器上的支援，而且还是过时美国武器，共计 50 万支兵器，2 万余挺机枪，895 门野炮，5.5 万支冲锋枪。

　　希特勒认为，不一定有必要在英国登陆作战。尽管德国最高统帅部已经制订了登陆英国作战的计划，代号为"海狮计划"。"海狮计划"总的战略意图是：在从拉姆斯格特到怀特岛以西的广阔战线上，进行一次突然的军事行动；以部署在挪威、荷兰、比利时和法国的 3000 架飞机去摧毁英国的防御体系，在空战中消灭英国空军，并用火力压制住英国海军，夺取制空、制海权，然后派 25 到 40 个师登陆作战，一举占领英国。

　　但是，在希特勒看来，和英国死战，德国将会付出血的代价，而坐收渔利将是日本和美国。所以，德军参谋部一再修改"海狮计划"。

　　这时候，荣升为元帅的戈林提出，采用空军攻击，根本不用陆军登陆，就可以迫使英国谈和。

　　希特勒采纳的戈林的提议，于 1940 年 8 月 1 日，签署了对英国进行空战的命令。

事实上，纳粹德国在 6 月初就以一小部分兵力开始了对英国的试探性轰炸，企图通过轰炸诱使英国战斗机暴露实力和驻地，以查明英国空军的兵力与部署情况，消耗与疲惫英国空军的战斗力及试探英国防空体系的范围和有效程度。德国空军所选择的轰炸目标主要有空军基地、城市和运输商船。尽管在两个多月的试探性轰炸中，德国差不多攻击了英国所有的空军基地，炸沉船只 45 万余吨，在很大程度上干扰了英国的战争准备，但英国空军的顽强抵抗使"海狮计划"尚未付诸实施就遭到挫折。

其中有代表性的一次空战发生在 7 月 10 日。这一天清晨，德国侦察机在巡逻时，偶尔发现了从福克斯顿驶往多佛尔的英国大型沿海护卫舰队。于是，立即将情报很快传到德军海峡轰炸机前线指挥部。

指挥部立即向 1 个轰炸机大队发出了战斗警报，并命令 1 个歼击机大队护航，另 1 个驱逐机大队也飞往同一目标。于是，70 余架德国飞机很快升空，组成立体编队飞扑英国海岸。德军指挥部的芬克上校下令说，坚决将英国护卫舰队击沉，决不允许它们在海峡航行。很显然，芬克上校要给英国船队来个下马威。

然而，令芬克上校意想不到的是，德国飞机刚起飞后不久，英国的搜索雷达网中的几个雷达站。同时发现了 70 架德国飞机的行踪。于是，英国战斗机迅速从拉姆斯格特附近的曼斯顿机场起飞迎战。

英空军第三十二飞行中队的 6 架"旋风"式战斗机，在比金·希尔队长的率领下向加来上空飞去。在地面雷达的引导下，英国"旋风"式战斗机，准确地向德国敌机逼近。当德国飞机强大的阵容出现在面前时，"旋风"式战斗机的飞行员吓了一跳。德国敌机分为三层，组成了低、中、高立体队型。在 20 架轰炸机上面是一层近距离支援的驱逐机，最上一层是歼击机。

虽然力量悬殊，但英国飞行员并没有乱了方寸，在队长金·希尔中尉的带领下，6 架"旋风"战斗机在积雨云中，躲过德国歼击机群，准备伺机袭击飞行在歼击机群下方的轰炸机。

这无疑是一场空中肉搏战，实力对比是 6：70。然而，德国飞机完全没料到英国战斗机会突然出现，反倒有些惊慌失措。1 架德机首先被击中，拖着浓烟滚滚的尾巴一头栽向大海。接着，又是"轰"的一声巨响，2 架德机相撞了，天空顿时闪现出一个巨大的火球，燃烧着的飞机残骸碎片漫天撒落在英吉利海峡。面对这种形势，德机匆忙返航，撤出战斗。在这次"空中肉搏中"，德国飞机只击中了1艘船，而英国6名飞行员全部安全返航。

虽然德国的"海狮计划"遭遇了挫折，希特勒还是签署了空战命令，8月13日，德国空军的第二、三航队，开始对英国进行空战打击。这两个航队，有1480架轰炸机，760架单引擎战斗机，220架双引擎飞机，以及140架侦察机。

一开始，德国空军打击的主要目标是英国航空兵，英国机场和指挥所、雷达站。到了8月15日，英德双方发生了一次大规模的空战。德军出动了520架次轰炸机，战斗机1270架次；英国皇家空军投入的兵力，也创下了历史记录，一共出动了22个航空中队，共计899架次。此处大规模空战盘点，英军损失飞机34架，德国翻倍，损失了76架。

紧接着，第二天德国又派出400架轰炸机和1320架战斗机，双方又是一场恶战。恶战持续到8月18日，结果让德军沮丧，英军仅仅损失了213架飞机，而德国却损失了367架飞机。

德国本来想继续发动进攻，无奈从8月19到8月23日天气糟糕，英国上空云层太厚，双方的空战暂停。直到8月19日，天气转晴，恶战再起。这场恶战一直持续到9月6日，德军总共出动飞机1000架次，大有一举歼灭英国空军之势。可惜事与愿违，英国空军始终顽强地抵抗。

希特勒很失望，但没有放弃迫使英国投降的计划。9月7日，元帅戈林发动了"恐怖攻势"，将打击目标从英国空军转移到英国的大城市。英国空军有了喘息的机会，但英国军民却要承受严酷的打击了。

从9月7日晚8时，到次日清晨7时许，德国空军猛烈轰炸英国首都伦敦。投下了300吨爆破炸弹和13000颗燃烧弹。

如此的狂轰滥炸整整持续了两个月，德军平均每天要出动250架次轰炸机，伦敦的市区变成了一片灰烬，到处是大火和滚滚浓烟。人们只能在地下室躲避。然而，即便是这样，戈林的"恐怖攻势"依然没有吓倒英国人。德军只好又将空中进攻的重点转向英国的工业中心，差不多将英国的工业中心考文垂夷为平地。此时已是1940年11月，到了1941年2月中旬，德军又对伦敦、伯明翰、利物浦、南安普敦等城市和港口进行了大规模的轰炸。

可是，英国仍然没有谈和的意向。德军又于 1941 年 4 月下旬集中对伦敦密集轰炸了 3 次，投下的炸弹创了纪录。从 5 月开始，德军的空袭只有偶尔为之，空袭的目的不再是消灭英国空军，而是对英国工业城市进行空袭削弱英国的军事工业，并制造进攻英国的假象，一方面，可以将英军的大量海陆空军牵制在本土；另一方面，还可为进攻苏联的准备工作做掩护。

这期间，由于德军的空袭，英国死亡了约 4 万人，多达 100 万幢住宅被炸毁。英国空军共损失了 915 架飞机，而德国损失更大，共损失了 1733 架飞机。

【档案 NO.71】

戈林：1893 年 1 月生于巴伐利亚，其父与铁血宰相俾斯麦关系亲密，曾受俾斯麦委派出任德属西南非洲（今纳米比亚）总督。戈林 1911 年毕业于德国的"西点"——大利希特菲尔德军事学院，然后转入空军学习飞行，"一战"中曾任著名的里希特霍芬飞行中队的最后一任指挥官。"一战"结束后，落难的戈林结识了希特勒，成为希特勒最得力的助手之一，为希特勒组建自己的队伍，夺取政权立下汗马功劳。1935 年，戈林又受命组建了独立的德国空军。在戈林的扶植下，德国空军迅速发展，至 1940 年初，已拥有各类飞机 4000 余架，另外每月还能新增战斗机 475 架、轰炸机 265 架。

59. 巴巴罗萨计划

虽然德军登陆英国的企图宣告失败，但希特勒仍然被西欧的胜利冲昏了头脑。在西欧战场上，闪电战屡见奇效。于是，希特勒想继续利用闪电战消灭苏联，时间是 3 个月。但是，他完全错误地估计苏联的国情。在希特勒看来，胜利的希望主要寄托在入侵必然会使苏联发生政治混乱，而德军只要在门上踢一脚，苏联腐朽的结构就会倒塌。

为此德军参谋部制订了进攻苏联的作战计划，代号为"巴巴罗萨"计划。这一计划制订后的第 13 天，也就是 1940 年 12 月 18 日，希特勒批准了这一计划。按照计划，对苏联实施突然袭击，用闪电战击溃苏联。争取用 6 周到 2 个月的时间结束战争，最迟不超过 1941 年圣诞节。

为了使进攻具有突然性，德国统帅部在进攻英国的烟幕下，部署侵苏行动。如：印发大量英国地图，给部队配备了许多英语翻译；在英吉利海峡沿岸集中大量渡海登陆器材，举行登陆作业演习；部队东调宣称是演习、换防、休整等，加上当时又恰好遇到对巴尔干的军事入侵行动，从而秘密完成了战争史上最大的侵略伪装。

然而，"巴巴罗萨"计划的可怕之处，不仅仅在于突然袭击，而是在于在这个计划中，希特勒要求，对苏联百姓绝不心慈手软，凡有反抗者一律枪决。至于苏联红军的政治委员和共产党员以及高级官员，一旦俘获，也立即枪决。

到了 1941 年 6 月 17 日，希特勒最后下令，于同年 6 月 22 日执行"巴巴罗萨"计划。

对于德国入侵的"巴巴罗萨"计划，苏联方面并非毫不知情，全无准备。事实上，苏联很早就意识到了危险性，所以才与德国签订了一份《苏德互不侵犯条约》。而且先后入侵波兰和芬兰等东欧国家，构筑了一条从波罗的海到黑海的"东方防线"。

另外，早在 1941 年初，美国、英国以及苏联自己的谍报人员，就已经获悉德国即将入侵苏联的计划。可是，斯大林却坚信希特勒不会在短时间内撕毁《苏德互不侵犯条约》，他断定，情报是虚假，是为了挑拨苏德关系，给希特勒制造发动战争的借口。

直到德军入侵前夕，斯大林仍对德国采取小心谨慎、迁就退让的态度。直到德军真正入侵才如梦方醒。

1941 年 6 月 22 日，星期天，凌晨 3 时 30 分，德国不宣而战，突然向苏联边防驻军地、指挥所发起了炮击。德国空军则对苏联的前沿机场、铁路枢纽和海港码头进行狂轰滥炸。半小时候后，也就是凌晨 4 时，德国及其仆从国芬兰、匈牙利、罗马利亚、意大利共 190 个师、550 万兵力、3700 辆坦克、4900 多架飞机、4.7 万多门各类大炮，以及 193 艘舰艇，从苏联的"东方防线"——即波罗的海至黑海的 2000 多公里的国境线上，同时发动突然袭击。入侵苏联的战争开始了。

在突袭战打响两小时后，德国才向苏联外长递交了所谓的"战书"，宣布对苏宣战。

战争的第一天，苏联西部有 66 个机场遭到袭击，上千架飞机被摧毁。当时很多苏联飞行员在休假，根本来不及应战和疏散飞机，前线地区的控制权就在一天之内落入了德军手中。

加上德军摩托化部队的快速切入，很多苏联部队被切割包围。6 月 22 日这一天，德军就深入苏联国境 50 多公里。

在入侵苏联的头三周，德军势不可挡地深入苏联腹地 500 多公里。到了1941 年 7 月下旬，德军侵占了拉脱维亚、立陶宛、乌克兰和白俄罗斯的广大地区，直逼列宁格勒、斯摩棱斯克和基辅。苏军有 28 个师被击溃，70 个师的人员和武器损失过半，200 个军火库落入德军手中。德军方面，则有 25 万士兵死亡，坦克损失一半，飞机损失 1000 多架。

按照"巴巴罗萨计划"，德军分三路向苏联腹地推进。北路，配置德国北方集团军群，由德军元帅冯·李勃指挥，进攻目标是列宁格勒；南路配置南方集团军群，由德军元帅冯·龙德施泰德指挥，进入乌克兰，向基辅、敖德萨、哈尔科夫、顿巴斯等地进攻；中路的德军是中央集团军群，由冯·包克指挥，计划经过白俄罗斯，最后占领苏联首都莫斯科。

先说北路集团军攻击列宁格勒。北路集团军共有 32 个步兵师，4 个步兵师，4 个摩托化师和 1 个骑兵旅。配备有 6000 门大炮、4500 门迫击炮，1000 多架飞机。

北路集团军的推进速度很快，8 月底，就抵达了涅瓦河，切断了列宁格勒与外界的铁路联系。9 月 8 日，德军占领了姆加车站，抵达拉多加胡南岸，从陆地上包围了列宁格勒。

列宁格勒是苏联的第二大城市，也是重要的海港和工业重镇，以及政治文化中心，约有 300 万人口，是一个战略要地。这里，也是无产阶级革命的摇篮。因此，按照"巴巴罗萨"计划，德国要将列宁格勒从地球上抹掉，杀光居民。所以，在包围了列宁格勒后，德军对列宁格勒进行了猛烈的轰炸和炮击，总共投掷了 10 多万枚航空燃烧弹和航空爆破弹，意图用轰炸和围困的方式，消灭守城和抵抗的军民。

而守卫列宁格勒的主帅——伏罗希洛夫元帅因为指挥不力被撤职。接替他的是朱可夫大将。朱可夫担任列宁格勒方面军的主帅后，提出了一个口号："不是列宁格勒惧怕死亡，而是死亡惧怕列宁格勒。"

朱可夫一边鼓舞士气，一边加强列宁格勒的防御工事，各个预备部队得到了民兵支队的补充。到了 9 月底，列宁格勒西面和南面的防御战线暂时稳定下来。德军想迅速攻占列宁格勒的计划破灭。希特勒本想将北部的兵力去攻占莫斯科的计划也宣告失败。

著名的列宁格勒保卫战是全民参战。这座城市的工业给前线提供了大量的武器、装备和服装以及弹药。当这座城市被德军封锁后，被迫实行配给制，工人每天只能得到 8 两面包，儿童、病人和公务员只有 4 两面包。即便在这情况下，列宁格勒每天仍然有 4 万多人在德军的炮火攻击下修筑防御工事，可以说是全民步步为营，筑成了一条无法攻破的钢铁长城。最终，德国的"北方"集团军群也没能占领列宁格勒。

接着说，企图攻占莫斯科的德军中央集团军群，调集了最精锐的 180 万兵力，74 个半师，其中包括 14 个坦克师、8 个摩托化师、1700 辆坦克、1.4 万余门火炮和迫击炮，1390 架飞机。这个集团军于 9 月 30 日，从南翼发动了对莫斯科的大规模攻势。

莫斯科是苏维埃政权的首都和心脏，在政治和战略上都具有重大的意义。能否占领莫斯科，关系到战争的成败。希特勒把夺取莫斯科当作是战争的最后胜利。他制定了代号为"台风"的大规模进攻计划。

苏联最高统帅部也做了大规模的备战工作，组建了西部方面军，预备队方面军和布良斯克方面军，共有 95 个师，125 万人、坦克 990 辆、火炮和迫击炮 7700 门，飞机 677 架。相比之下，德军对苏军占有明显的优势：兵员多 40%，火炮和迫击炮多 80%，坦克多 70%，作战飞机多 1 倍。

9 月 30 日，德军对莫斯科发动第一次总攻击。尽管苏军进行了顽强的抵抗，但德军仍突破了防御线。苏军撤退到在莫斯科以西 80 公里地区，组织新的防线。

这一胜利让希特勒欣喜若狂，他命令德军必须在 10 月 12 日攻占莫斯科。

然而，到了 10 月 12 日，德军没有攻占莫斯科，而是迎来异常严寒的天气。这让德军陷入了困境，推进速度明显减慢。说到底，"巴巴罗萨"计划就是用闪电战击溃苏联，时间是一个半月，所以德军根本没有做好过冬的准备。德军的交通线完全被埋没在冰雪之中，汽车和火车不能行驶，因为润滑油都冻结了；飞机不能起飞，因为瞄准器的镜头被冻坏了，不能使用。德军缺乏过冬的棉衣，只得把妇女的花衣服穿在身上，可仍然无法抵御严寒。德军的许多官兵被冻伤、冻死，没死的也精疲力竭。

到了 12 月初，苏军开始了反攻，几天之后，苏军就掌握了主动权。德军不得不从全线进攻转为全线防御，一路狼狈溃逃，一直撤离到离莫斯科的 300 公里外。希特勒将德军的很多高级将领撤了职，其中甚至包括有"现代装甲之父"称号的名将古德里安。

接下来，苏德双方厮杀更加激烈。苏军在莫斯科周围设有完善的防空系统，雷达和防空部队配置得非常严密，歼击机和高射炮也积极配合。白天，歼击机在离莫斯科市 100 公里至 200 公里的地方执行战斗任务；晚上，歼击机在探照灯网的照耀中巡逻飞行；环形包围外则是高射炮区，随时监视和击落来犯的敌机。这样，莫斯科上空就成了德军无法逾越的屏障。近万架空袭敌机能够窜入市区上空的还不到 3%，这些飞机在探照灯和高射炮的协同攻击下，不能准确投弹。德军的飞机大都被苏军击毁，德国的空袭遭到了失败。

莫斯科保卫战的胜利，粉碎了德军的"巴巴罗萨"计划。德国从力量的顶峰开始走向下坡路；战略主动权逐渐转到苏军手中。

接下来，我们将目光投向海洋战场。

【档案 NO.72】

巴巴罗萨计划：是一个目标相互矛盾的计划。计划规定：德国国防军必须在对英国战争结束之前即以一次快速远征将苏俄击败。德军的进攻终止线是阿尔汉格尔斯克至伏尔加河，而后建立一个防线。迅速占领莫斯科的原因是，攻占该城，意味着政治和经济上的决定性胜利。此外还意味着苏联丧失了最重要的铁路枢纽。看来德军的主要攻击目标是莫斯科，并尽快向东推进，直到阿尔汉格尔斯克－伏尔加河一线。

但是，"巴巴罗萨计划"又根据希特勒规定：中央集团军群在粉碎白俄罗斯境内的苏军后，应"以强大的快速部队转而向北"，协同北方集团军群，消灭波罗的海沿岸的苏军，占领列宁格勒，然后再进攻莫斯科。这显然与迅速占领莫斯科的要求相矛盾，其目标变成波罗的海地区的苏军。对于南方集团军群，希特勒要求它"提前攻占在国防经济方面占有重要地位的顿涅茨盆地"。显然该集团军群的目标是经济上的。

60. 突袭珍珠港：美国宣战

正当苏德两国激战的时候，在太平洋，日本于 1941 年 12 月 7 日对美国海军太平洋舰队基地珍珠港实施了战略突袭，这次突袭事件，被称为珍珠港事件。

日本突袭珍珠港，挑起太平洋战端，并非偶然，而是美国和日本矛盾长期发展的必然结果。回顾第一次世界大战，日本以对德国宣战为借口，在亚太地区扩张，损害了美国在这一地区的利益。"一战"结束以后，美国迫使日本放弃了一部分在中国的特权。到了 20 世纪 30 年代，日本发动了侵华战争。1940 年，日本在加紧侵略控制中国的同时，决定利用德国在西欧获胜的局势，实施"南进"政策，夺取和扩大在亚太地区的权益。

要实现这一目标，就必须摧毁美国在太平洋上的海、空军基地珍珠港。

珍珠港位于夏威夷群岛的瓦胡岛南端，东距美国圣佛朗西斯科（旧金山）2090 海里，西距日本横滨 3400 海里，是美国通往亚洲和澳洲的交通枢纽。美国太平洋舰队司令部就驻扎在这里。所以，日本很早就开始为突袭珍珠港做准备了。

为了实施突袭珍珠港的计划，日本不断向夏威夷的檀香山派遣间谍，收集关于珍珠港的各类情报，并分析研究，反复修订突袭方案。同时，花费大量的物力财力，进行军事技术准备。训练基地则选择在鹿儿岛，这个岛的地形地貌与珍珠港非常接近。

同时，日本还采取外交谈判手段，放烟幕以迷惑美国。直到突袭发生前，日本驻美大使还在媒体反复申明，说日本和美国之间没有直接开战的可能，两国之间存在的任何问题，都能够和平地解决。

一切准备好后，日本海军联合舰队司令山本五十六率领的庞大舰队，开始了向珍珠港万里突袭的航程。

而美国方面，受孤立主义影响，推行"先欧后亚"战略，希望通过谈判缓解美日矛盾，并认为日本不敢贸然发动战争。珍珠港驻军低估了日本海军远洋作战能力，缺乏警惕，疏于戒备。殊不知，珍珠港周围已经杀机四伏，以6艘航空母舰为主的日本特遣舰队正全速逼近。另一支日本潜艇特攻部队，也已经按照战斗序列包围了瓦胡岛，其中多数潜艇也已经悄悄抵达珍珠港外。

1941年7日7清晨，突袭珍珠港的行动正式拉开序幕。日军的第一波俯冲轰炸机突然出现在希卡姆陆军机场上空，对机库、航空站进行猛烈轰炸。美国海军的福特岛机场、陆军惠勒机场同时遭到袭击，整个机场被摧毁。短短5分钟内，瓦胡岛的美国空军力量就陷入了瘫痪。

与此同时，日军的鱼雷机、水平轰炸机、战斗机相继进入各种的作战空域，对港内的舰船、机场猛烈攻击。第一波突击，历时45分钟，期间几乎没有遇到任何抵抗。第二波突击，日军出动了171架飞机，突击持续了约1小时。就在这短短一小时内，日军共投掷了40枚鱼雷，556枚各型炸弹，共计144吨。

美军损失非常惨重，40余艘各型舰船被击伤、击沉，265架飞机被摧毁，2403人阵亡，1778人受伤。而日本仅仅损失了29架飞机和6艘潜艇。

太平洋战争就此爆发，日军给美国太平洋舰队以重创，掌握了太平洋上的制海、制空权，为进攻菲律宾、马来西亚和荷属东印度创造了条件。而美国也在1941年12月8日宣布对日作战。

在此之前，美国保持一贯的传统，竭力避免卷入战争。1939年9月5日，美国总统罗斯福签署了美国中立宣言，同时禁止向各交战国输出军火和战争物资。

1940年夏天，法国战败的消息让美国人倍感沮丧。美国政府也感到德国的扩张计划将会威胁到自身的利益。于是，美国开始将工业经济转入战时轨道，并不断扩充和增强国防力量。从此时起，美国的中立政策也发生了转折。

就在巴黎沦陷的当天，罗斯福总统签署了法案：将美国海军舰只增加11%；次日，又下令开展最终制造出原子弹的科学研究。之后，美国制订出庞大的军备工作计划，制造装备100万陆军的武器，贮备可供200万军队使用的武器，建立可以武装400万军队的军工业生产能力，航空工业每年应该能供应1.8万架飞机。

美国在加强战备的同时，也将英国看成是抵抗轴心国（德、意、日）的"第一道防线"。罗斯福总统不断发表"炉边谈话"，通过无线电波与美国民众促膝谈心，他告诉民众，轴心国的胜利，将会严重危害美国的利益；美国企业将会失去欧洲和亚洲的市场，同时也将会直接威胁美国的自由、民主和生活方式。因此，应该援助美国的前卫——英国。

1941 年 3 月 11 日，美国国会通过了具有重大历史意义的《租借法案》。授权总体把武器和战略物资出售、转让、交换、租借给所有利于美国安全的国家，不管这些国家是否有付款的能力。

与此同时，美国和英国军方也开始秘密协商两国军队在全球的战略协作问题。在美、英联合会议上，两国制订了"ABC—1"号计划，认为德国是法西斯同盟的基本力量，擒贼先擒王，应该首先予以击溃，等待欧洲战事胜利后，再来消灭日本。随后，美英军事合作转入了具体行动。

1941 年 4 月 11 日，罗斯福总统下令，美国大西洋舰队的巡逻区域扩展到格陵兰至亚述尔的整个大西洋西半部。美国军舰和飞机发现德国潜艇和巡洋舰后，将向英国通报德国舰艇的位置。因此，英国船只可以避免与敌舰遭遇，而拥有足够护卫兵力时，则可以追击和消灭敌舰。德国此时正在紧锣密鼓地准备进攻苏联，不想与美国开战。希特勒于 4 月 15 日指令德国海军避免与美国船只发生武装冲突。

到了 5 月底，美国舰艇开始为英国运输船队全程护航。6 月，英国舰艇获准参加美国运输队；7 月，美国在冰岛建立了海军基地。就这样，美国与英国的合作逐步加紧。此时，美国虽然没有宣战，也没有参战，但实际上已经从中立国变成了英国的盟军。直到 1941 年 12 月 7 日，日本突袭珍珠港后，美国才正式宣战。太平洋战争随之爆发，成为第二次世界大战的主要战场之一，卷入的国家多达 37 个，涉及人口超过 15 亿，交战双方动员兵力 6000 万以上，历时 3 年多，伤亡和损失难以统计，其惊天动地的气势堪称战争史上的绝笔。同时，随着美国卷入了战争，第二次世界大战也进入到了一个新的阶段。

【档案 NO.73】

炉边谈话：1933 年 3 月 12 日即罗斯福就职总统后的第八天，他在总统府楼下外宾接待室的壁炉前接受美国广播公司、哥伦比亚广播公司和共同广播公司的录音采访，工作人员在壁炉旁装置扩音器。总统说，希望这次讲话亲切些，免去官场那一套排场，就像坐在自己的家里，双方随意交谈。哥伦比亚广播公司华盛顿办事处经理哈里·布彻说，既然如此，那就叫"炉边谈话"吧，于是就此定名。罗斯福在其12年总统任期内，共做了30次炉边谈话，每当美国面临重大事件之时，总统都用这种方式与美国人民沟通。在罗斯福上任后雷厉风行地推动第一次新政时，这种方法的作用表现得最为突出。

61. "二战"转折点：斯大林格勒保卫战

第二次世界大战进入到了一个新的阶段。德军在莫斯科惨败后，希特勒意图夺回在苏联战场上的主动权，决定集中兵力进攻的苏联的南翼，攻占斯大林格勒和高加索，然后再迂回北上，从东面包抄莫斯科。

斯大林格勒是一个具有政治象征意义的城市，苏联自然不会轻易放弃这座城市。为了保卫斯大林格勒，1942 年 7 月，斯大林命令成立斯大林格勒方面军。在长达 530 公里的顿河防线上，苏联守军共有 38 个师，但是其中 20 个师严重缺编，14 个师里，每个师只有 1000 到 3000 人。真正能与德军对抗的主要是第六十二和六十三集团军的 12 个师，约 60 万人，配有 2200 门火炮，400 辆坦克和 654 架飞机。

而德国方面，则有 97 个师，约 150 万兵力，1600 架飞机，1200 多辆坦克，1.7 万门大炮和迫击炮。苏军的实力明显处于劣势。

1942 年 7 月 17 日到 8 月 17 日的一个月时间里，德军向斯大林格勒外层防御快速推进。德军的第六集团军兵分两路，从两翼合围，将苏联第六十二集团军和第一坦克军孤立在卡拉奇以西的地区，顿河的退路也被德军封死，苏联的第一坦克集团军全线崩溃，被迫投降。

面对德军快速有力的进攻，苏军处于极度混乱的状态。就像一年前战争刚爆发的时候一样，部队溃散，民众则向东逃难。在溃逃的过程中，不断遭到德国空军的轰炸和扫射，部队士气十分低落。

面对这一危机。斯大林在 7 月 28 日发布了一道命令，指出，当前部队正在得到越来越多的飞机、坦克和大炮。但是，部队最缺乏的是铁的秩序和纪律，这正是苏军当前致命的弱点，为了挽救局势，捍卫祖国，在军队中要建立起严格的秩序和铁的纪律。同时，斯大林命令，对惊慌失措和胆小怕死者可以不加审讯，就地枪决。从今以后，全军必须遵守一个铁的纪律，没有最高统帅部的命令，不准退回一步！

时间进入8月，从8月18日到9月12日，在这21天中，德军加强了对斯大林格勒方向的突击，强渡顿河，直逼斯大林格勒的北部地区。苏军则不断加强对斯大林格勒的防御力量。同时，斯大林又将自己的得力干将，被称为"救火队员"的朱可夫派往斯大林格勒北部，让他直接指挥斯大林格勒防御作战。

当时，朱可夫正担任西方方面军司令。8月27日，他接到命令后，赶到莫斯科与斯大林会面。斯大林说，斯大林格勒决不能丢，一旦丢失，德军就会沿伏尔加河北上，进入我们的大后方，而且，会对军队和人民抗击德国人的心理产生很坏的影响。

朱可夫接受了新的任命，8月29日，从莫斯科飞往斯大林格勒。他的到来，让斯大林格勒前线士气增强。大家都认为，朱可夫能够率领苏军守住莫斯科，也就一定能够守住斯大林格勒。

可是，到了9月，德军还是突破了斯大林格勒的中层和内层防御地带，从东北和西面两个方向逼近斯大林格勒市区。9月13日，德军17万人，500辆坦克向保卫斯大林格勒的苏军发起猛攻。德军在几个地段突破苏军防线，进入市区阵地。

但是，进入巷战后，德军的机动作战优势减弱了，因为这时候斯大林格勒已经没有战线可言了。而苏军则分成两三人一组，或者独立作战，隐蔽在地下室，或者被炸毁的瓦砾中，出其不意地向德军射击。结果形成了一种格局：德军占领了一个大的区域，但区域中总有几座建筑物被苏军占据着，双方长时间对峙，谁也无法消灭对方。

双方争夺火车站，一周之内13次易手，其惨烈程度可想而知。在巴甫洛夫大楼，双方激战58个昼夜，德军用火炮、迫击炮进行射击，还派飞机向楼房轰炸。楼房虽然被炸得面目全非，却始终未被摧毁。苏军坚守楼房，给德军一次又一次的还击。

此时的斯大林格勒，几乎全民皆兵。拖拉机厂的工人一边反击，一边在车间里坚持生产；就连苏联女人此时也参加了战斗，7.5万名苏联女人成为高射炮手、无线电兵、卫生员和护士。这样的全民作战让德军举步维艰，以至于在付出极大代价攻下的地方，到了夜间又被夺了回去。

在全民作战的斯大林格勒保卫战中，还涌现出一些传奇人物，他们是保卫战中的英雄，极大地鼓舞了军民的士气。看过好莱坞大片《兵临城下》的观众，应该还记得斯大林格勒保卫战中的那位神奇的狙击手。事实上，历史上确有其人，他当时是苏军第六十二集团军第二八四步兵师的一名普通士兵，真名叫瓦西里·扎伊采夫，出生于乌拉尔山的一个猎人家庭，斯大林格勒保卫战开始后才参军当了兵。一开始，扎伊采夫连枪都没有，部队只给了他5发子弹。

斯大林格勒保卫战进入到巷战以后，部队的建制被打乱。在混战中，扎伊采夫遇到一个叫丹尼洛夫的政治指导员。在这次相遇中，扎伊采夫显露出他神奇的枪法，让丹尼洛夫大为惊叹。在作为政治指导员的丹尼洛夫看来，现在苏军就缺少这样的榜样。而榜样的力量是无穷的，他认为，应该将这位还没有枪的新兵，塑造成斯大林格勒全城军民的榜样。

第六十二集团军司令崔可夫得知后，十分高兴，立刻把扎伊采夫叫来，想亲眼看看这位神枪手的奇迹。此时，恰好有个德国士兵在苏军对面的阵地上。扎伊采夫扣动扳机，那个德军士兵立马倒地毙命。崔可夫对扎伊采夫的枪法倍加赞赏，说，就是要把德国人一个个地打死在他们想不到的时刻和地点！

这之后，扎伊采夫创造了射杀242名德军军官的记录。德军请求将希特勒把军中号称狙击手之王的柯尼格少校派到斯大林格勒前线。柯尼格少校还真来了，最后，这位少校死在了扎伊采夫的枪下。

其实，在苏军中，不止一个像扎伊采夫这样的枪法精湛的狙击手。早在苏联和芬兰的战争中，苏军就非常重视狙击手的训练。当时芬兰军队中有个叫西蒙的狙击手，他一个人就射杀了542名苏军官兵，被称作"冰原死神"。对芬兰的战争结束后，苏军就成立了狙击学校，专门培养狙击手。苏德战争爆发后，苏军的狙击手发挥了很大的作用。尤其在斯大林格勒保卫战中，苏军狙击手在巷战发挥了重要的作用。

当时，在斯大林格勒城内的工厂里，也设立了狙击学校，一大批速成的狙击手把德军第六集团军引入到巷战的泥沼中，让德军无法快速攻占整个城区，为朱可夫提供了充分的反击准备时间。

而像扎伊采夫这样具有代表性的传奇人物，在斯大林格勒保卫战还有一位女飞行员。她的名字叫莉丽·雅莉特凡科。1941 年 10 月时候，斯大林下令，组建一支由女性组成的第一二二空军混合旅团。当时，莉丽年仅 20 岁，她在航空俱乐部经过了半年的训练，顺利通过了考试。可是，她所在第五八六战斗机团，属于防空军，其主要任务是保卫后方目标，参加战斗的机会并不多。而且，一开始女子飞行团并不受到重视，男子飞行团的飞行员甚至不知道有一个女子飞行团。

终于，在 1942 年 8 月，莉丽迎来了一个机会。当时，第五八六战斗机团的 8 名最优秀的飞行员，被借调到第二八六战斗机师的第四三七战斗机团。这 8 个人中，就有莉丽。

1942 年 9 月，莉利执行第二次任务就击落了一架德国 Me-109 战斗机。该战斗机的飞行员是德国歼击机第三联队的一个中尉，是一位有着 35 次空战胜利记录的王牌飞行员。

然而，遗憾的是，莉丽在后来的一次空战中牺牲了，她仅仅活了 22 岁。但一共出战了 168 次，独自消灭敌机 12 架，与战友合作 3 次击落敌机。莉丽天性浪漫，在机舱左右各画了一朵百合花。德国人一直将其误认为是白玫瑰，就送了她一个"斯大林格勒上空的白玫瑰"的外号。莉丽的英勇善战吓倒了对手，以至于很多德国飞行员一看到这两朵"白玫瑰"，就立即开溜。1990 年，女飞行员莉丽被追授"苏联英雄"的称号。

就这样，斯大林格勒的全民作战拖住了德军，战争持续到 9 月底。战斗重心转移到市区北部的工厂区，德军又增调来 20 万兵力，90 个炮兵营和 40 个攻城工兵营。苏军也有 6 个步兵师和 1 个坦克旅渡过伏尔加河，调进了斯大林格勒市区。双方随即展开了争夺拖拉机厂、"红十月"冶金厂和"街垒"工厂的大血战。

原本，希特勒希望速战速决，但斯大林格勒的军民顽强反击，使德军陷入困境。从 9 月 13 日起到 9 月 26 日，德军几乎每天都要伤亡 3000 多人，却还是不能占领斯大林格勒全城，部队的士气日渐衰落。

这时候，苏联的寒冬又来临了，像攻打莫斯科时一样，德国士兵仍然没有做好过冬的准备，很多德国士兵被冻死，战斗力一天天衰弱下去，战争的形势逐渐发生了变化。

10月15日，德军5个师、2000架次飞机猛攻拖拉机厂，苏军2个师被分割成许多孤立的战斗队，继续拼死战斗。为了减轻斯大林格勒市区的压力，苏联顿河方面军于10月19日从北部转入进攻；10月25日，苏联第六十四集团军于从南面对德军侧翼实施了反突击。

此时，德军方面在斯大林格勒地区仍有80个师，总100万余人，火炮10290门，坦克675辆，飞机1216架。其中主力部队是盘踞在斯大林格勒市区和西部外围一带的德国第六集团军和第四坦克集团军。而苏军在斯大林格勒地区共有3个方面军，110万人，火炮15500门，坦克1463辆，飞机1350架。苏军兵力和装备已经优于德军。尤其是苏军新配置的1250门"卡秋莎"火箭炮，一次就可以同时发射1万发炮弹，威力非常强大。苏军已经具备了发动大规模反攻的条件。

11月19日，斯大林发布了大反攻的命令。

11月23日，苏军把33万德军困在包围圈中。此时的德军，已经弹尽粮绝，士兵处在死亡的恐惧之中。德军司令保罗斯向希特勒发出突围撤退的请求。希特勒却下令，德军必须死守阵地。保罗斯万分绝望，他向希特勒发出最后一份急电：部队将于24时内崩溃。希特勒在万般无奈之下，急忙发出一份电令，升保罗斯为陆军元帅，其余117名军官也各升一级。希特勒希望通过封功加爵，加强德军将士光荣殉职的决心。

接到电令的保罗斯彻底失去了希望。

1943年2月1日，保罗斯率领24名高级将领和9万多名德国官兵，向苏军投降。保罗斯创造了两个记录，一是德军最短命的元帅，他在1943年1月31日被希特勒晋升为元帅，2月1日便投降了苏军，也就是说，他仅仅当了一天的元帅；第二，自1871年德国统一后，保罗斯是唯一投降被俘的德国元帅。

1943年2月2日，苏军彻底歼灭了德国第六集团军，坚持了6个月的斯大林格勒生死大会战终于结束。

斯大林格勒战役给希特勒麾下的德军以致命的打击。德军再也无力进行大规模的进攻，他们一步步后退，开始走下坡路。苏联红军则开始大反攻，陆续收复失地，并攻入德国本土。苏联人民和全世界人民都从斯大林格勒大战的胜利中，看到了胜利的希望，也坚定了彻底打败德国的信心。

斯大林格勒保卫战的胜利，是苏德战争的转折点，也是第二次世界大战的转折点。

【档案 NO.74】

斯大林格勒：现名伏尔加格勒。位于伏尔加河下游的西岸，顿河河曲以东，是苏联内河航运干线上的重要港口，和南北铁路交通的枢纽，也是苏联南部的工业重心，城市居民约有 60 万人，该市的西面和南面是苏联粮食、石油和煤炭的主产区——辽阔富饶的顿河流域、库班河流域和南高加索地区。1941 年德军占领乌克兰之后，斯大林格勒就成了苏联中央地区通往南部经济地区的交通咽喉，因此，战略地位极其重要。

现在的伏尔加格勒是战后重建的，整洁而漂亮。英雄林荫道两旁有白杨、松柏、桦树和丁香，路边花坛上盛开着色彩艳丽的郁金香。

$62.$ 库尔斯克战役与诺曼底登陆

苏联在取得了斯大林格勒保卫战的胜利后，苏德战场发生了变化。苏军已发展到 640 万人，在大炮、坦克和飞机方面的实力，也都超过了德军。然而，此时的希特勒仍不肯善罢甘休，他实施了全国总动员，向苏德战场补充了 520 万人的兵力，意图夺回战略主动权，进而占领顿河、伏尔加流域，然后进攻莫斯科。

于是，在库尔斯克地区 100 多公里的狭窄地段上，德军集中了约 90 万人的兵力，编有 17 个坦克师、3 个摩托化师和 18 个步兵师，配备 2000 多架飞机，而苏军则调集了 133 万人，配有 3600 辆坦克，2 万门大炮和 3130 架飞机。

1943 年 7 月 5 日凌晨，苏军先发制人，抢先炮轰德军阵地，打乱了德军的火力配置。到了下午 5 时许，德军兵分两路发起总攻，北路德军从奥廖尔方面南下，冲入苏军阵地 9 公里；南路德军从别尔哥罗德一线北上，几天内突入苏军达 30 多公里。6 天以后，德军与苏军在普罗霍罗夫卡一带展开激战，双方共出动 1200 辆坦克和强击火炮，形成第二次世界大战中规模最大的一次坦克大战。德军战死一万余人，约 400 辆坦克被摧毁，损失惨重，开始全线后退。

苏军则乘胜追击。8 月 5 日，北线苏军收复了被德军占领两年之久的奥廖尔，南线苏军收复了别尔哥罗德。当日午夜 12 时，斯大林提议，用 120 门大炮在首都莫斯科齐鸣 12 响，向英勇的苏联红军表示祝贺。这是苏联从战争爆发以来第一次鸣礼炮庆祝胜利。

8 月 23 日，苏军开进乌克兰第二大城市哈尔科夫。至此，库尔斯克战役以苏军的辉煌胜利而告终。此后，德军在苏德战场完全丧失了战略主动权。在这次战役中，德军损失了 50 余万人，3000 门火炮，1500 辆坦克和 3500 架飞机。

库尔斯克战役以后，苏军继续全线出击，穷追猛打，德军节节败退。

这一年，是 1943 年，对于苏联来说，这是国防力量转折的一年。在这一年里，苏联建立了 78 个师，还储备有 9 万多名军官，生产了 35000 架作战飞机，24000 辆坦克和强击火炮。无论是人数还是装备方面。苏军都超过了德军。而且，苏联在苏德战争爆发后，就向英国提出开辟第二战场的要求。

美国参战后，苏、美、英三国政府多次商讨打败德国的首要战略问题，它们之间意见分歧，矛盾迭起，争论激烈。这些分歧是苏、美、英之间不同国家利益的反映，也在一定程度上反映了两种不同制度的矛盾。然而，大敌当前，又促使它们在几经周折后求同存异，互相妥协。正是这种根本利益的一致和共同努力，使第二战场经过 1942 年、1943 年和 1944 年 5 月几次延期后终于开辟。

为了准备这次战争史上规模最大的两栖登陆作战行动，由艾森豪威尔指挥的盟军在英国本土集中兵力近 288 万、飞机 15700 多架和舰艇 6000 多艘。此外，在美国还有约 41 个师整装待发。为了迷惑敌人，盟军在英吉利海峡最狭窄的部分制造主攻的假象。

1944 年 6 月 6 日 1 时 30 分，盟军 3 个空降师先在诺曼底的德军防线后方空降。经海空炮火猛烈轰击后，清晨 6 时 30 分，先头部队 5 个师也分别向 5 个滩头登陆。参加这次突击的作战飞机达到 1 万多架，运输机约 2000 架，各类舰艇 4000 多艘。德军统帅部队盟军的主攻方向判断失当，指挥错误，没有及时投入援军，使登陆的盟军站稳了阵脚。到 6 月 12 日，各滩头阵地连成一片，登陆的盟军已到 32 万余人，超过了德军投入战斗的 14 个师。

诺曼底战役分为两个阶段。第一阶段，是从 6 月 6 日到 7 月 24 日，双方争夺滩头阵地和集结必要的后备部队；第二阶段，是从 7 月 25 日到 8 月 25 日，盟军发动大规模进攻并解放巴黎。

从整个战役，特别是从第一阶段的进程来看，战斗十分激烈，盟军进展并不顺利，原计划在登陆后五天内要占领的地段，因德军顽强抵抗，直到第五十天才大体完成。原定与诺曼底战役同时进行的法国南部登陆作战，因准备不及而推迟到 8 月 15 日。这支由 50 万兵力、1000 辆坦克、1500 架飞机和 1300 艘艇所组成的部队，在土伦和戛纳之间登陆后，与诺曼底滩头出击的盟军形成南北呼应之势。此时，战局已定。德军为了避免覆没，仓皇后撤，持续了近两个半月的诺曼底战役，终于以法国首都巴黎的光复而胜利结束。

在诺曼底战役中，德军损失兵员约 40 万，损失坦克 1300 辆、火炮 2000 门、飞机 3500 架和各种车辆 20000 辆。盟军伤亡高于德军，约 21 万。这次战役计划周密，规模宏大，行动巧妙，是反法西斯中光辉的一页。

第二战场开辟后，欧洲反法西斯联盟就从东、西、南三个方向收缩罗网，使战争进入了粉碎纳粹德国的最后决战阶段。面对盟军的攻势，希特勒又进行总动员，增强了西线的防御力量。不仅如此，希特勒还把原来打算用来对付苏军冬季攻势的预备队，集结了一支约 28 个师的突击力量，在阿登山区进行孤注一掷的反扑，指望突破美军防线中的薄弱的地段，强渡马斯河，夺取安特卫普，重演四年半前的历史，再次把盟军赶下海去。然后回过头来再对付东线苏军以扭转战局。

12 月 16 日，德军兵分三路，突然出击，一举突入盟军防线纵深约 90 公里，给盟军造成了相当大的混乱。但此时的德军已经无法克服根本的弱点——兵力和装备不足。

圣诞节前后，德军前锋在距离马斯河 4 公里处被迫停顿，战局开始稳定。为了免遭来自南北两路盟军的反攻夹击，1 月 10 日希特勒无可奈何地下令，将党卫军第六装甲集团军撤出战场。

两天后，苏军在东线发动了规模空前维斯瓦河战役，支援盟军。16 日，反攻的盟军会师，28 日终于恢复了原来的战线。在西线这次最大的阵地战中，德军损失约 8 万多人，希特勒消耗了他仅存的战略预备队。盟军死伤也近 8 万人，原来的进军计划因此推迟 6 周。希特勒用拆东墙补西墙的办法，在西线的冒险未能得逞，却加速了他在东线的失败，而东线的惨败又促使德军在西线迅速崩溃。可见，第二战场开辟后，反法西斯联盟东西配合，互相支援，使德军腹背受敌，屡战屡败，终至败亡。

【档案 NO.75】

艾森豪威尔：一个充满戏剧性的传奇人物，曾获得很多个第一。美军历史上，共授予 10 名五星上将，艾森豪威尔晋升"第一快"；出身"第一穷"；他是美军统率最大战役行动的第一人；他是第一个担任北大西洋公约组织盟军最高统帅；他是美军退役高级将领担任哥伦比亚大学校长的第一人；而且是唯一当上总统的五星上将。

63. "三巨头"会议

时间到了 1943 年，盟军连战连胜，而德军节节败退。在这种情况下，苏联、美国、英国的三国首脑认为，非常有必要召开一次高峰会议。会议主要有两个目的，第一是后面对德作战的方针，如何彻底击溃德军；第二是战胜德国后，怎样安排欧洲。

实际上，这时候，三国首脑对胜利已经成竹在胸，而德国最终的失败已经注定。所以对欧洲的安排问题，实际是如何让本国在战后获得更大的利益。

会议召开前，先是选择会议地点。斯大林强烈坚持将会议的地点定在伊朗的首都德黑兰。原因是自己要亲自指挥苏军作战，不能离国境太远。而且，当时，英、美两国在伊朗也有驻军，所以，在德黑兰召开会议，在安全上是有所保障的。

可是，在当时，德黑兰同样也是一个国际间谍聚集的中心地。如果要确保安全，三国的首脑只能分别住在各自国家的使馆里。苏联和英国的大使馆相距很远，而美国使馆却很远。斯大林便邀请美国总统罗斯福住到苏联使馆来。罗斯福接受了斯大林的邀请。

最后，会议地点确定在德黑兰。所以，这次的苏、美、英三国首脑会议，在历史上被称为"德黑兰会议。"

在会议开始前，还出现了戏剧性的一幕。就是举行了一个"赠剑"的仪式。丘吉尔从英国带来了一把名为"斯大林格勒"宝剑，赠送给斯大林。表示对斯大林格勒战役和苏军功绩的嘉奖。

仪式开始后，一个英国上尉举着修长笔直的"斯大林格勒"宝剑，丘吉尔则发表了慷慨激昂，充满情感的赠言；斯大林则用俄语致答谢词。接着，丘吉尔双手托剑，赠与斯大林。斯大林接过宝剑，俯首吻剑，将剑缓缓拔出剑鞘，又迅速插回剑鞘，然后把剑交给伏罗希洛夫。这是最戏剧性的，因为伏罗希洛夫曾经是守卫列宁格勒的主帅，因为指挥不利而被撤职。

接下里，会议正式拉开序幕。整个会议进行了 4 天，从 1943 年 11 月 28 日到 12 月 1 日。苏、美、英三国首脑罗斯福、丘吉尔和斯大林，商讨了五大议题。第一是要在欧洲开辟第二战场；第二是战争胜利后，如何处置德国；第三是未来国际组织问题；第四是关于如何确定波兰疆界的问题；第五是苏联参与对日本作战的问题。

关于开辟欧洲第二战场的问题，丘吉尔提出了一个战略，这个战略在历史上很有名，被称为"柔软的下腹部"战略。就是把战争的重点，放在地中海战役上。这个战略却遭到斯大林的反对。斯大林认为，意大利距离德国柏林太远，不会给德国造成太大威胁。如果这样打，不能减轻苏军

主宰战后世界格局的"三巨头"

的负担。接着，他提出了自己的战略构想——从法国攻入德国本土。

分析一下，丘吉尔的战略，实际上是想让英军攻进中欧，而让苏军无法进入奥地利和罗马尼亚，以及匈牙利。罗斯福和斯大林都很清楚丘吉尔的用意。于是，三国首脑展开了激烈的争论。最终，丘吉尔的"柔软的下腹部"战略被否决。达成的协议是，让盟军在法国登陆，任命艾森豪威尔为盟军总司令，蒙哥马利为地面部队总指挥，在诺曼底登陆，开辟了欧洲第二战场。这样一来，德军就陷入了苏军和英美盟军的东西夹击之中。这个战略被称为"霸王行动"或"霸王战役"。

开辟第二战场的协议达成后，紧接着，开始讨论第二个议题，在胜利后，怎么样处置德国的问题。罗斯福首先提出了自己主张，把德国分割成五个部分。让他们分别实现自治。理由是，这样的分割，可以让德国人忘记"帝国"这一根深蒂固的概念。如果仍然是一个强大的德国，势必会再次发动战争，再次将世界拖入战争之中。

丘吉尔则提出："普鲁士是发动战争的祸害，应予以严惩，但对其余地方应宽容些。"

斯大林则不赞同丘吉尔的看法，他认为，如果要分割德国，就应该真正的分割。

这个问题，三方始终没能达成一致意见。最后，只能交给欧洲咨询委员会来进一步研究。

第三个议题是未来国际组织问题。关于这个问题，老谋深算的罗斯福早就有了自己的想法。他认为，应该成立一个联合国组织。这个想法由来已久，可以追溯到1942年1月，当时，美国、英国、苏联、中国等26个国家签署了一份《联合国家宣言》。"联合国"这个词，就是罗斯福想出来的。

罗斯福的这个提议，受到了斯大林的赞同。斯大林也认为，国家组织应该是世界性。而丘吉尔则认为，分地区设立委员会要更好一些。结果，这个议题，三国首脑也没能达成一致。

第四个提议是关于波兰的疆界问题。斯大林提出，苏联和波兰的边界，应该是1939年确立的边界。苏联继续保有西乌克兰和西白俄罗斯。丘吉尔同意斯大林的提议，但他提出了一个条件，就是苏联要尊重英国在巴尔干地区的利益。这个条件，斯大林在原则认同了。

最后一个提议，关于苏联参与对日本作战的问题。斯大林决定，在战胜德国后，就投入到对日作战中。但他的条件是，击溃日本后，库页岛和千岛群岛将归苏联所有。罗斯福则提出了另一个条件，那就是将中国的大连港作为"自由港"。

这个问题，三方首脑也达成了一致。

总的来看，德黑兰会议有两个重要的成果，一是在欧洲开辟第二战场，使盟军日后在诺曼底登陆作战；二是战胜德国后，对日作战。这两大成果，预示着法西斯将走向灭亡。

德黑兰会议结束，三国首脑签署了两份文件，一份是《苏美英三国德黑兰宣言》；另一份是《苏美英三国德黑兰总协定》。后一份是秘密文件，在当时并未公布。

这就是苏美英"三巨头"在第二次世界大战期间举行第一次的重要会议。

在此之后，第二次世界大战进行到 1945 年时，三国首脑又举行了一次会议，会议地点定在苏联克里米亚半岛的雅尔塔。之所以选择在这个地方，斯大林的想法和德黑兰会议时一样，他不愿意远离苏联。恰好，罗斯福当时也想到地中海沿岸去会见一些重要的人物。丘吉尔也到了莫斯科，和斯大林商议巴尔干的问题。所以地点就确定在了雅尔塔。

其实，早在早在 1944 年 7 月，罗斯福就提出，苏、美、英三国应该再举行一次首脑会议，一方面是协调盟军的战略合作；一方面加强彼此信任。会议的目的，和德黑兰的提议差不多，安排战后国际事务，以便维护战后的和平。

会议举行的时候，德国已经走向了末路。当时的苏军，距离柏林仅仅只有 40 公里，而美英盟军也正准备强渡莱茵河，进入德国的腹地。

雅尔塔会议和德黑兰会议一样，只有苏、美、英三国聚会，没有其他国家参与。这次会议的时间比德黑兰会议的时间长，为期 8 天，从 1945 年 2 月 4 日到 2 月 11 日。会议地点在罗斯福下榻的宫殿举行。会议人员一共有 10 个苏联人、10 个美国人和 8 个英国人。

这次会议讨论的问题更为广泛。对于占领德国的问题，是这样分配的：苏军占领德国东部，英军占领西北部，美军占领西南部，法国占领西部，柏林地区则由盟国的军队共同占领。

其次，在柏林设立一个对德国的管制委员会，协调管理的工作，其中包括解除德国武装和惩办战犯。

关于德国战败后的赔款问题，苏联提出了建议，认为赔偿总额为 20 亿美元，而苏联应该获得其中的一半。这个建议成为赔款讨论的基础，留给赔款委员会商讨。

在整个雅尔塔会议中，三方首脑达成了很多共识。只有波兰问题最为棘手。8 次全体会议中，有 6 次在讨论波兰问题。

三国首脑分歧很大。罗斯福认为，美国离波兰很远，比苏联或英国都远，所以，罗斯福请其他两国的代表讲述自己的想法。而斯大林则相信，波兰国内的事态正循着他的路线发展。丘吉尔则认为，波兰是举行雅尔塔会议最迫切的理由。

为此，三国首脑辩论多次，最后才勉强解决了分歧，达成了一致协议。

此外，就是远东问题。按照美国军事局的预计，距离德国投降后 18 个月，才能击败日本。所以，对日本本土的进攻尚处于计划阶段，假如苏军能够及时参战，就能减轻美国的伤亡，如果苏联依旧保持中立，那么在中国东北的大量日军就能够投入到保卫本土的作战中。

此时，罗斯福很清楚，他认为，如果美国进攻日本本土，苏联很有可能还会保持中立。只有等美国彻底打败日本后，苏军才会进入中国北部的大片地区，然后以公众要求为理由，建立满洲和蒙古人民共和国。于是，罗斯福提出一个主张，对于日本进行大规模轰炸，速战速决，迫使日本投降，这样就可以避免在日本本土投入兵力作战。

斯大林不为所动，他和罗斯福讨论苏联参战的政治条件。最后，罗斯福答应了斯大林提出了条件，两国达成了协议。这个协议的后果是，在没有征得中国同意的情况下，罗斯福就把中国政府对满洲、蒙古行使的主权给否决了。从这一点来看，雅尔塔会议也只是大国之间的一场交易，弱国不过是一种利益的牺牲品。

【档案 NO.76】

霸王行动：德黑兰会议后，罗斯福和丘吉尔在开罗会晤。决定任命艾森豪威尔为实施"霸王行动"的盟军总司令，蒙哥马利为地面部队总指挥。诺曼底登陆为盟军开辟了欧洲第二战场，使德军陷入了苏军和英美盟军的东西夹击之中，加速了德国法西斯的灭亡。这场战役是目前为止世界上最大的一次海上登陆作战。

64. "二战"尾声

雅尔塔会议在 1942 年 2 月 11 日结束，两个月后，也就是同年 4 月，苏军顺利抵达了奥得河，开始了攻克柏林的准备工作。围攻柏林动用的兵力有：白俄罗斯第一、第二方面军、乌克兰第一方面军、波罗的海舰队部分兵力、航空兵第十八集团军，还有波兰第一、第二集团军等。共有 162 个步兵师和骑兵师、21 个坦克军和机械化军、4 个空军集团军，合计兵力为 250 万人，火炮和迫击炮 4.2 万门、坦克和自行火炮 6250 辆、作战飞机 7500 架。苏军还构筑了总长达几百公里的堑壕和交通壕、数千个炮兵阵地，并在奥得河架设了几十座桥梁。

然而，柏林是纳粹的大本营，攻打并不是想象中那么容易和简单。

纳粹大本营面积达 300 多平方公里，建筑物、桥梁、运河构成了天然的抵抗阵地，地下铁道和地下桥梁、涵洞为德军提供了非常便利的机动空间。

此时，希特勒采取的防御原则是"东拼西让"和固守柏林，即在英美联军到达之前，竭力阻止苏军的前进速度，把战争拖延下去，实在不得已的时候，把柏林交给美英盟军，向西方投降。为此，希特勒在奥得河到柏林之间构筑了三道防御圈，纵深 20 公里至 40 公里；围绕柏林城又构筑了外层、内层和市区三道防御。

希特勒拼凑的总兵力为 48 个步兵师、9 个摩托化师、6 个坦克师，还有许多其他部队和兵团，共约 100 万人，再加上火炮和迫击炮 1.04 万门、坦克和强击火炮 1500 辆、作战飞机 3300 架。此外，希特勒还调集陆军总司令部预备队的 8 个师、200 多个冲锋队营，总人数超过 20 万人，随时准备增援柏林。

相比之下，苏军在兵力和兵器上都占有绝对的优势：人员比敌人多 1.5 倍，炮兵多 3 倍，坦克和自行火炮 3.1 倍，飞机多 1.3 倍。

1945 年 4 月 16 日，苏军发起总攻。这一天，是列宁诞辰 75 周年纪念日。

苏军选择在这一天总攻，当然是有纪念的意思。

总攻在凌晨开始，此时的柏林有三道防线。第一道防线，遭受来自柏林正东炮击。炮击一个多小时候，苏军发起冲锋，德军抵抗不住，第一道防线被迅速突破。

第二道防线，双方在泽劳弗地展开了一场坦克战集团军的生死大战。4天以后，苏军突破了第三道防线。

4月20日，苏军对柏林市区进行炮击。这一天，正好是希特勒56岁的生日。这一天，希特勒对"希特勒青年团员"颁发了铁十字勋章，表彰他们在对苏联的作战中所出的功绩。同样是在这一天，希特勒要求德国士兵和柏林市民，"死守柏林直到最后一人"。

4月22日，柏林已经被苏军包围了四分之三，希特勒看清了战败的事实。他悲愤地咒骂德国人民已经不中用了。他说："武装部队抛弃了我，我的将军们一无是处。我的命令没有得到执行。一切全都完了，国家社会主义被送入了坟墓，并将永世不得翻身。"

其实，这时候，希特勒还没有彻底绝望，他还存留着一丝渺茫的希望，那就是希望柏林守备司令魏德林将军率领东拼西凑起来的部队，突破苏军的包围圈。可是，到了4月27日，苏军全面包围了柏林。一天之后，从意大利传来消息——墨索里尼被意大利游击队枪决，并将他的尸体头朝下，悬挂在米兰的一家汽车库顶上示众。希特勒获悉这一消息的时候，希莱姆已经企图和盟军进

苏军攻克柏林的"旗手"伊斯梅洛夫

行和平谈判。希莱姆的背叛，让希特勒彻底绝望，他感到，自己的末日来临了。

此时，柏林的大街小巷和各个建筑物中，希特勒的青年团员正和苏军进行最后的、垂死挣扎的战斗。4月29日，战斗已经发展到了柏林市中心。苏军坦克向火车站附近的动物园推进。此时，希特勒所统治的地方就只剩下了几百平方米的总理府地堡。

当天晚上，希特勒同35岁的爱娃举行了简单的结婚仪式。次日，动物园里展开了激烈的战斗，德国总理府已在苏军射程范围之内。下午，希特勒在地下室，和身边的人一一握手告别。下午3时左右，爱娃服毒自杀，希特勒则开枪用一颗子弹结束了自己的生命。两人的尸体被人用军被裹着，抬到了总理府花园内，浇上汽油焚烧。此时，苏军已经打到了500米之外了。到了傍晚时分，尸体焚烧后的灰渣被埋在一个炮弹坑中。次日，被苏军士兵搜出。

5月2日清晨，德军柏林城防司令下令停止抵抗，柏林市内的战火逐渐平息，在16个昼夜的战斗中，苏军共消灭和俘虏了40多万德军。

5月7日，德国代表在西方盟军司令部所在地巴黎附近的兰斯，在艾森豪威尔的主持持下签署了无条件投降书。对此，苏联有异议。德国代表又于5月8日午夜在柏林苏军司令部再次签署投降书，5月9日零时开始生效。

在此之后的几天里，各地战场约有400万德军向盟军投降。在一些地方岛屿上，德国守军直接向他们看守的盟军俘虏进行了投降。至此，欧洲战场以盟军的胜利而宣告结束。

接下来，如何处置德国问题迫在眉睫，同时为了减少太平洋战场上的牺牲，美国希望苏联尽快参加对日本的战争。

于是，在1945年5月23日，美国新任总统杜鲁门提议，再次举行美、英、苏三国首脑会议。

会议在柏林西郊的波茨坦举行。三国首脑经过讨论，达成了针对打败日本和战后处理日本的一项协议，即著名的《波茨坦公告》。公告的内容，就是反法西斯同盟国敦促日本投降的最后通牒。

两个月后，美国飞机在日本各个城市上空散发了150万张传单和300万张《波茨坦公告》。传单警告日本居民说，这些城市将受到猛烈的轰炸。

果然，1945年8月6日早晨8点，美国在日本广岛上空投下了一颗代号为"小男孩儿"的原子弹。投放原子弹的是 B—29 型美国飞机，坐在正驾驶位的是蒂贝斯上校，坐在副驾驶位的是刘易斯。令人意外的是，飞机中所有机组人员，没有一个人了解原子弹的构造，所以一名技术专家奉命随机一起执行这项任务。

当时，广岛上空几乎天天都美国飞机，所以广岛人没有在意。还有一个原因是广岛一直没有遭到过大规模的轰炸，所以当空袭警报响起来后，市民并没有惊慌失措地躲进防空洞。有的人，甚至站在原地，仰着脖子看着美国飞机飞过。

9 点 10 分，代号为"小男孩儿"的原子弹头投下。在离地 600 米的高空爆炸，一瞬间散发出让人炫目的强烈白光。紧接着，响起震耳欲聋的爆炸声。城市上空巨大升腾起蘑菇状的烟云，紧接着，整个城市都被淹没在黑暗中。原子弹有 10 亿度的高温，可以把一切化为灰烬，连花岗石都能熔化，强烈的光波都瞬间使上千万人失明，而且热流波及很远，16 公里以外地方的人，都能感到灼热的气流。当时，广岛人口约 34 万，当天死者就有 8 万余人，失踪者有 5 万余人。

次日，美国总统杜鲁门宣布："8 月 6 日在广岛投掷的是原子弹，威力相当于 2 万吨 TNT 炸药。"根据据当场测定，美国在广岛扔下的这颗代号为"小男孩儿"的原子弹，实际威力是 1.4 万吨 TNT 炸药。

紧接着，3 天之后，1945 年 8 月 6 日 11 时 30 分，美国又在日本的长崎投下了第二颗原子弹。这颗原子弹的代号为"胖子"。本来，美国选择的打击目标是日本的另一座城市小仓。但由于小仓的天气不佳，上空云层太厚，不容易看清目标，所以才改为在长崎投放原子弹。

长崎人口约 27 万，当天便死亡 6 万余人，受伤 4

日本投降仪式

万余人。这是日本继广岛被投放原子弹后，迎来的又一场悲剧。

也正是这一天的零点，苏联红军兵分四路，越过中苏边界，对日本关东军发起了全线攻击。就这样，在原子弹的轰炸下和美、苏军的毁灭性打击下，日本只得宣布停战投降。

8月15日，日本天皇向全国广播了《停战诏书》。9月2日上午9时，在东京湾的美国战列舰"密苏里号"上，举行了日本签署正式投降书的仪式。日本新任外长重光葵和参谋总长梅津美治郎代表日本政府在投降书上签字。随后，接受投降的同盟国代表，盟军的最高统帅麦克阿瑟上将、美国尼米茨海军上将、中国徐永昌将军、英国福莱赛海军上将、苏联杰列维亚科中将，以及澳大利亚、法国、加拿大、荷兰、新西兰等国的代表依次签字。

至此，日发动的侵略战争以战败投降而告终，历时六年零一天的第二次世界大战也以反法西斯同盟国的胜利而宣告结束。

盘点第二次世界大战：先后有61个国家卷入战争，战场遍及欧、亚、非三大州，太平洋、大西洋、印度洋、北冰洋四大洋，参战军队多达1.1亿人，直接军费开支13520亿美元。

战争中，军队死亡约2210多万人，平民死亡3430多万人，总的死亡人数约5600万人，是第一次世界大战的4倍。其中，中国经历战争时间最长，牺牲人数最多，大约3000余万人；苏联本土遭到德国的蹂躏，牺牲了大约2000万人，约占全国人口的12%；波兰牺牲了大约600万人，约占全国人口的22%；法国战死20万人，平民牺牲40万人；英国自近代以来第一次本土经受战争的恐怖，战死32.6万人，平民被空袭炸死6.2万人；美国大陆没有遭到战争破坏，牺牲的基本上都是军人，在欧洲和亚洲战场上共战死30万人；意大利死亡人数约为31万人，其中一半是平民；德国共死亡了800万人，其中战死的军人为440万人；日本死亡300万人，其中平民死亡60万人。

除生命代价以外，参战国的物质损失也是巨大而惊人的。据不完全统计，各国损失高达4万多亿美元。苏联被毁的城镇有1710座，房屋600万栋，工厂31850个。波兰损失了全国财富的三分之一，工业设施80%被毁，农业设施和建筑50%被毁，62万英亩森林被毁；南斯拉夫20%的房屋被毁，30%的果园被毁；法国所有港口都遭到了破坏，铁路被毁2.3万英里，1900座铁路桥梁和隧道被破坏，4000 座公路桥梁被毁，100 多万栋房屋被毁。

这些数字，触目惊心，是战争的代价。而在这些数字之外，还有一个犹太人被屠杀的数字，更让人胆寒。下篇就接着讲述"屠刀下的犹太人"，从中我们可以读出历史和战争的残酷性。

【档案 NO.77】

《日本投降书》：共八条，其中最重要的是第二条和第八条。第二条宣布，日本帝国大本营与所有日本国军队以及日本支配下的任何地带的军队，向同盟国无条件投降；第八条则规定，天皇及日本国政府通知国家之权力，应置于为实施投降条款而采取所认为适当步骤之同盟国最高司令官之下。

65. 屠刀下的犹太人

在第二次世界大战中，大约 600 万犹太人死于纳粹的屠刀之下。关于犹太人为何会遭到反犹排犹主义的迫害，有几种不同的看法。有一种看法，说是因为耶稣基督被犹太人出卖而杀害的；还有一种说法是因为犹太人从事遭人仇视的高利贷生意。总之，在近 2000 年的历史中，犹太人在欧洲人的心目中，不是奸商就是守财奴。

那么，犹太民族到底是怎么样的一个民族呢？这还得从头说起。

最早，犹太民族是源于古代西亚的一个游牧部落，公元 18 世纪中叶的时候，犹太人迁徙到今天的巴勒斯坦地区，被当地人称为"希伯来人"，意思就是"河那边来的人"。后来，犹太人又迁徙到埃及尼罗河三角洲一带。到了公元前 1250 年的时候，又返回巴勒斯坦地区。公元前 11 世纪末，建立了希伯来王国。公元前 926 年，希伯来王国分裂为以色列王国和犹太王国。公元前 722 年，以色列王国被兴起于西亚的亚述帝国灭亡；公元前 586 年，犹太王国被巴比伦王国灭亡。这之后，巴勒斯坦地区又先后被波斯王朝、希腊帝国、罗马帝国所征服。公元前 135 年，犹太人反抗罗马帝国的起义被镇压后，开始流散到世界各地。

从犹太人漫长的历史进程中，不难发现，他们世世代代都在遭受歧视和迫害。但是，犹太人又非常聪明能干，擅长经商，民族地位低下，个人的处境却非常富裕和优越。这就是通常所说的"个人太强，民族太弱"。这样一来，就更容易成为嫉恨和仇富心理攻击的目标。

第一次世界大战失败后，德国的经济状态很糟糕，处境也很艰难，不少种族主义分子把痛苦都归咎于犹太人。到了 20 世纪初，"排犹主义"成为德国社会中一股强大的政治力量，它决定着政党和政权的兴衰，使"排犹主义"走向了极端。

早年，纳粹党只是一个规模并不大的基层组织。希特勒及其领导的纳粹党之所以能够在20世纪二三十年代的德国政治舞台扮演主角，在很大程度上得益于德国民众对纳粹反犹纲领的广泛认同。

1933年1月，希特勒成为德国总理后，立即开始限制犹太人的活动自由。1938年11月9日夜，上百名犹太人被处死，3万民犹太人被关进集中营，几百座犹太教堂被焚毁，大约7500家犹太人商店玻璃被捣毁。这个恐怖的夜晚，被称为"水晶之夜"。这之后，把犹太人驱除出德国社会的势头进一步加剧。

也就是在这个月，一个德国官员被一个波兰犹太人杀死。这一事件被希特勒拿来利用，立即制定了三项法令，向全体犹太居民勒索10亿马克的罚款。后来，希特勒又采取了三项措施，严格限制犹太人对产业的控制权，同时还实施了一种变相的犹太人居住区制度。

第二次世界大战爆发的前一年，在欧洲其他国家，犹太人的境况同样恶化。随着波兰被德军占领后，对于犹太人来说，最可怕的事情出现了——德军每攻占一个城市，就对犹太人进行疯狂的迫害。1939年底以前，有25万以上的犹太人被德国军队、党卫队、当地反犹太分子以及犯罪分子杀害。

德国人将大量犹太人抓进强迫劳动营。开始，是在街头抓捕犹太人。后来，干脆强迫当局每天提供一定数量的劳动力。这段时期，犹太人被纳粹分子赶上装牲口的货车，让他们在无水、无粮的情况下长途受苦，其目的无非是要这批人在途中死亡。

在第二次世界大战开始的头一年，德国境内的犹太人更为苦难。在德国的许多小城市，犹太居民被全部驱逐了出去。在东部边境和被占领的波兰地区，也是这种情况。

1941年6月，希特勒下令德军开始进攻苏联。6月中旬，希姆莱奉希特勒的命令，开始消灭东欧犹太人的工作。党卫队内组成了一些消灭犹太人的特别行动队。此外，希姆莱还用了各种办法，把大规模屠杀设备运送到奥斯维辛集中营。

到了1942年6月，希姆莱接到命令，集体屠杀犹太人的暴行开始了。在灭绝营中，纳粹暴徒命令犹太人脱光衣服，搜光他们的钱和贵重物品。女人和少女的头发全被剪下。然后，男女老幼都赤条条的，被赶进毒气室。毒气室里挤满了犹太人，费了很大劲才将大门关上。毒气室里一片黑暗，25 分钟之后，大多数人已经死亡，30 分钟后，毒气室里的犹太人全部死亡。然而，恐怖并未到此为止，灭绝营的一群工人用铁钩将死者的嘴巴撬开，寻找金牙，甚至在肛门里或阴道里寻找犹太人生前藏匿的珠宝首饰。

1942 年 1 月，纳粹官员奉戈林元帅的命令，在万湖举行了一次重要的会议。会议决定，将德军抓住的 1100 万犹太人全部消灭，甚至还要让有一半犹太血统的人绝育，如果不绝育，就处死，二选一。

从 1942 年到 1943 年，犹太人由法国、比利时、荷兰、奥地利、捷克、匈牙利和巴尔干各国，不断地被送往东方和北方。在奥斯维辛集中营，每一次只要花一刻钟的时间，就可以杀死 2000 名犹太人，这种屠杀一天可以干上三四次。到盟军控制整个欧洲的时候，大约已经有 600 万犹太人被杀害。这是人类历史上一场罕见的灾难，这场灾难的始作俑者希特勒，无疑是罪魁祸首。

屠杀犹太人的想法，希特勒是由来已久的，这一点从他的《我的奋斗》一书中就可以看到，在这本书中，希特勒公然声称："犹太人是劣等民族，应该对各个民族所蒙受的一切灾祸负全部责任。因为犹太人无论在哪里定居下来，都是为了在那里造成灾祸、谋求私利而像害虫一样，从内部吞噬世界，所以只有把犹太人这个邪魔彻底清除掉，德意志民族才能获得权力。"

由此可见，如果第二次大战没有结束，将会有更多的犹太人死于纳粹的屠刀之下。当然，在战争结束后，法西斯战犯也被推向军事法庭进行了审判。这就是接下来要说到的纽伦堡审判与东京审判。

【档案 NO.78】

奥斯维辛集中营：是 1940 年 4 月，建于波兰南部奥斯维辛市附近大小 40 多个集中营的总称，曾关押过欧洲国家、美国以及中国、伊朗、土耳其等亚洲国家的政治犯、战俘和平民。奥斯维辛集中营是纳粹德国在"二战"期间建立的最大的集中营，有"死亡工厂"之称，共有 110 万人在这里被杀害。集中营壁垒森严，四周电网密布，内设哨所看台、绞形架、毒气杀人浴室和焚尸炉。1945 年 1 月 27 日，苏联红军解放了该集中营。战后，奥斯维辛集中营被辟为揭露纳粹罪行的波兰国家博物馆。

$66.$ 纽伦堡审判与东京审判

"二战"结束以后，如何处理战败的德国和日本的问题，成为国际关系中一个重要的问题。这一问题，在雅尔塔的三国首脑会议中经过讨论。三国首脑认为，应当设立一个德国管制委员会，其工作内容包括解除德国武装和惩办战犯。

实际上，早在 1943 年 10 月，苏联、英国和美国就在莫斯科宣言中规定，战争结束后，将对战争罪犯进行审判。

1945 年 8 月，苏、英、美，以及法国在伦敦签订了协定，拟定欧洲国际军事法庭宪章，宪章规定：由四国指派检察官组成委员会进行起诉，由四国指派的法官组成国际军事法庭进行审判。

审判的目的有三个。第一，彻底清除法西斯势力；第二，防止军国主义和法西斯主义死灰复燃；第三，实现民主和非军国主义化，从而维护世界和平。

对德国法西斯战犯的审判，在 1945 年 10 月举行。地点是德国柏林，后来审判改在德国南部的城市纽伦堡举行。之所以选择纽伦堡，是因为德国纳粹党的历届代表大会，都在纽伦堡召开。这次审判，历史上称为纽伦堡审判。

纽伦堡审判整整历时一年，从 1945 年 11 月 21 日，国家军事法庭第一次审判到 1946 年 10 月 1 日全部结束。在审判中，20 多名德国法西斯战犯被提起公诉。其中包括纳粹的所有重要人物，如戈林、赫斯和外长里宾特洛甫等。

在一年的时间里，国家军事法庭一共 403 次公审，出示德国纳粹法西斯罪行的大量确凿证据。在这些证据面前，德国法西斯战犯无从争辩。

接着，法庭根据四条罪行对战犯进行起诉和定罪：第一，策划、准备、发动、进行战争罪；第二，参与实施战争的共同计划罪；第三，战争罪（指违犯战争法规或战争惯例）；第四，违犯人道罪（指对平民的屠杀、灭绝和奴役等）。

1946 年 10 月 1 日，法庭做出了最后判决，判处戈林等 12 人绞刑，3 人无期徒刑，4 人有期徒刑。

同时，法庭还宣布了 4 个犯罪组织，它们是：纳粹党领导机构、秘密警察（盖世太保）、保安处和党卫队。对这几个犯罪组织的成员，各国可以判以参与犯罪组织罪，直到判处死刑。此后，在美、英、法、苏各个占领区以及后来的联邦德国和民主德国各法庭，又对众多战争期间的犯罪分子进行了后续审判，他们大多是法西斯医生、法官、工业家、外交人员、国防军最高司令部人员、军事骨干以及党卫军高级干部等。

死刑判决于 1946 年 10 月 16 日执行，戈林在处决前一天服毒自杀。另外12 名纳粹甲级战犯上了绞刑架，这些战犯被推上绞刑架的时候，没有一个人高喊"希特勒万岁"，最狂热的纳粹战犯也只是说了一句"我不该死，我不认罪"。有一种观点认为，大多数纳粹战犯实际上已经认识到了自己的罪行，他们进行了反思。

在 1970 年的时候，当时的西德总理勃兰访问波兰，在大屠杀纪念牌前下跪。每年 5 月 8 日是纳粹德国宣布投降的日子，在德国是解放日，每到这一天，德国人都要隆重地纪念，这说明德国的反思很彻底，是非常了不起的。

而纽伦堡审判的历史意义在于，它是人类有史以来对侵略战争发动者的第一次法律制裁，为以后对破坏和平罪的审判奠定了基础，标志着国际法的重大发展。

在纽伦堡审判的两个月后，苏、英、美、法等盟国决定在东京设立远东特别国际法庭审判日本战犯。早在第二次世界大战进行的时候，盟国就一致认为，日本法西斯战犯应当受到与德国战犯一样的惩罚。

1945 年 12 月 16 日至 26 日，苏、美、英三国外长决定实施《波茨坦公告》中的日本投降条文，条文中包括惩办日本战犯。根据《波茨坦公告》中盟国的《特别通告》以及《远东国际军事法庭宪章》，盟国决定在东京设立远东特别国际法庭审判日本战犯。

远东特别国际法庭由中、美、苏、英、法、印、澳等 11 国指派的 11 名法官组成。中国政府选派学识渊博、经验丰富、人品高尚的梅汝璈为代表，代表中国出任法官。

这次审判一开始就充满了火药味。各国的方法因为法庭的座次问题展开了

梅汝璈

争论。中国法官梅汝璈看好了庭长左手的第二把交椅。可是，西方国家则不同意，他们认为，第二把交椅应该让英国法官来做。因为英国的国力远比中国强大。

梅汝璈据理力争说，自己并不介意个人的座次，自己和各位同仁一样，是代表各自的国家而来。在第二次世界大战中，中国抗战的时间最长，受日本的侵略和伤害最大，付出的牺牲也最大。此次审判的是日本战犯，所以他提议，法官的座次应该按照受降国签字的顺序来排列。这才是最为合理的。

按照梅汝璈的提议，代表们查看了日本受降仪式上各签字国的顺序：美国、中国、英国、苏联、澳大利亚等。对于梅汝璈的提议，西方国家的代表找不出反对的理由，法庭座次的问题看起来是解决了。可是，就在开庭的前一天，庭长韦伯宣布的座次，还是将英国代表的座次排在第二位。

梅汝璈知道，这是韦伯经受不住西方大国压力，临时做了改变。于是，梅汝璈脱下法官袍，高声质问道："我的提议，各国同仁并没有异议，为什么不按照我的提议办理？我正式要求，马上对我的提议进行表决。"

由于梅汝璈的坚持，开庭当天，他终于坐在法庭的第二把交椅上。

这是东京审判中国法官与西方各国法官的第一次较量，梅汝璈获得了胜利。

审判开始，在对待日本战犯的量刑问题上，各国法官发生了很大的分歧，彼此展开了激烈的辩论。法国法官提出，文明与死刑是相矛盾的。因此，他反对判处日本战犯死刑。听完法国法官的话，梅汝璈举起一个杯子说，如果说杯子代表人类，水代表文明。说着，梅汝璈将杯子摔倒地上，接着说："文明是人类创造的，可如果人的生命被被无情毁灭，那文明从何谈起呢？"

法国法官无言以对。可是，印度法官巴尔又了站出来，他也反对使用死刑。理由很荒唐，他认为要以佛教慈悲为怀。梅汝璈当即反驳道："巴尔先生，请您注意，你是一个法官，法官的职责是什么？是对罪行进行审判和认定，然后根据法律给罪犯以惩罚。您具有一个佛教徒的伟大情怀，却在纵容犯罪，这绝不是一个法官应有的立场。如果您继续坚持，就没有资格坐在审判席上，应该回到印度的寺庙里去。"

接着，梅汝璈继续慷慨陈词道："死刑是法律对犯罪最严厉的惩罚，为了掠夺别国的资源，为了扩张自己的领土，为了占领亚洲甚至全世界，日本干了什么？他们杀中国人，杀朝鲜人，杀菲律宾人，杀新加坡人，杀美国人，杀英国人，杀无数无辜的平民。他们抢劫、强奸、放火、杀戮。难道这些还不足以让他们受到法律最严厉的惩罚吗？"

梅汝璈举出了了大量的证据，证实了日军的种种残忍暴行后，接着强调说："如果法律不给日本战犯最严厉的惩罚，谁敢保证日本有一天不会再次挑起战争，谁敢保证日本不会再侵略别的国家？谁敢保证日本军国主义的幽灵不会再次复活？"

最后，11 名法官就日本战犯的死刑问题进行表决。结果以 6 票对 5 票的微弱优势，通过了死刑的量刑。首席检察官历数了 28 名日本战犯在第二次世界大战中的罪行，共列举了 55 项罪状，指控他们犯有破坏和平罪、战争罪、违反人道罪。

1948 年 11 月 12 日，远东国际军事法庭宣读判决书，对 25 名出庭的日本战犯进行了判决。其中，东条英机、广田弘毅等 7 人被判处绞刑，木户幸一、小矶国昭等 16 人被判处无期徒刑。1948 年 12 月 23 日，东条英机等 7 名战犯在东京巢鸭监狱被绞死，尸体被火化。其余在押战犯，除病死者外，从 1950 年起，陆续被释放出狱。

对日本战犯做出的严正判决，受到了世界舆论的欢迎。东京审判，使全世界人民进一步了解了日本帝国主义在"九一八事变"到太平洋战争期间的侵略真相和罪恶的事实，是对日本法西斯分子的一次全面清算和重大打击。

【档案 NO.79】

波茨坦公告：即《美英中三国政府领袖公告》，史称《波茨坦公告》或《波茨坦宣言》，是 1945 年 7 月 26 日在波茨坦会议上美国总统哈利·S.杜鲁门、中华民国总统蒋介石和英国首相温斯顿·丘吉尔联合发表的一份公告。这篇公告的主要内容是声明三国在战胜纳粹德国后一起致力于战胜日本以及履行《开罗宣言》等对战后对日本的处理方式的决定。《波茨坦宣言》实质是"二战"后期美、英、中三国向日本劝降的一份公告。

【档案 NO.80】

梅汝璈：1904 年出生于江西南昌，1924 年毕业于清华学校后赴美游学。1926 年，以最优的成绩毕业于斯坦福大学。他精通多国语言，法律知识渊博，后在芝加哥大学攻读博士学位，被外籍教师评价为既精通法学理论，而又善于雄辩，且头脑冷静的奇才。他被任命为远东国际军事法庭的法官时，年仅42岁。

67. 美苏争霸

  第二次世界大战以纽伦堡和东京审判而告终。这场人类历史上最残酷的战争，让德国、意大利、日本三个国家遭到重创。英国和法国的实力也严重削弱，美国却不一样，它依仗在战争中发展起来的雄厚的经济、军事实力，在资本主义世界取得了统治地位。苏联则和美国和苏联从"二战"时期的盟国变成了战后的敌对国。美苏争霸的时代到来了。

  那么，美苏争霸的局面是怎么形成的呢？首先要说到两国的国际关系。其实，这个"国际关系"主要是指希腊和土耳其。这两个国家面积虽然不大，地理位置却在国际交通要道的汇合点上。特别是黑海海峡，是黑海通往地中海、大西洋的门户，历来为大国必争之地。

  在第二次世界大战前，希腊和土耳其一直属于英国的势力范围。第二次大战结束后，英国遭到重创，军事经济实力严重削弱。所以，美国和苏联在这一地区的争夺异常激烈。

  1945 年 6 月，苏联向土耳其缔结了一个新条约。条约里提出多项要求，其中两项非常关键：第一，要求土耳其将土卡尔斯和阿尔汉达两地，交还给苏联，因为这是苏联在 1921 年割让出去的；第二，苏联要在达达尼尔海峡建立陆海空军基地。

  土耳其方面当即拒绝了苏联新条约的要求。两国的关系一度陷入紧张之中，充满了火药味，险些就发展到剑拔弩张的地步。

  美国得知这个情况，就向土耳其提出要求，要开放和联合管制达达尼尔海峡，并给土耳其提供贷款。用意很明显，美国要全面支持土耳其。

  两年后，在 1947 年 2 月的时候，英国又照会美国国务院，说由于英国国内经济困难，已无力再向土耳其和希腊提供军事与经济上的援助。请求美国继续给予这两国援助。这一请求正合美国的意，于是美国当即答应。从此，美国在达达尼尔海峡地区的影响不断扩大。

这就是土耳其的情况。再说希腊，希腊在第二世界大战之后，国内人民武装力量蓬勃发展。1946 年秋，希腊共产党领导人民掀起了武装斗争，并不断取得胜利。一时间，希腊政府处于风雨飘摇之中。

介于这种情况，希腊政府请求英国加紧援助。然而，此时的英国已经没有能力去收拾希腊的局面。于是，又照会美国国务院，表示"由于军事和战略上的的原因，不应该允许希腊和土耳其落入苏联的控制之下"，希望美国能全面援助希腊，挑起希腊和土耳其的担子。

美国也答应了。就这样，土耳其和希腊的危机，给美国提供一个取代英国，夺取东地中海控制权的良机。这时候，美国总统杜鲁门抛出了他的冷战政策。所谓冷战，就是指除了战争以外的一切手段，比如经济手段、政治手段、文化手段。

1947 年 3 月 12 日，杜鲁门发表了一篇关于希腊和土耳其的咨文。文中说："希腊遭到由共产党人领导的'恐怖主义活动'的威胁，一旦它作为独立国家陨落，不但将危及土耳其和整个中东地区，而且将给欧洲一些力争维持其自由和独立地位的国家带来灾难性的影响。"

而且，在这篇咨文中，杜鲁门还把土耳其和希腊的危机，比喻成希特勒和第二次世界大战的再现，宣称世界已分为两个敌对的营垒。

哪两个敌对的营垒呢？很明显，一个是以美国为首的"自由制度"；一个是以苏联为首的"极权政体"。杜鲁门认为，此时每个国家都面临着选择，在这两种截然不同的生活方式中二选一，而美国则负有领导"自由世界"的使命，以抗拒共产主义。

所以，杜鲁门紧接着又发表对那篇咨文的解释，说"这就是美国对共产主义暴君扩张浪潮的回答，是向全世界说明，美国在这个新的'极权主义'的挑战面前所持的立场；我相信，这是美国外交政策的转折点，它现在宣布，不论什么地方，不论直接或间接侵略威胁了和平，都与美国的安全有关"。

杜鲁门的这一主张，被称为"杜鲁门主义"。因此，美国不仅仅是援助土耳其和希腊那么简单，而是要将自己的势力向全球范围内扩张。

至此，美国对外政策完全转变了，从"二战"前的"孤立主义"变成了"杜鲁门主义"，由局部扩张转变为全球扩张最终称霸世界。

美国对苏联发动的全面冷战，也就开始了。

1947年5月22日，杜鲁门正式签署《援助希、土法案》。

1947年到1950年，美国援助希、土两国6.59亿美元。

1949年，在美军的指挥下，希腊将革命扑灭。

1953年3月，斯大林逝世。同年9月，赫鲁晓夫就任苏共中央第一书记。

赫鲁晓夫上台后，开始逐步改变同西方尖锐对抗的政策，提出了一套新的政策，争取能与美国平起平坐，实现苏美合作，共同主宰世界的基本战略目标。这一战略目标在1956年2月的苏共二十大上得到了确认。

赫鲁晓夫提出的新政策，也确实让苏联的军事和经济高速大增，一下就缩短了苏联与美国的差距。这样一来，从全球范围来看，国际关系力量对比也发生了变化。

这一变化，就直接导致了美国和苏联两国争霸局面的形成。开始，是美国推行霸权政策，现在苏联也是。于是两国争霸。

美苏争霸分为几个时期。第一个时期是20世纪50年代中期，到60年代初期。这一时期两国争霸的特点，既缓和又紧张，用句俗话说，就是一半是海水，一半是火焰。

这个时期发生了几件大事。头一件大事，就是结束了对奥地利的占领，与奥地利签订了和约。奥地利在"二战"结束时，不是被当作纳粹的受害者，而是被当作了纳粹的帮凶。所以，在"二战"结束后，奥地利被美、苏、英、法四大国分割占领。和约签订后，奥地利就成为了一个中立国家。准确地说，是一个资本主义的中立国家。这对世界局势特别是欧洲局势的缓和起到了积极的作用。东西方关系开始出现"解冻"的迹象。西方国家甚至认为，这是苏联的一次实质性的让步。

第二件大事，发生在1955年，苏联和当时的西德（即联邦德国）建立了大使级外交关系。这是苏联一次面对现实的选择。极大地改善了苏联在国际上的形象。这表示，苏联愿意和西方国家搞好关系。同时，也让西方国家难以回避一个事实，那就东德（即民主德国）是作为一个主权国家存在的。

第三件大事，就是 1959 年 9 月赫鲁晓夫访美。在美国马里兰州的戴维营，赫鲁晓夫和美国总统艾森豪威尔举行了会谈。在戴维营会谈期间，美国还公开希望赫鲁晓夫对中国施加压力，而赫鲁晓夫为了迎合美国，也企图牺牲中国的利益来换取"美苏合作"。这导致了中苏关系的逐步恶化。

后来，赫鲁晓夫还和美国当时的副总统尼克松进行了一场著名的"厨房争论"，两人参观美国的厨房用品，从而引发出谁的生活方式更好的话题争论。

尽管赫鲁晓夫的首次美国之行没有取得什么实际成果，但赫鲁晓夫认为，这次访美本身就给以"美苏平起平坐，共同主宰世界事务的印象"。实际上，美国已经承认苏联与美国同是超级大国的事实。

这就是美苏争霸第一个时期，比较缓和的一方面。而紧张的还有两件事，第一件事是"柏林墙的建筑"；第二件事是"古巴导弹危机"。

"柏林墙"是德国分裂和欧洲分裂的标志，是东西方冷战的象征。"二战"结束后，德国被美国和苏联分区占领，德国的首都柏林也分两国分区占领，形成了东柏林和西柏林。但是，这两个柏林都在苏联的占领区内，也就是说，在当时民主德国境内。东柏林是社会主义，西柏林是资本主义，相当于一城两制。

1948 年的时候，苏联制造了一场柏林危机，切断了西柏林的水陆交通，企图困死西柏林。而美国却在一年内，靠空运维持了西柏林 200 万民众的生存，显示出了自己的强大。东柏林的人，一看西柏林那边这么强大，于是就有 160 万民主德国的人从东柏林逃到了西柏林，这个人数，占当时民主德国人口十分之一，十个人中就有一个人逃了，而且其中主要是知识分子。所以，苏联当即授意民主德国当局，修筑了一条柏林墙，把东西柏林交通完全阻隔。这条柏林墙长 130 公里，其中有 30 多公里安装了电网，有的地方是界河，有的地方埋着地雷，有的地方甚至还有自动射击装置。

再说"古巴导弹危机""柏林墙"筑起两个星期后，苏联撕毁了美、苏两国为期三年的禁止核试验的协议，恢复了一系列核试验。美国也不甘示弱，肯尼迪总统下令恢复地下核试验，美、苏双方之间的核军备竞赛迅速升级。

苏联后来将导弹运到了古巴，古巴距离美国仅仅 90 海里，而导弹的射程是 1000 多公里。当时，险些就会爆发第三次世界大战。美国已经做好了登陆古巴的准备，以 200 艘军舰组成了一个庞大的舰队，封锁了古巴。而且美国轰炸机上都装有氢弹，一颗氢弹的当量是 500 万吨，相当于广岛原子弹的 250 倍。

在这种情况下，苏联做出了让步，赫鲁晓夫提出，愿意在联合国监督下，从古巴撤出进攻性武器，交换条件是，美国必须撤销对古巴的封锁，并保证不再入侵古巴。美国总统肯尼迪也发表声明，要求苏联在联合国监督下，从古巴撤出导弹，美国也保证不入侵古巴。

两国都兑现了承诺，这样，"古巴导弹危机"才最终解除。

"古巴导弹危机"结束后，美苏争霸进入了第二时期，这个时期的特点是一攻一守，苏联进攻，美国防守。

1964 年，勃列日涅夫上台执政，大肆扩张苏联的军备。因为从 70 年代开始，苏联的军事力量，已经从战略劣势转为战略均势。与此同时，苏联的经济实力和美国的经济实力也缩小了。经济实力不错，再加强军事实力，这让勃列日涅夫有了实施积极进攻战略的基础。

1979 年，苏联出兵阿富汗，实行直接的军事占领。苏联占领的阿富汗，直接威胁到海湾地区和印度洋地区的和平。此时，苏联霸权主义政策发展到了顶点。此外，苏联还加紧对中国进行压制和军事威胁，以致酿成中苏边境的武装冲突，最突出的事例就是 1969 年的珍宝岛事件。

面对这一形势的变化，尼克松担任美国总统后，对美国的对外战略进行了重大调整，从战略进攻转为战略防御。

其基本倾向就是收缩美国的海外态势，收缩的重点是亚洲。为此，尼克松在亚洲采取了两大步骤：一是美军从越南撤出；二是开始同中国实现关系正常化。但是，美国仍不失为资本主义世界最强大的国家，并没有放弃自己的霸权政策。

美苏争霸的第三个时期，是 20 世纪 80 年代到 90 年代。这一时期的特点是，美国强硬，苏联收缩。

1981 年，里根就任美国总统，在整顿国内经济的同时，对美国的全球战略作出了重大调整，开始对苏联重新采取强硬态度。

80 年代中期，担任苏联最高领导人的戈尔巴乔夫，开始放弃争夺军事优势的作法，转而裁减军备。1987 年，两国签署了全部销毁两国中短程导弹的条约。苏联在对外战略上由扩张转向全面收缩。直到 1991 年苏联解体，美苏争霸，才最终宣告结束。

【档案 NO.81】

苏共二十大：1956 年 2 月 14 至 25 日，苏联共产党召开了第二十次代表大会，这是斯大林逝世后召开的第一次党代表大会。中国等 55 个国家的共产党和工人党代表团列席了会议。这次大会对斯大林的个人崇拜及其后果进行了揭露和批判；同时，就资本主义和社会主义两个体系的和平共处，防止战争的可能性以及不同国家向社会主义过渡的形式等理论问题提出了新的看法；在国际形势上，提出了"和平共处""和平竞赛"与"和平过渡"的"三大原则"。苏共二十大是苏联历史和苏共历史的转折点，也是国际共产主义运动转入大动荡、大论战的起点。

【档案 NO.82】

古巴导弹危机：1962 年，加勒比海地区发生了一场震惊世界的古巴导弹危机。在人类进入核时代以来，在美苏军备竞赛和争夺世界霸权的激烈斗争中，没有任何一场危机达到如此惊心动魄的程度。这场危机由苏联在古巴部署导弹、美国则坚持要求撤除导弹而引发。这场危机持续了 13 天，美、苏双方在核弹按钮旁徘徊，使人类空前地接近毁灭的边缘，世界处于千钧一发之际。最后以双方的妥协而告终。

68. 德国统一与苏联解体

上篇说到，第二次世界大战后，美、苏两国争霸。正是由于这两个大国之间长期而全面的对抗，致使德国统一的问题迟迟得不到解决。

1949年，联邦德国和民主德国先后建国；1955年两德分别加入北约和华约；1973年又同时加入联合国；1975年一起参加"欧安会"首脑会议最后文件的签字，民主德国与联邦德国并存进一步得到确认。直到1989年秋，东欧形势出现急剧变化之前，两德和美、苏、英、法四大国都没有认真考虑过德国统一的现实性和可能性。

从经济方面来看，当时的民主德国的经济实力，在东欧国家中是最强的。然而，民主德国的人均国民产值，却仅仅是联邦德国的一半。很显然，国家经济实力不错，但民众的生活很糟。

民主德国的民众当时很羡慕联邦德国的高生活水平。因此，有不少人逃往联邦德国。在苏联的授意下，民主德国政府筑起"柏林墙"，阻止居民外流，但是收效并不大。

1989年10月7日，给民主德国的民众带来了一个契机。这一天是民主德国建国40周年。民主德国民众以庆祝为名，在柏林、莱比锡等城市爆发示威游行，要求扩大民主，实行改革，放宽出国旅行。

游行规模很大，当局的警察不得不动用高压水龙冲散游行队伍，并且拘捕数百人。这次游行，让民主德国陷入了动荡不安的局势，导致的后果是，执政18年之久的昂纳克被迫辞职，各级党政领导也大量换人。

两个月之后，统一社会党举行非常代表大会。这次大会做出一个决定，就是将党的名称改为"德国统一社会党——民主社会主义党"，同时做了一项重要的宣传：呼吁民主德国应该建立一个实现民主，建立法制、社会平等的民主

"推倒"柏林墙

社会主义社会。

面对这样的局势，民主德国当局，不得不在1989年11月9日开放"柏林墙"，允许居民自由过境。

然而，让当局没有想到的是，仅仅开放了两天，就有75万民主德国人涌进联邦德国，像一股巨大的洪流将柏林墙"推倒"。统一问题，成了民主德国和联邦德国人民都共同关心的焦点问题。

对于联邦德国总理科尔来说，这简直是一个大好时机，必须牢牢抓住。于是，同年11月28日，科尔提出了一份关于德国统一的"十点计划"。

可是，科尔的这一计划却遭到了民主德国的反对。而不久后，民主德国又改变了态度，建议两德通过四个阶段来实现统一：缔结睦邻条约、建立联邦、民主选举等。

至此，民主德国和联邦德国都涌起了统一的浪潮，使各大国不断调整对德政策。

1990年2月13日，在渥太华，美、苏、英、法四大国与两德，共同制定了先由两德统一的方案。这个方案，简单地说，就是分为"内部和外部"——先由两德解决自身与统一有关的"内部"问题，再由两德和四大国一起商议解决与统一有关的"外部"问题。因此，这一方案，被称为"2+4"方案。

一个月后，民主德国举行人民议院选举，结果基督教民主联盟、德国社会联盟和民主觉醒三党组成的德国联盟获胜。新政府组成，有24名成员，民主社会主义党被排除在外。民主德国和联邦德国的财政部长签署了关于建立货币、经济和社会联盟的国家条约。

到了1990年7月12日，东西柏林的边界卡全部撤销，柏林墙被拆除。

1990年8月31日，两德签署了实现政治统一的第二个国家条约，规定东西柏林合并，民主德国加入联邦德国。

此时，两德的统一还涉及一个重要的问题，那就是涉及欧洲各国的利益和安全。德国是"二战"中的战败国，一直受美、苏、英、法四大战胜国的某种监控。所以，科尔政府利用"2+4"外长会议，积极开展外交活动。

在外交活动中，科尔政府做出了保证："保证忠于北约和欧共体，承认波兰西部边界。"随后，在第三次"2+4"巴黎外长会议上，就德国和波兰边界问题达成全面协议。

可是，苏联则坚决反对统一后的德国归属北约。

为了争取苏联交出德国统一的"最后一把钥匙"，科尔表示，永远承认战后边界，并提出一系列让苏联动心的条件，如：德国统一后的武装力量裁减到37万；允诺苏联提供120亿马克的无偿援助和近100亿马克的低息贷款等。

终于，科尔提出的条件让戈尔巴乔夫点了头。

1990年9月12日，在莫斯科举行了第四次"2+4"会议，各国外长签署了《最后解决德国问题的条约》。这份条约照顾到了各方的利益。条约规定：苏军在1994年底前撤离原民主德国的地区。德国声明奉行和平政策，放弃制造、拥有和控制核武器、生物武器及化学武器，并保证在4年内裁军45%。

同年10月1日，四大国外长在纽约发表联合宣言，宣布从10月3日起终止四大国对德国和柏林的权利和责任。至此，德国统一的一切问题已圆满解决。

1990年10月3日，民主德国正式并入联邦德国。柏林国会大厦升起了联邦德国国旗。分裂了四十多年的德国重新实现了统一。

然而，就在德国实现统一的第二年，即1991年，苏联解体了。

1991年12月25日，在克里姆林宫上空飘扬了七十余年之久的苏联国旗落下了。世界上第一个社会主义国家从此在地球上消失了。苏联的解体，不仅给原苏联各共和国带来了一系列政治上、经济上的冲击，而且对整个世界也产生了巨大的影响。

事情还要从1985年说起，这一年，戈尔巴乔夫担任了苏共中央总书记。他上任以后，就对苏联进行了大改革，这次大改革几乎震惊了世界。

1987年戈尔巴乔夫出版了一本书，书名叫"改革与新思维"。这本书可以说是戈尔巴乔夫推行改革的标志。该书提出，要推行"人道的、民主的社会主义"。甚至，戈尔巴乔夫提出取消苏共领导，实行所谓的"民主化、公开性、多元化"。

这一改革导致的结果是，立陶宛、爱沙尼亚和拉托维亚在1990年先后宣布独立。而苏联的其他各加盟共和国，也开始产生了独立的倾向和想法。这个情况来得很迅猛，并有不可阻挡之势。

为了保住苏联，在1991年5月，戈尔巴乔夫和15个加盟共和国领袖达成协议，同意组成"新苏联"。

同年8月14日，苏联公布了新联盟条约文本。条约主要有两个内容：第一，结成联盟的各国，保留独立决定涉及本国发展的一切问题和权利；第二，在国际关系中苏联为一个主权国家，但是，结成联盟的各个共和国有权同外国建立直接外交、领事和贸易关系。

看起来，苏联的局势会平稳了。然而意想不到的是，1991年8月19日这一天，苏联副总统亚纳耶夫突然发布了一道命令：宣布鉴于总统戈尔巴乔夫健康状况，已不能履行总统职务，他本人即日起履行总统职务。

同时，亚纳耶夫还宣布：成立苏联"国家紧急状态委员会"，在苏联部分地区实施为期6个月的紧急状态。在此期间，国家全部权力移交给"国家紧急状态委员会"行使。

苏联国家紧急状态委员会，当即发表了一篇《告苏联人民书》，内容大致意思是：戈尔巴乔夫倡导的改革政策已"走入死胡同""苏联国家和人民的命运处在极其危险的严重时刻"。

也就在同一天，国家紧急状态委员会又发布了"第一号令"，命令各级政权机关和管理机关必须无条件实施紧急状态；立即改组不按苏联宪法和苏联法律行事的政权机关；停止阻碍局势正常化的政党、社会团体的活动等。

戈尔巴乔夫正在黑海海滨克里米亚半岛休养，他被软禁在别墅里，完全中断了与首都莫斯科的联系。

这一影响苏联安定的事件，发生8月19日，所以被称为"8.19"事件。

"8.19"事件发生后，代理总统亚纳耶夫发布了在莫斯科市实施紧急状态的命令，坦克和军队出现在莫斯科街头。

当时，叶利钦任俄罗斯联邦总统。他并没有听从国家紧急状态委员命令。而是做出了一个惊人的举动——他跳到议会大厦的坦克上发表演讲，指责紧急状态委员会要恢复苏联的政治铁幕统治，并号召群众进行罢工。

在叶利钦的鼓动下，情况发生了逆转。两天之后的夜晚，议会大厦前已聚集了数万示威群众。有些人构筑了堡垒，要誓死保卫议会。21日下午，苏联国防部命令军队撤回驻地，国家紧急委员会领导人放弃了行动。

21日晚8点，戈尔巴乔夫发表声明，强调他已完全控制了局势。

22日凌晨，戈尔巴乔夫乘飞机返回莫斯科。

22日上午，俄罗斯总统叶利钦宣布，苏联前副总统亚纳耶夫等已于22日凌晨被拘留。

以维护苏联原有的联盟体制为目标的"8.19"事件失败后，苏联解体的形势已无法逆转。

24日，叶利钦宣布：俄罗斯联邦承认爱沙尼亚和拉托维亚独立。

同一天，《真理报》暂停出版。12月1日，第二大加盟共和国乌克兰宣布独立。

紧接着，12月8日，俄罗斯、白俄罗斯、乌克兰宣布成立独立的国家联合体。同时宣称，苏维埃社会主义共和国联盟"已不存在"。1991年12月21日，俄罗斯等11个独立国家领导人在哈萨克首都阿拉木图举行首脑会议，通过《阿拉木图宣言》等文件，正式宣告建立独立国家联合体，1922年成立的苏维埃社会主义共和国联盟不复存在。

25日19时25分，戈尔巴乔夫在电视讲话中宣布辞职。19时32分，克里姆林宫屋顶的旗杆上，那面几代苏联人熟睹的镰刀锤子旗徐徐落下。19时45分，一面三色的俄罗斯联邦国旗升上了克里姆林宫上空。至此，克里姆林宫成为俄罗斯的总统府，一个昔日的超级大国苏联成为了历史。世界历史也由此翻开了新的一页。

【档案 NO.83】

北约：全称北大西洋公约组织。1949年4月4日，美国、加拿大、英国、法国、比利时、荷兰、卢森堡、丹麦、挪威、冰岛、葡萄牙和意大利12个国家在美国华盛顿签订了北大西洋公约。公约共14条，规定缔约国家实行"集体防御"，当缔约国遭到"武装攻击"，其他缔约国应"采取视为必要之行动、包括武力之使用"。北约组织成立后，成员不断增加。希腊和土耳其于1952年加入，联邦德国和西班牙分别于1955年和1982年加入该组织。20世纪90年代，随着华沙条约组织的解散和苏联解体，欧洲的政治与安全形势发生了巨大变化，北约开始向政治军事组织转变。

【档案 NO.84】

欧共体——欧盟：1952年，法国、联邦德国、意大利、荷兰、比利时和卢森堡六国组建了欧洲煤钢共同体，1958年又建立了欧洲经济共同体和欧洲原子能共同体。1965年4月8日，六国签署了《布鲁塞尔条约》，上述三个共同体机构融为一体，统称欧洲共同体。此后，欧洲共同体经历了五次扩张。2002年12月13日，在哥本哈根召开的欧盟首脑会议决定结束与爱沙尼亚、拉脱维亚、立陶宛、波兰、捷克、斯洛伐克、匈牙利、斯洛文尼亚、马耳他和塞浦路斯这10个候选国的谈判，正式邀请它们在2004年5月加入欧盟。